マルクスの哲学思想

Marx' philosophischer Geganke

牧野広義 著
MAKINO Hiroyoshi

文理閣

まえがき

今年（二〇一八年）はカール・マルクス（一八一八－一八八三）の生誕二〇〇年である。二一世紀の今日も、マルクスの『資本論』をはじめとした著作が世界中で読まれている。それは、マルクスが資本主義的社会の本質を鋭く分析し、その変革を論じたからである。今日の資本主義経済のもとで、巨大な富が生まれる一方で、貧困、労働苦、長時間労働、過労死・過労自殺、少子化などが問題になっている。また自然環境破壊も深刻な仕方で進んでいる。二〇〇八年に勃発したアメリカ発の金融恐慌は世界経済を巻き込み、その後の世界経済も不安定である。このような矛盾は、マルクスが、資本が剥き出しの支配をするもとでは必然的に起こることを明らかにしたものである。それが、現代ではグローバルな規模で、より複雑なものにもなっているのである。

同時に、マルクスは、『資本論』の読者である一九世紀のドイツの労働者に対して、資本主義社会の発展において、「産みの苦しみを短くし、やわらげることはできる」と言った。そして、一九世紀イギリスの労働者階級が勝ち取った「工場法」を高く評価して、「なんと大きく変わったことか！」（ウェルギリウスの言葉）と述べた。つまり、同じ資本主義社会であっても、その発展が「より悲惨な形」をとるか、それとも「より人間的な形」をとるかは、「労働者階級の発達の程度」による、ととらえたのである。このことは、資本主義社会そのものの変革についても当てはまると、マルクスは考えた。

こうして、マルクスは、資本主義社会の経済法則を明らかにするとともに、労働運動などの社会運動の発展の必然性や、資本主義経済の法的規制の必然を明らかにし、さらに労働者階級の人間的発達の必然性を明らかにした。そしてここから、資本主義社会の矛盾と、その変革の可能性を論じたのである。マルクスのこのような研究の基礎には、明確な哲学思想がある。それは、現実をリアルに分析して、その中に含まれる矛盾をとらえ、その矛盾を原動力としてダイナミックに発展する社会の姿をとらえる思想である。それがマルクスの唯物論的な弁証法である。

本書では、マルクス独自の「新しい唯物論」とはどのようなものか、この唯物論の理解をもとにしてマルクスの「史的唯物論」をどのように理解するべきか、そしてヘーゲル弁証法を批判的に改作した唯物論的な弁証法が、『資本論』でどのように活かされているのか、また『資本論』などでは人間と社会にかかわる哲学的問題がどのように解明されているのか、などを論じたいと思う。

読者の皆さんのご検討をお願いしたい。

マルクスの哲学思想　目次

第Ⅱ部　『資本論』の哲学思想

凡例

一　マルクスの著作からの引用は、以下の文献による。訳語・訳文は原書に基づいて適宜変更している。

1　「デモクリトスとエピクロスの自然哲学の差異」
Marx / Engels, Werke, Dietz Verlag.（以下、MEW と略記）、Bd.40, S.3ff.　邦訳『マルクス・エンゲルス全集』大月書店、第四〇巻、三頁以下。引用では、原書の頁（S.）および邦訳の頁を記す。

2　「ユダヤ人問題によせて」、「ヘーゲル法哲学批判序説」
MEW, Bd.1, S.347ff.　邦訳、マルクス『ユダヤ人問題によせて、ヘーゲル法哲学批判序説』城塚登訳、岩波文庫。引用では、原書および邦訳の頁を記す。

3　『経済学・哲学草稿』
MEW, Bd.40, S.467ff.　邦訳、マルクス『経済学・哲学草稿』城塚登・田中吉六訳、岩波文庫。引用では、原書および邦訳の頁を記す。

4　「ジェームズ・ミル著『政治経済学要綱』からの抜粋」（「ミル評註」）
MEW, Bd.40, S.445ff.　邦訳『マルクス・エンゲルス全集』第四〇巻、三六三頁以下。引用では、原書および邦訳の頁を記す。

5 『聖家族』

MEW, Bd.2, 3ff.　邦訳『マルクス・エンゲルス全集』第二巻、五頁以下。引用では、原書および邦訳の頁を記す。

6 「フォイエルバッハにかんするテーゼ」

MEW, Bd.3, 5ff. エンゲルスが校訂して公刊した「フォイエルバッハにかんするテーゼ」は、MEW, Bd.3, 533ff.　両者の邦訳、マルクス・エンゲルス『〔新訳〕ドイツ・イデオロギー』服部文男監訳、新日本出版社、一〇九頁以下、所収。引用では、原書および邦訳の頁を記す。

7 『ドイツ・イデオロギー』

Marx / Engels Gesamtausgabe, De Gruyter, Akademie Forschung,（MEGA と略記）、I. Abt., Bd.5.　邦訳、マルクス・エンゲルス『〔新訳〕ドイツ・イデオロギー』服部文男監訳、新日本出版社。引用では、原書の部門・巻（Ⅱ/5）頁（S.）および邦訳の頁を記す。

8 『共産党宣言』

MEW, Bd.4, S.457ff.　邦訳、マルクス・エンゲルス『共産党宣言』服部文男訳、新日本出版社。引用では、原書および邦訳の頁を記す。

9 『経済学批判要綱一八五七－五八年』

MEGA, II. Abt., Bd.1.　邦訳、マルクス『資本論草稿』①、②、大月書店、引用では、原書の部門・巻（Ⅱ/1）分冊（1, 2）頁（S.）および邦訳の分冊と頁を記す。

10　『経済学批判』
MEW, Bd.13, S.3ff.　邦訳、マルクス『経済学批判』武田隆夫ほか訳、岩波文庫。「序言」の邦訳は、マルクス『『経済学批判』序言・序説』宮川彰訳、新日本出版社。引用では、原書および邦訳の頁を記す。

11　『直接的生産過程の諸結果』
MEGA, II/4.1.　邦訳、マルクス『資本論第一部草稿、直接的生産過程の諸結果』森田成也訳、光文社古典新訳文庫。引用では、原書の部門・巻・分冊（II/4.1.）頁（S.）および邦訳の頁を記す。

12　『資本論』第一巻、第二巻、第三巻
MEW, Bde. 23, 24, 25.　邦訳、マルクス『資本論』社会科学研究所監修、資本論翻訳委員会訳、新日本出版社、新書版。引用では、原書の第一巻〜第三巻（I, II, III）と頁（S.）および邦訳の分冊（①②…）と頁を記す。

13　『剰余価値学説史』
MEW, Bd. 26, Teile 1, 2, 3.　邦訳『マルクス、エンゲルス全集』大月書店、第二六巻、第一、二、三分冊。引用では、原書の巻、分冊と頁および邦訳の分冊（① etc.）と頁を記す。

14　「国際労働者協会創立宣言」、「個々の活動についての暫定中央委員会代議員への指示」
MEW, Bd. 16.　邦訳『マルクス・エンゲルス全集』第一六巻、所収。引用では、原書および邦訳の頁を記す。

15 『フランスにおける内乱』

（ドイツ語版）MEW, Bd.17.（英語版）MEGA, I/22. 邦訳『マルクス・エンゲルス全集』第一七巻、一八九頁以下。引用では、原書の巻などと頁および邦訳の頁を記す。

16 『ゴータ綱領批判』

MEW, Bd.19, S.11ff. 邦訳、マルクス／エンゲルス『ゴータ綱領批判／エルフルト綱領批判』後藤洋訳、新日本出版社。引用では、原書および邦訳の頁を記す。

17 その他のものは、引用のさいに文献等を記す。

二 引用では、強調は原則として省略する。

三 引用文中の（ ）は原文のものである。原語を示すさいにも（ ）を使用する。引用文中の〔 〕内は牧野の補足である。邦訳者の〔 〕は省略する。

序文

哲学とは、世界の存在の根源を問い、世界についての人間の認識はいかにして可能か、また人間の実践はいかにあるべきかを問う学問である。それは、存在論、認識論、実践論などとして展開される。これが哲学の一般的な規定である。このような規定に照らせば、マルクスには独自の哲学がある。

そのマルクスの哲学の独自性を確認しておきたい。

第一に、マルクスは、「世界の解釈」にとどまる哲学者を批判し、「世界の変革」を提唱した。また、マルクスはヘーゲル、バウアー、フォイエルバッハらの哲学を次々に批判した。ここから、〝マルクスは哲学から離脱した〟と言われることもある。しかし、マルクスによる哲学への批判は、哲学の否定や離脱ではない。それは「世界の変革」を目ざす新しい哲学の提唱である。この新しい哲学を、マルクスは「新しい唯物論」と称するのである。それは、自然や社会の現実を客観的にとらえるだけでなく、人間の労働や社会的実践を唯物論的にとらえて、人間が自然や社会を形成し、また変革できることを主張する。それは、「世界の変革」を哲学の問題とすることであり、「世界の変革の哲学」なのである。

第二に、マルクスは、従来の哲学者のような哲学体系を提示していない。唯物論や弁証法の議論も断片的であると言われる。しかし、哲学は哲学体系によって提示されるだけではない。独断的な哲学体系を鋭い命題で批判したり、自らの主張をアフォリズムの形式で提示する哲学もまた存在する。マルクスの「フォイエルバッハにかんするテーゼ」は、フォイエルバッハにならったアフォリズム形式によって、「新しい唯物論」を提示している。また、『経済学批判』「序言」は、〝社会と歴史についての唯物論〟の極めて簡潔な定式化である（マルクス自身は「史的唯物論」とは言っていないが、社会と歴史についての唯物論を、本書では「史的唯物論」と呼ぶ）。思想の重要性は文章の長短では決まらない。マルクスは、簡潔な文章と凝縮された表現で、独創的な哲学を示したのである。

第三に、若きマルクスは哲学研究を行ったが、その後は「経済学批判」や社会変革の理論と実践に大きなエネルギーを注いだ。この点でも、〝マルクスは哲学から離脱した〟と言われることもある。しかし、マルクスは、ヘーゲル哲学への批判をとおして獲得した自らの唯物論や弁証法を、経済学批判の「方法」として積極的に使い、社会変革の理論や実践の中で活かしたのである。その意味で、マルクスの哲学は、彼の経済学批判や実践の理論の中に生きている。しかも、マルクスの哲学は単に「方法」として生きているだけでない。それは、経済学批判や実践の理論と結びついて、社会哲学や人間論の具体的な内容をもった「哲学思想」として展開されているのである。

以上のような意味で、マルクスの「経済学批判」が「マルクス経済学」として理解されるように、マルクスが「哲学批判」によって獲得した思想は「マルクス哲学」として理解してよいであろう。それは、理論的な「哲学」であるとともに、現実的で実践的な理論と結びついた「哲学思想」でもある。本書では、この双方の意味で、「マルクスの哲学思想」を論じたいと思う。

本書の論述は次のとおりである。

第Ⅰ部「新しい唯物論と史的唯物論」では、まず、「若きマルクスの哲学研究」を考察する。理論哲学の研究では、マルクスは、ヘーゲル哲学の後の哲学のあり方を探究する。この試みの一つが、プラトンやアリストテレスの哲学の後に登場したエピクロスを「自己意識」の哲学として研究することである。この研究をとおして、マルクスは古代ギリシア哲学の唯物論にも観念論にも精通した。また、マルクスは、近代の唯物論と観念論との論争を踏まえて、青年ヘーゲル派との対決を行ったのである（第1章）。

社会哲学の側面では、マルクスは『ライン新聞』時代に、経済問題や社会主義・共産主義の思想と突き当たった。その後、ヘーゲル『法の哲学』の批判的研究を経て、国民経済学の研究に没頭する。その成果が『経済学・哲学草稿』である。ここで、「疎外された労働」も論じられた（第2章）。

このような、理論哲学と社会哲学の双方の研究を踏まえて、マルクスは「フォイエルバッハにかんするテーゼ」を執筆した。それは、マルクスの「新しい唯物論」であり、「世界の変革の哲学」の提唱であった（第3章）。

マルクスは「新しい唯物論」の思想を携えて、エンゲルスと共同で『ドイツ・イデオロギー』において「史的唯物論」を確立する。ここでは、意識と現実的な生活過程との問題も論じられる。そして史的唯物論に基づく実践的理論を『共産党宣言』において展開したのである（第4章）。

マルクスはロンドンに亡命後、経済学の研究をさらに進め、『経済学批判』を発表した。そしてその「序言」で、史的唯物論の定式化を行った。その定式は、マルクスの「新しい唯物論」と結びついて、社会の客観的構造の分析と人間の主体的実践とが結びつく変革の理論として理解される（第5章）。

また、「人間的社会」の概念も「フォイエルバッハにかんするテーゼ」と同様に〝共産主義社会〟と理解することによって、マルクス自身は語らなかった「本史」という言葉を使わずに、合理的に理解できる（第6章）。

第Ⅱ部「『資本論』の哲学思想」は、『資本論』の中に生きている哲学の研究である。『資本論』は「経済学批判」であり、経済学の内容にとどまらない哲学的内容をもっている。マルクスは、ジョン・ロックを「経済学の哲学者その人」として紹介している。この言葉になぞらえれば、マルクス自身が〝経済学批判の哲学その人〟となっている。そのことは、ヘーゲル哲学を批判的に改作した唯物論的な弁証法などに示される（第7章）。

この弁証法は、「ヘーゲル的な矛盾」つまり〝弁証法的な矛盾〟をその核心としてもっている。それが『資本論』における商品・貨幣・資本の分析と展開の中で活かされている。このような弁証法的矛盾と形式論理学の矛盾律との関係も考えたい（第8章）。

また、マルクスは社会哲学のテーマも解明する。その一つは「自由・平等・協同」の思想である。マルクスは、資本主義社会の表面における「自由・平等・共同利益」と、その深部における「不自由・不平等・敵対」とを明らかにし、それをいかに克服するかを論じるのである（第9章）。

『資本論』では、労働者家族の問題も論じられる。ここには、フェミニズムからの問題提起にも応える議論や、今日的な課題を明らかにする思想がある（第10章）。

さらに、『資本論』では、搾取や貧困の問題だけでなく、人格の物件（商品・貨幣・資本）への依存と従属、人間の主体性の喪失、転倒した意識のあり方も問題にされる。これらの問題が、「人格の物件化と物件の人格化」、「疎外」および「物神崇拝」としてとらえられる（第11章）。

そして、マルクスは、資本主義社会の重層的で複合的な矛盾の把握をとおして、その変革を論じる。ここから、将来社会としての共産主義社会が展望される。それは、生産手段の社会的所有などの経済的諸条件を「土台」として、「個人のだれもが十分に自由に発達すること」を「根本原理」とする、「より高度な社会形態」の実現である（第12章）。

本書では、このような「マルクスの哲学思想」を論じたいと思う。

第Ⅰ部　新しい唯物論と史的唯物論

第1章　若きマルクスの哲学研究

はじめに

マルクスの思想は、文学や詩作への熱中、法学、哲学、歴史学の研究および経済学批判などの理論的活動とともに、ジャーナリストとしての活動、革命運動への参加、労働運動の指導などの実践的活動によって形成され発展した。若きマルクスの勉学と研究は、後の発展につながる問題意識の形成と理論的蓄積として、重要な意味をもっている。

本章では、マルクスのベルリン大学時代の研究、学位論文、パリ時代の哲学研究と、エンゲルスとの共著『聖家族』における唯物論研究について論じたいと思う。

一　ベルリン大学時代の研究

マルクスは、一八三五年一〇月にボン大学法学部に入学したが、その一年後の一八三六年一〇月にベルリン大学法学部に移った。ここで彼は、以前からの詩作は相変わらず続けたものの、法学や哲学を猛烈に研究した。ベルリンに移って一年後にマルクスが父親に宛てた長文の手紙（一八三七年一一月一〇日付け）が残っている。[1] ここでマルクスは自分の勉学について報告している。

その手紙によると、法学と哲学とを結びつけた研究を行い、三〇〇ボーゲンにおよぶ法哲学の習作を書いたという。それは、第一部の「法の形而上学」に続いて、第二部の「法哲学」が私法および公法として展開される。マルクスは私法の部分についての詳しい目次を手紙に書いている。しかし、この研究は「失敗作（unglückliches Opus）」（S.7. 七頁）に終わったという。そして哲学なしにはやっていけないと考えて、哲学に身を投じて、「一つの新しい形而上学的根本体系」を書いたが、これも間違っていたという（S.7. 八頁）。その後、マルクスは、「カントおよびフィヒテの観念論になぞらえてはぐくんできた観念論から、現実的なものそのもののうちに理念を求めるところに行き着きました」と言う。そのさい、「ヘーゲル哲学の断片」を読んだけれども、この哲学の「グロテスクで厳のような旋律」は気に入らなかったと述べている（S.8. 九頁）。そこで、「精神的自然を物体的自然と同様に必然的な、具体的な、しっかり仕上げられたものとして見出そう」としたと言う（ibid. 同）。そして『クレアンテス、あるいは哲学の出発点と必然的進行について』という二四ボーゲンの対話編を書いたという。しかし彼はこれにも満足しなかった。

その後、マルクスは、「実証的研究」として、法学および哲学の文献の研究をしたという。しかし、婚約者のイェンニーの病気のことや、自分の研究がうまくいかなかったことで落胆するとともに、病気になってしまった。病気からの回復後は、詩作や短編小説の構想はすべて焼いてしまい、それから手を切ることにしたという。

そしてマルクスは、健康を害していたあいだに「ヘーゲルを初めから終わりまで、彼の弟子たちの大多数を含めて、知るようになっていました」と言う（S.10、一〇頁）。そして、マルクスは「ドクター・クラブ」に入って、ここでバウアーをはじめとした青年ヘーゲル派の人たちとの交流を行ったことも報告している。そしてマルクスは、この手紙では、将来の方向として、ある判事補から司法官になる道を勧められたことなどを記している。

以上が父親への手紙から、彼の法学と哲学研究に関わる内容である。

ベルリン大学時代のマルクスは、しだいに法学から哲学へと関心を移したのではあるが、しかし法学ないし法哲学について相当の専門的研究を行ったと言える。この研究は、後に『ライン新聞』時代における所有権をめぐる論評、「ユダヤ人問題によせて」（一八四三年）における近代人権宣言への批判、さらには『資本論』第一巻（一八六七年）における人権論、所有権論などにおいて、大いに役立ったと言えるであろう。また哲学については、カントやフィヒテの観念論を乗り越えて、当初は「グロテスクで厳のような旋律」と思われたヘーゲル哲学について通暁するようになっていった。さらに「ドクトル・クラブ」での青年ヘーゲル派の人たちとの交流によって、ヘーゲル哲学を乗り超える問題意識も形成されていった。そしてマルクスは、大学での学業を終えるにあたって、古代ギリシア哲学をテーマとして博士の学位請求論文を執筆することになるのである。

なお、ベルリン大学の修了証書（Abgangszeugnis）[2]は表のとおりである。とりわけ、ヘーゲルの優れた弟子のガンス教授の講義は「抜群に勤勉（ausgezeichnet fleißig）」という評価からも、特に熱心に聴いたことが推測される。また、ガンスの論争相手のサヴィニー教授の講義も含め、当時のベルリン大学法学部の諸教授の講義を聴いていたことがわかる。

マルクスのベルリン大学修了証書より

Ⅰ　1836-37 年冬学期		
1. 法典論	サヴィニー教授	勤勉
2. 刑法	ガンス教授	抜群に勤勉
3. 人間学	シュテファン教授	勤勉
Ⅱ　1837 年夏学期		
1. 教会法	ヘッフター教授	勤勉
2. 一般民事訴訟法	ヘッフター教授	勤勉
3. プロイセン民事訴訟法	ヘッフター教授	勤勉
Ⅲ　1837-38 年冬学期		
1. 刑事訴訟法	ヘッフター教授	勤勉
Ⅳ　1838 年夏学期		
1. 論理学	ガーブラー教授	特に勤勉
2. 一般地理学	リッター教授	登録
3. プロイセン一般ラント法	ガンス教授	抜群に勤勉
Ⅴ　1838-39 年冬学期		
1. 相続法	ルドルフ教授	勤勉
Ⅵ　1839 年夏学期		
1. イザヤ書	バウアー講師	出席
ⅦおよびⅧ　1839-40 年冬学期および 1840 年夏学期		
なし		
Ⅸ　1840-41 年夏学期		
1. エウリピデス	ゲッペルト博士	勤勉

二　学位論文について

(1)　マルクスの問題意識

マルクスは学位請求論文として「デモクリトスとエピクロスの自然哲学の差異」を一八四一年四月五日にイェーナ大学に提出し、四月一五日に学位が授与された。では、なぜマルクスはこのようなテーマで学位論文を執筆したのであろうか。マルクスは学位論文のために、残されているものだけでも、「第一ノート」から「第七ノート」にいたる膨大なノートをつくった。その大部分はエピクロスに関する資料であるが、「第二ノート」の中でイオニアの自然哲学以来の古代ギリシア哲学の展開が簡潔にまとめられている。ここではソクラテスの主観的精神やプラトンのイデア論も論じられ、プラトンに対するアリストテレスの批判も引用されている。こうして、マルクスは古代ギリシア哲学の唯物論と観念論とを系統的に把握したうえで、エピクロスに注目するのである。そして「第六ノート」のなかで、学位論文のテーマに関する問題意識が述べられている。

マルクスは、古代ギリシアで、プラトンやアリストテレスの哲学として、「哲学が完成した総体的世界として完結した」(S.215, 一五八頁)ととらえる。同様に、近代において、ヘーゲル哲学が「総体的哲学」である。しかし、古代においても、近代においても、「世界の総体性一般はそれ自身において分裂している」(ibid., 同)。それは、古代のヘレニズムからローマ帝国の時代がそうであり、また近代のヘーゲル以後の世界がそうである。マルクス自身がこの「総体的な哲学」の後の時代に生きて、その時代の哲学の方向を模索しているのである。

そこでマルクスは言う。「それ自身において総体的な哲学とその主観的発展諸形式に続く諸時代は、巨人族的（titanenartig）である。なぜなら、それらの統一である分裂は巨人的（riesenhaft）であるからである」（S.216, 一五九頁）。そして、ヘレニズムの時代およびローマの時代に、ストア派、懐疑派、およびエピクロス派の「自己意識」の哲学が登場した。このような古代ギリシアの「総体的な哲学」の後の「自己意識」の哲学のうちで、マルクスは、とりわけエピクロスに注目する。こうして、マルクス自身が近代の「総体的な哲学」であるヘーゲル哲学の後の時代に生きながら、エピクロスの「自己意識」の哲学を研究するのである。

マルクスは学位論文の「序文」で、エピクロスの精神と結びつけて、プロメテウスの次の言葉を引用する。「端的に言えば、すべての神々を私は憎む」（S.262, 一九〇頁）。この言葉についてマルクスは言う。「この告白は哲学自身の告白であり、人間の自己意識を最高の神性とは認めないすべての天上および地上の神々に対する、哲学自身の宣言である。自己意識と並ぶものはなにもあるまい」（ibid., 同）。こうして、神々に抗して、人間の自己意識を主張することにおいて、マルクスは、エピクロスとプロメテウスに自分自身の立場を重ねているのである。

（2）デモクリトスとエピクロスの認識論・存在論

従来、エピクロスの自然哲学は「デモクリトスに従ったもの」であるとか、むしろそれを「台なしにし改悪したもの」と言われてきた。これに対して、マルクスは、両者は原子論という点で同一の原理をもつとしても、「この学問の真理性、確実性、適用にかんする、思想と現実との関係に一般にかんするすべての点で、正反対の立場をとっている」（S.270, 一九八頁）と言う。このことは次のように論じられる。

第一に、デモクリトスの場合、「人間的知識の真理性と確実性」に関する見解は矛盾している。デモクリトスは、一方では、感覚的な現象は原子には属さず、主観的な現象であるとする。デモクリトスは「真実の原理は原子と空虚であって、その他のものはすべて憶見であり仮象である」と言う。しかし他方で、デモクリトスによれば、感覚的なものは唯一の真の客観であり、感覚は思慮であり、しかも、この真なるものは変移し、常ではなく、現象であるとされる（S.271, 一九八‐一九九頁）。マルクスは、この両者は「二律背反」であると言う。デモクリトス自身の自己意識の中では、「原子の概念と感覚的直観とは敵対的に衝突している」（S.271, 一九九頁）のである。

これに対して、エピクロスは、感覚を真理の基準とする。マルクスはエピクロスの『基準論』から「感覚はすべて真なるものの使者である」、「感覚的知覚を反駁しうるものはない」などの言葉を引用している（S.271f. 一九九頁）。

第二に、「学問の真理性とその対象の真理性」の問題である。デモクリトスにとって、原子論という原理は現象と切り離されている。にもかかわらず、彼にとっては感覚的知覚の世界が唯一のリアルな世界である。彼は「経験的な観察へと駆られ」、「実証的な知識の腕に身を委ねる」（S.272, 二〇〇頁）。デモクリトスは、百科の諸教科にも、どんな技芸にも通じているとされる。また知識を求めて、エジプト、ペルシア、インドへも旅をしたといわれる。しかしそれらの知識は、「真の、すなわち哲学的な知識」ではなかった。ここでも、「彼が真であると思う知識は無内容であり、内容のある知識は真理性を欠いている」(S.273. 二〇〇-二〇一頁)。こうしてマルクスは、デモクリトスにおける哲学的真理性と実証的内容性との分裂を指摘する。

それに対して、エピクロスは、哲学において真の自由が得られると言う。彼は「哲学に満足し、幸福である」(S.273. 二〇一頁)。そして、実証的な学問は真の知識の完成にはならないのであるから、エピクロスは「実証的な学問を軽蔑する」(ibid. 同)。また彼は、友人をたずねてイオニアを旅した以外は、ほとんど庭園の学校を離れなかった。

第三に、「思想の存在に対する関係」の相違である。デモクリトスは、現実を必然性ととらえる。「デモクリトスでは原子の渦巻きからすべてのものが生じるのであって、この渦巻きがデモクリトスの必然性である」(S.274. 二〇二頁)。この必然性が、運命であり、正義であり、予見であり、世界の創始者であるとされる。この議論は「決定論」である。それは、マルクスによれば、「相対的必然性」であり「諸条件、諸原因、諸根拠」を媒介として必然性となる「実在的可能性」である。

これに対して、エピクロスは偶然性を主張する。偶然性は人間に自由を与える。「必然性の中に生きることは不幸である。だが、必然性の中に生きるということはなんら必然性ではない。いたるところに、自由にいたる多数の容易な道が開かれている」(S.275. 二〇三頁)。マルクスによれば、それは「抽象的可能性」を重視する立場である。抽象的可能性においては、存在においても思考においてもすべての可能性が許される。それは、「説明は感覚的知覚と矛盾してはならない」(S.277. 二〇五頁)という原則に従うが、しかし矛盾のないすべての可能性が許されるのである。そして、このようなエピクロスの思想は、「自己意識の平静のみを目的にしており、自然認識それ自体を目的にはしていない」（ibid.,同）とマルクスは指摘する。

以上の問題は、デモクリトスとエピクロスとの相違だけでなく、唯物論の哲学的把握にかかわる重要問題である。感覚と思考、本質と現象、原理的研究と実証的研究、必然性と偶然性、決定論と自由論などは、その後の哲学史においても論争的な問題となるのである。

(3) 原子の運動の偏り

以上の議論を踏まえて、マルクスはデモクリトスとエピクロスの原子論の相違について論じる。エピクロスは、原子が空虚の中で運動する場合、次の「三重の運動」を想定する。第一は、直線における落下の運動である。第二は、原子が直線からずれる運動である。第三は、多くの原子の反発による運動である。第一と第三は両者に共通であるが、第二の「原子の直線からの偏り」がエピクロスをデモクリトスから区別する（S.278, 二〇六頁）。

この原子の直線からの偏りについては、古来、さまざまに批判されてきた。しかし、マルクスは、原子の直線の運動と偏りとは確かに矛盾するが、そこでは「直線の運動は原子の質料性を表現するとすれば、直線からの偏りは原子の形式規定を実現している」（S.281, 二一〇頁）と言う。エピクロスをよく理解したルクレティウスによれば、「偏りは運命の掟を破る」のであり、「逆らってたたかい、抵抗しうるもの」（ibid.,同）なのである。

ここから、マルクスは、この原子の偏りの中に「原子の現実の魂が、つまり抽象的個別性の概念が表現されている」（S.282, 二一一頁）と言う。この原子の偏りという法則が「全エピクロス哲学を貫いている」（ibid., 同）。そこでマルクスは、原子の偏りをエピクロス哲学との関連で次のように解釈する。「行為の目的は抽象化であり、苦痛と混乱の回避であり、心の平静（Ataraxie）である。そのようにして、善は悪からの逃避であり、快は苦の回避である」。ここから、「究極的には、抽象的個別性が最高の自由と自立性において、その総体性において現れるところでは、当然の帰結として、回避される現存在はすべての現存在である。したがって、神々は世界を回避し、世界を気にせず、世界の外に住んでいる」（S.283, 二一二頁）。このようなエピクロスの神々について、マルクスは、それはギリシア芸術の彫塑的な神々であり、「観想的な平安がギリシアの神々の主要契機である」（S.283, 二一二頁）としている。

そして、原子の第三の運動である「反発」において、原子の概念が現実化される。「原子の反発において、直線による落下において定立された原子の質料性と、偏りにおいて定立された形式規定とが総合的に統合されるのである」（S.284, 二一三頁）。この「反発」はエピクロスによれば、「政治的な領域では契約であり、社会的な領域では友情であり、この友情が最高のものとして讃えられるのである」（S.285, 二一四頁）。

マルクスは、さらにエピクロス原子論のなかにある「原子の諸性質」、「不可分な原理と不可分な構成要素」、「時間」、「天体論」を論じる。ここでは、原子論に含まれる矛盾が、本質と現存在、形式と質料などの矛盾として論じられ、それらを解消する解釈が示される。

（４）エピクロス原子論の意義

マルクスはエピクロスの原子論の意義を次のようにとらえている。「自己意識の絶対性と自由がエピクロス哲学の原理である。たとえ、自己意識が個別性の形式でとらえられたとしても」（S.304, 二三六頁）。ルクレティウスは、エピクロスを「ギリシア最大の啓蒙家」として賞賛して、次のように言う。「人間の生活が重い宗教のもとで大地におしつけられて」いるなかで、ひとりのギリシア人（エピクロス）が立ち上がり、「宗教がこんどは踏みつけられて崩れ落ち、勝利が人間を天空にまで高める」（S.305, 二三六－七頁）と。

マルクスは、論文の最後で次のようにまとめている。「エピクロスにあっては、原子論は、すべてのその矛盾をもちながら、自己意識がみずからにとって抽象的な形式のもとで絶対的な原理であるという、自己意識の自然学として、その最高の帰結まで遂行され完成されている。その帰結とは、原子論の諸矛盾の解消*と、普遍的なものに対する意識的な対立である」（S.305, 二三七頁）。

＊ここで „ihre Auflösung" は邦訳では「原子論の解消」となっているが、「原子論の諸矛盾の解消」と訳した。その理由は、マルクスは前々頁（S.303, 二三五頁）でも、本質と現存在、質料と形相の「矛盾の解消」や「和解」を論じているからである。また、原子論を解消してしまっては、個別的な「自己意識」が「普遍的なもの」に意識的に対立することにはならないからである。

ここでの「普遍的なもの」とは、マルクスの表現では「人間の意識に対して超越的にふるまう」ものであり、人間を抑えつける宗教や神々である。自己意識の自然学は人間の自由の哲学なのである。

以上が、エピクロスの原子論に対するマルクスの評価である。マルクスの学位論文は次の意義があると思われる。

第一に、マルクスはこの論文の準備として、古代ギリシア哲学の全体を見通し、プラトンやアリストテレスの「総体的な哲学」と、それに続く「自己意識」の哲学を研究した。これは、マルクス自身が、古代ギリシア哲学に精通しただけでなく、近代の「総体的哲学」であるヘーゲル哲学の後に来る哲学の探究にとって重要な意味をもった。それは、マルクスが後にフォイエルバッハの唯物論の意義を見出し、さらにフォイエルバッハをも乗り越えていくことにつながるのである。

第二に、マルクスはデモクリトスとエピクロスの原子論の差異に注目することによって、唯物論だけでなく、哲学一般において問題になる、本質と現象、感覚と理性、必然性と自由などをめぐる認識論的・存在論的問題に取り組んだことである。これらの問題は、エピクロスによっても十分な解決はされていない。それは、マルクスが後にヘーゲル弁証法の批判的研究によって解決の方向を見出していくものである。

第三に、マルクスはエピクロスの原子論において、とりわけ「原子の偏りの運動」の意義を解明した。それは「自己意識」の自由の哲学である。しかし、「抽象的な個別性」を絶対的原理とするエピクロス哲学は、普遍性を絶対的原理とする哲学と対立する。エピクロスではまた、自由も必然性と対立して、偶然性のなかに求められる。しかしすでにヘーゲルは、偶然性に基づく自由は真の自由ではなく、低次の自由にすぎないと批判している。では、普遍性と個別性とを生かしつつ、必然性も偶然性も踏まえた真の自由とはどのようなものか。この課題の探求をマルクスはより広い視野から行っていくのである。

三　フォイエルバッハの唯物論とヘーゲル『精神の現象学』

マルクスは、イェーナ大学で学位を取得したが、大学への就職は断念した。そして『ライン新聞』の編集者となって、健筆をふるった。ここでさまざまな経済問題に出会い、またフランスから入ってきた社会主義・共産主義の思想の研究の必要性を感じた。『ライン新聞』へのプロイセン政府の弾圧を機に、マルクスは退職し、研究に没頭した。彼はまずヘーゲルの『法の哲学』への批判に取り組み、さらにパリに移って、ルーゲらとともに『独仏年誌』(一八四四年)を発行して、ここに「ユダヤ人問題によせて」および「ヘーゲル法哲学批判序説」を掲載した。またパリで経済学の研究に取り組み、『経済学・哲学草稿』(一八四四年)などを執筆した。

ここでは、『経済学・哲学草稿』の「第三草稿」のなかで「ヘーゲル弁証法と哲学一般の批判」という表題が編者(アドラツキー)によって付けられた草稿から、フォイエルバッハへの評価とヘーゲル『精神の現象学』についての議論を取りあげたい(「ヘーゲル法哲学批判序説」や『経済学・哲学草稿』の「疎外された労働」などの社会哲学の問題は本書第2章で論じる)。

(1) フォイエルバッハについて

フォイエルバッハは、『ヘーゲル哲学の批判』(一八三九年)、『キリスト教の本質』(一八四一年)や『将来の哲学のための根本命題』(一八四三年)を出版して注目されていた。

マルクスは、『経済学・哲学草稿』のなかでフォイエルバッハを次のように高く評価する。「フォイエルバッハは、ヘーゲル弁証法に対して真剣な批判的態度をとって、この領域で真の発見をした唯一の人であり、一般的にいって古い哲学を真に克服した人である」（S.569, 一九一頁）。そしてマルクスは、フォイエルバッハの偉業を次のようにまとめている。

第一に、哲学は、「思想にもちこまれた思考によって遂行された宗教」にほかならず、それゆえ「批判すべきもの」であり、「人間的本質の疎外のもう一つの形式」であることを証明したことである。ここでは、フォイエルバッハの宗教批判とヘーゲル哲学批判がまとめて評価されている。

フォイエルバッハによる宗教批判は次の点にある。すなわち、人間が人間の本質である理性・意志・愛にもとづいて、これらを極大化・絶対化して神を作ったが、そのことによって人間は神に従属して貧弱なものとなり、神が主体的なものであればあるほど、人間は主体性を失うとして、宗教における人間の自己疎外が明らかにされた。この疎外の論理を、マルクスは「疎外された労働」の解明に使った。それだけに、『経済学・哲学草稿』におけるフォイエルバッハ評価は高くなっていると考えられる。

第二に、フォイエルバッハが「真の唯物論と実在的な科学を基礎づけたこと」である。これをフォイエルバッハは、「人間の人間に対する」社会的関係を理論の根本原理とすることによって行った。ここでは、フォイエルバッハが「人間の人間に対する」関係、すなわち「私と君との対話」の関係を「真の弁証法」として重視したこと（『将来の哲学のための根本命題』五六節、六二節、参照）が、「社会的関係の理論」を根本原理とすることとして評価されている。しかし、マルクス自身の「社会的関係の理論」のとらえ方が発展することによって、このフォイエルバッハ評価は乗り越えられていくのである。

第三に、フォイエルバッハは上記の基礎付けを、ヘーゲルの絶対的な肯定としての「否定の否定」に対して、「自分自身の上にやすらぎ、肯定的に自己自身の上に根拠づけられた肯定的なもの」を対置することによって行った。ここでの「否定の否定」はフォイエルバッハによって「感性的な確実な肯定、自分自身の上に基礎をもつ肯定」として対置されたとされる（S.569f. 一九一－一九二頁）。

しかし、この議論に続いて、マルクスは、ヘーゲルの「否定の否定」は、「単に抽象的・論理的・思弁的な表現にすぎなかったが、歴史の運動に対する表現を見いだした」ものとして評価し、それを「人間の産出行為、成立史」（S.570. 一九三頁）として、とらえる。この歴史の運動や人間の産出行為という思想はフォイエルバッハにはない。その点で、マルクスはヘーゲル哲学批判を媒介にしてフォイエルバッハを超えていく視点を示しているのである。

(2) ヘーゲル哲学への批判

マルクスは続いて、ヘーゲルの『精神の現象学』を、「ヘーゲル哲学の真の誕生地であり、その秘密」（S.570. 一九三頁）として取りあげる。このような『精神の現象学』への評価は、マルクスの当時は、ヘーゲルのイェーナ大学での体系草稿（論理学、自然哲学、精神哲学）はまだ知られていなかったというだけでなく、マルクスは『精神の現象学』でこそ意識と精神のダイナミックな発展が論じられていると考えたことによるであろう。

マルクスは『精神の現象学』について、(A)自己意識*における、意識(感覚的確信→知覚→力と悟性)→自己意識→理性、→(B)精神における、人倫→自己疎外的精神→道徳性、→(C)宗教→(D)絶対知、の詳細な目次を筆記している。

*ここで「自己意識」はヘーゲル自身の目次では「意識」である。マルクスが「自己意識」と書いたのは彼がそれだけ強く「自己意識」に関心があったからだと思われる。

この目次の筆記によっても、「歴史の運動」や「人間の自己産出」が、意識や精神の発展としてとらえられていることが示されている。そして、マルクスは言う。「現象学が人間の疎外を――人間が単に精神という姿で現れているにすぎないとはいえ――しっかりとつかんでいる限り、現象学の中には批判のあらゆる契機が隠されており、しかもすでにしばしばヘーゲルの立場をはるかに超えた仕方で準備され、仕上げられて、横たわっている」(S.573. 一九八頁)。

このような評価のうえで、マルクスは、「ヘーゲルの『現象学』とその最終的成果における――弁証法、すなわち運動し産出する原理としての否定性における、偉大なもの」を次のようにとらえている。すなわち、「ヘーゲルが人間の自己産出を過程としてとらえ、対象化を対象性剥奪として、外化として、そして外化の止揚としてとらえたこと、こうして彼が労働の本質をとらえ、対象的な人間を、現実的であるがゆえに真の人間を、人間自身の労働の成果として概念的に把握したことである」(S.574. 一九九頁)。ヘーゲルは観念論的にであっても、このような労働の意義をとらえたのである。

マルクスは、その点で「ヘーゲルは近代国民経済学の立場に立っている」(ibid., 同)と言う。しかも「ヘーゲルは、労働を人間の本質として、自己を確証する人間の本質としてとらえる」。しかしながら、「彼は労働の肯定的な側面を見るだけで、労働の否定的な側面を見ない」。しかも「ヘーゲルがそれだけを知り承認している労働とは、抽象的に精神的な労働である」（S.574, 一九九－二〇〇頁）。このように、観念論的にであっても、労働の意義をとらえた点は、フォイエルバッハにはない積極的側面である。

さらにマルクスは、『精神の現象学』の最終章である「絶対知」について次のように言う。「主要なことは、意識の対象は自己意識以外のなにものでもないこと、あるいは、対象となった自己意識、対象としての自己意識にすぎないということである」（S.575, 二〇〇頁）。つまり、ヘーゲルは意識と対象との対立を意識や精神の弁証法的運動を通して止揚すると考える。こうして、対象との対立を克服した意識とは、対象を克服した自己意識にほかならないとマルクスは言うのである。したがって、「人間は、非対象的な唯心論的な本質と見なされるのである」（S.575, 二〇一頁）。

ここからさらにマルクスは言う。「ヘーゲルにあっては、人間的本質、人間は、自己意識に等しいと見なされる。したがって、人間的本質のすべての疎外は自己意識の疎外にほかならない。自己意識の疎外は、人間的本質の現実的な疎外の表現、その現実的な疎外が知識と思考のうちに反映される（sich abspiegelnd）表現とは見なされない」（S.575, 二〇一－二〇二頁）。こうして、マルクスは、ヘーゲルを批判しながら自分自身の思想を対置している。ここでマルクスは、現実的な疎外が知識と思考に反映されるという、唯物論的な思想を明確に述べている。

(3) マルクスの主張

さらにマルクスは、ヘーゲル哲学への批判を通して、自分自身の思想をいっそう明確に述べていく。ヘーゲルが自己意識を人間の本質としてとらえることに対して、マルクスは次のように言う。「もしも、しっかりした、よく仕上がった大地の上に立ち、あらゆる自然力を呼吸している、現実的で肉体をもつ人間が、彼の現実的で対象的な本質諸力を、自分の外化を通して疎遠な対象として定立するのであれば、この定立は主体ではない。主体とは、対象的な本質諸力の主体性であり、本質諸力の活動もまた対象的な活動でなければならない。対象的な本質は対象的に作用する」(S.575, 二〇五頁)。

この議論は、人間が自然的存在でありながら、本質的諸力を対象化する存在であるととらえる唯物論的な議論である。ところがマルクスは、このような自然的存在でありかつ活動的な人間論について、「貫徹された自然主義あるいは人間主義が、観念論とも唯物論とも区別され、同時にそれらの両者を統合する真理である」(同)と言う。しかし、これは従来の観念論でも唯物論でもないということであろう。後の「フォイエルバッハにかんするテーゼ」(一八四五年)では、マルクスは自分の立場を「新しい唯物論」と呼ぶのである。

さらにマルクスは言う。「感性的であるということ、すなわち現実的であるということは、感覚の対象であること、感性的な対象であることであり、したがって自分の外部に感性的な諸対象をもつこと、自分の感性の諸対象をもつことであり、感性的であることは、受苦的(leidend)であることである」(S.579, 二〇八頁)。これはフォイエルバッハと同様の立場である。しかし続いて、マルクスはフォイエルバッハを超えていく。

「対象的な感性的な本質である人間は、受苦的な本質である。そしてその苦悩（Leiden）を感じる本質であるがゆえに、情熱的な（leidenschaftlich）本質である。情熱、情念は、自分の対象に向かってエネルギッシュに努力する人間の本質力である」（ibid. 同）。こうして人間は受動的（受苦的）な存在であるだけでなく、能動的（情熱的）な存在なのであり、エネルギッシュに活動する存在なのである。

さらにマルクスは、ヘーゲルの「止揚」は「外在性を自己のうちに取り戻す対象的な活動」であるが、マルクスの立場からの「止揚」とは、神の止揚としての無神論や、私的所有の止揚としての共産主義である。マルクスは次のように言う。

「無神論、共産主義は、人間によってつくり出された対象的世界の、すなわち対象性へと生み出された人間の諸力の、逃避でもなく、抽象でもなく、喪失でもなく、不自然に未発達な単純性へと連れ戻す貧困でもない。それらはむしろ、人間の本質の、あるいは現実的なものとしての人間の本質の、現実的な生成であり、現実的に人間のために生成した実現である」（S.583. 二一六‐二一七頁）。

こうして、ヘーゲルの「止揚」の弁証法を、人間の本質の現実的な実現として、唯物論的にとらえ直すのである。以上のようにして、マルクスは、ヘーゲルもフォイエルバッハも超える、弁証法的で唯物論的な哲学的視点を獲得していったのである。

四　近代の形而上学と唯物論のたたかい

マルクスは、古代ギリシア哲学を研究し、ヘーゲル哲学の批判とフォイエルバッハの唯物論の継承を行い、さらに近代の国民経済学の批判的研究を行った。しかし、マルクスが従来のすべての唯物論も観念論も乗り越える「新しい唯物論」を確立するためには、近代の観念論と唯物論のたたかいを総括し、その論争点に決着をつける研究が必要であった。この課題の遂行の一つは、エンゲルスとの共著として出版した『聖家族――別名　批判的批判の批判　ブルーノ・バウアーとその伴侶を論駁する』（一八四五年）における「フランス唯物論にたいする批判的戦闘」であった。

「聖家族」とは、マルクスの先輩の「青年ヘーゲル派」に属する、ブルーノ・バウアーとエドガー・バウアー兄弟および『アルゲマイネ・リテラトゥール・ツァイトゥング』誌に集まったバウアーの信奉者たちをさす。ブルーノ・バウアーは、「自己意識」の立場からキリスト教の福音書の解釈と批判を行っていた。マルクスの「フランス唯物論にたいする批判的戦闘」は、バウアーが「自己意識」の立場から、「実体」の立場であるスピノザ主義を批判するとともに、やはり物質という「実体」の立場であるフランス唯物論を批判したことに対する批判である。

（１）近代の形而上学と唯物論とのたたかい

マルクスは、フランス唯物論を一七世紀の形而上学に対する批判として理解する。「一八世紀のフランスの啓蒙思想、とくにフランス唯物論は、現存の政治制度ならびに現存の宗教と神学にたいする闘争であっただけでなく、同じく、一七世紀の形而上学とすべての形而上学にたいする、ことにデカルト、マルブランシュ、スピノザ、およびライプニッツの形而上学にたいする公然たる闘争でもあった」(S.132, 一三〇頁)。マルクスは、ここでも「形而上学」を、存在を存在として研究する学問であり、神・霊魂・世界を論じる学問という本来の意味で使っている。近代の形而上学は、観念論ないし二元論として展開されたのである。

こうして、一七世紀の形而上学は一八世紀のフランス唯物論によって批判された。しかし、ドイツの思弁哲学は、形而上学を復活させた。とりわけ、「ヘーゲルがその天才的な仕方で、それまでのあらゆる形而上学とドイツ観念論とを合一して、形而上学的な普遍的世界を建設した」(ibid., 同)。しかし、一九世紀の初めには、「思弁的形而上学およびあらゆる形而上学への攻撃が起こった」(ibid., 同)。理論におけるその代表は、フォイエルバッハの「人間主義と一致する唯物論」である。また「フランスとイギリスの社会主義と共産主義は、実践の領域でこの唯物論を代表したのである」(S.132, 一三〇－一三一頁)。

そこで、まずフランス唯物論が次のようにとらえられる。「フランス唯物論には二つの方向があって、そのうちの一つはデカルトにその源泉を発し、他のものはロックにその源泉を発している。後者は特にフランス的教養の一要素であり、直接に社会主義にそそいでいる。前者すなわち機械論的唯物論は、本来のフランスの自然科学に流れ込んでいる」(S.132, 一三一頁)。ここで述べられているデカルトは、形而上学においては、精神と物質の二元論をとったが、デカルトの自然学(機械論的自然観)を受け継ぐ医師らは唯物論をとったのである。

しかも、フランス唯物論は現実の生活に根ざしている。「一七世紀の形而上学の没落は、一八世紀の唯物論の理論から説明する限りでのみ可能であり、この理論的運動そのものを当時のフランスの生活の実践的形態から説明する限りでのみ可能である。この生活は、直接の現実に、現世的な享楽と現世的な利害に、地上の世界に向けられていた。その反神学的・反形而上学的な実践に対応するものは、反神学的・反形而上学的・唯物論的理論でなければならなかった」（S.134、一三二頁）。フランスにおけるブルジョアジーの形成がフランス唯物論の基盤になったのである。

またマルクスは、フランス唯物論を理論的に根拠づける理論がイギリスからやってきたと言う。それはジョン・ロックの哲学である。「ロックの著書『人間知性論』が海峡の彼方からちょうどよい時にやってきた。本書は、待ちこがれられたお客のように、熱狂的に受け入れられたのである」（S.135、一三三頁）。

(2) イギリスとフランスの唯物論

そこで、マルクスはイギリスの唯物論を論じる。「イギリスの唯物論と近代の実験科学全体の真の先祖はベーコンである。……彼の学説によれば、感覚は誤ることのないものであり、すべての知識の源泉である。科学は経験科学であり、感覚によって与えられたものに合理的な方法を適用するところに成立する。帰納、分析、比較、観察、実験が合理的な方法の主要な条件である。物質に本来そなわる諸性質のうちで、運動が第一の、またもっとも主要な性質である」（S.135、一三三頁）。

次に、マルクスはベーコンとホッブズの唯物論の違いを述べる。「唯物論の第一の創始者であるベーコンにあっては、唯物論はまだ素朴な形で全面的な発展の萌芽をうちに隠しもっていた。物質は詩的な・感性的な輝きにつつまれて人間の全体にほほえみかけていた」（S.135, 一三三－一三四頁）。それに対して、「ホッブズはベーコンの唯物論を体系化した人である。感覚はその華やかさを失い、幾何学者の抽象的感覚となる。肉体的な運動は、力学的または数学的運動の犠牲にされる。幾何学が主要な科学であると宣言される。こうして、唯物論は人間嫌いになる」（S.136, 一三四頁）。この人間嫌いの唯物論は、機械的唯物論の特徴の一つをよく表現している。

その後、ロックが登場する。「ロックが、その人間知性の起源にかんする試論のなかで、ベーコンとホッブズの原理を基礎づけたのである」（ibid., 同）。また、このロックの唯物論がフランスで受け入れられる。それはまず、コンディヤックである。「ロックの直接の弟子で、そのフランス語の通訳者であったコンディヤックは、ロックの感覚論を、直ちに一七世紀の形而上学への攻撃に向けた。……彼の著書『人間の知識の起源にかんする試論』のなかで、彼はロックの思想を仕上げた。そして心だけでなく感覚も、観念をつくる技法だけでなく感覚的知覚をつくる技法もまた、経験と習慣によるものであることを証明した。だから人間のすべての発達は、その教育と外部事情に依存しているのである」（S.137, 一三五頁）。

次は、エルヴェシウスである。「同じくロックから出発するエルヴェシウスにおいて、唯物論は本当にフランス的な性格を受け取る。彼は、唯物論を直ちに社会生活と関係させて理解する（エルヴェシウス『人間論』）。感覚的諸性質と自愛、快楽とよく理解された個人的利害があらゆる道徳の基礎である。人間の知性は生まれつき平等であること、理性の進歩と産業の進歩とが一致していること、人間は生まれながらに善良であること、教育が全能であること、これが彼の学説の主要契機である」(S.137, 一三五頁)。このエルヴェシウスの思想が、逆にイギリスの唯物論や社会主義思想にも影響を与えるのである。

その他、ラ・メトリの『人間機械論』のように、「デカルトの動物機械論をモデルにして仕上げたもの」(ibid., 同)も登場する。

(3) フランス・イギリスの唯物論と社会主義・共産主義

マルクスは、「デカルト派唯物論が本来の自然科学に向かっているように、フランス唯物論の他の方向は、直接に社会主義と共産主義に流れ込んでいる」(S.138, 一三六頁)と言う。ここで、唯物論が社会主義・共産主義と結びつく理由は次のとおりである。

「もしも、人間が感覚的世界と感覚的世界での経験から、すべての知識や知覚などをつくり出すのであれば、人間がそのなかで真に人間的なものを経験するように、また自分を人間として経験する習慣をもつように、経験の世界を整備することが大切である。もしも、よく理解された利害がすべての道徳の原理であるならば、人間の私的利害が人間的な利害と合致することが大切である。もしも、人間が唯物論的な意味で不自由であるならば、すなわち、あれこれを避ける消極的な力によって自由なのではなく、人間の真の個性を発揮する積極的な力によってこそ自由であるならば、個々の犯罪を罰するのではなく、犯罪の起こる反社会的な発生場所を破壊して、各人にその本質的な生命の発現のための社会的な場所を与えなければならない。もしも、人間が環境によって形成されるのであれば、環境を人間的なものに形成しなければならない。もしも、人間がその本性上、社会的なものであるならば、人間はその真の本性を社会の中ではじめて発展させるのであり、人間の本性の力は個々の個人の力においてではなく、社会の力において計らなければならない」（S.138, 一三六‐一三七頁）。

これは、唯物論が社会変革に結びつくことを明瞭に示す議論である。しかしこの唯物論が実践的な性格をもつものになり、またその社会理論が真に社会主義的なものになるためには、後のマルクスの貢献が必要だったのである。

マルクスは、さらに言う。「フーリエは直接にフランス唯物論の学説から出発している。バブーフ主義は粗野で文明化されていない唯物論者であったが、発展した共産主義も直接にフランス唯物論から始まった」（S.139, 一三七頁）。

また、フランス唯物論からイギリスの唯物論への影響、およびそれらと社会主義・共産主義思想との関係は次のとおりである。「フランス唯物論は、エルヴェシウスがこの唯物論に与えた姿において、その母国であるイギリスに帰ってきた。ベンサムは、エルヴェシウスの道徳学説に基づいて、彼のよく理解された利害の学説〔功利主義による「最大多数の最大幸福」の学説〕を建設した。同じように、オーエンは、ベンサムの学説から出発して、イギリスの共産主義を基礎づけた」（S.139, 一三七頁）。ここで、エルヴェシウス → ベンサム → オーエンという継承・発展が論じられている。このことは、彼らについての後のマルクスの議論を理解するうえでも、重要なことである。

以上のような哲学研究の成果を踏まえて、マルクスは「フォイエルバッハにかんするテーゼ」を執筆することになる。逆に言えば、「フォイエルバッハにかんするテーゼ」の「新しい唯物論」の理解のためには、以上のような、若きマルクスの哲学研究を踏まえることが不可欠なのである。

注

（1）Marx / Engels, Werke, Bd.40, S.3ff.『マルクス・エンゲルス全集』第四〇巻、三頁以下。マルクスの著作の引用では、原書および邦訳の頁を記す。

（2）Vgl. Sepp Miller und Bruno Sawadzki, *Karl Marx in Berlin. Beiträge zur Biographie von Karl Marx*, Das neue Berlin, 1956, S112ff.

第2章　プロレタリアートと疎外された労働

はじめに

マルクスは、一八四三年に「ライン新聞」退職後、クロイツナハで結婚するとともに、ここで、ヘーゲル『法の哲学』の批判的検討を行った。『ライン新聞』時代に経済学の研究や社会主義・共産主義の研究の必要性を感じていたマルクスであるが、彼はそのためにはまず、近代社会の原理の探究が必要であると考えたと思われる。その重要な文献が、ヘーゲル『法の哲学』であった。その研究の成果は、『ヘーゲル国法論批判』などに現れている。ここでマルクスは、ヘーゲル『法の哲学』の国家論における立憲君主制（君主権・統治権・立法権）に対して逐条的に批判を行い、「民主制」の主張を対置した。しかし、マルクスは、ヘーゲル『法の哲学』から近代の法・権利についても、市民社会についても学び直したと思われる。それがその後の研究成果に現れるのである。

マルクスは一八四三年一〇月にパリに移って、ルーゲとともに『独仏年誌』（一八四四年）を発行した。ここに掲載された「ユダヤ人問題によせて」において、マルクスは、ブルーノ・バウアーを批判した。それは、バウアーが主張する、ユダヤ人の「公民」としての「政治的解放」がいかに不十分かという批判である。マルクスは、「フランス人権宣言」には「公民（citoyen, Staatsbürger）」と利己的な「人間（homme, bourgeois）」との分裂が含まれており、それは、利己的な人間の「政治的解放」にとどまることを指摘した。それに対してマルクスは「人間的解放」を対置する。すなわち、人権宣言が利己的な「ブルジョア」の権利の承認と、そのもとに「公民」の権利を従属させたことを批判する。そして、現実的な個人が社会の公共性をになう「公民」の権利と社会的・政治的な力を獲得するような、「人間的解放」を主張する。マルクスはこのことを次のように言う。

「現実的な個人的人間が、抽象的な公民を自分の中に取り戻し、個人的な人間でありながら、その経験的生活、その個人的労働、その個人的諸関係の中で、類的存在になったとき、つまり、人間の〝固有の力〟を社会的な力として認識し組織し、したがって社会的な力を政治的な力というかたちで自分から分離しないとき、そのときはじめて、人間的解放は完遂されることになるのである」（S.370. 五三頁）。

ここでの「人間的解放」の概念はまだ抽象的である。しかし、マルクスはパリでフランス人やドイツ人の社会主義的・共産主義的な労働者と交流し、また、国民経済学の研究を行うなかで、ブルジョア社会を変革する主体としてプロレタリアートを見いだした。そのことが明瞭に語られるのが、同じく『独仏年誌』に掲載された「ヘーゲル法哲学批判序説」である。以下ではこの論文を見ていこう。

一　若きマルクスのプロレタリアートの発見

（1）宗教批判から現実の変革へ

この時期のマルクスは、哲学的には、フォイエルバッハの宗教批判と唯物論を支持していた。そこでマルクスは言う。

「ドイツにとって宗教の批判は〔フォイエルバッハによって〕本質において終わっており、そして宗教の批判はあらゆる批判の前提である」（S.378, 七一頁）。

しかし同時に、マルクスはすでにフォイエルバッハを超えて、現実社会への批判に向かう。まず、人間が次のようにとらえられる。

「人間とは、世界の外にうずくまっている抽象的な本質ではない。人間とは、人間の世界であり、国家であり、社会的組織（Sozietät）である。この国家、この社会的組織が、宗教を、転倒した世界意識を生み出すのである。なぜなら、国家が転倒した世界であるからである」（S.378, 七二頁）。

これは後に「フォイエルバッハにかんするテーゼ」に登場する思想でもある。ここから、有名なマルクスの宗教論も語られる。

「宗教的な悲惨は、ある人においては、現実的な悲惨の表現であり、ある人においては、現実的悲惨に対する抗議である。宗教は、抑圧された被造物のため息であり、非情な世界の心情であり、精神なき状態の精神である。宗教は民衆のアヘンである」（ibid., 同）。

一九世紀のヨーロッパではアヘンが、民衆の苦しみや痛みをやわらげるものとして広く使用されていた。しかしアヘンでは病気は治らないのと同様に、現実の悲惨を宗教ではなくすことができない。そこで、現実のブルジョア社会の変革が課題となる。

「宗教への批判は、宗教を後光とする涙の谷〔現世の不幸〕への批判の萌芽である。……人間の自己疎外の聖像が仮面をはがされた後には、聖なる姿ではない自己疎外の仮面をはがすことが、まず、歴史に奉仕する哲学の課題である。従って、天国への批判は地上への批判に転化し、宗教への批判は法への批判に、神学への批判は政治への批判に転化する」（S.379, 七二-七三頁）。

この法への批判、政治への批判の手掛かりとなるものは、ヘーゲルの『法の哲学』である。そこでマルクスは次のように言う。

「ドイツの国家哲学と法哲学は、ヘーゲルによって最も首尾一貫した、最も豊かな、究極の把握を獲得したのであるが、これに対する批判は二重のものである。すなわち、近代国家とそれに関連する現実の批判的分析であり、またドイツの政治的および法的意識の従来のあり方全体を決定的に否定することである。そしてこのドイツの政治的および法的意識の最も優れた、最も普遍的な、学問にまで高められた表現が、思弁的な法哲学そのものである」（S.384, 八四頁）。

しかし、ヘーゲルの『法の哲学』は、近代の市民社会（ブルジョア社会）の原理を明らかにするとともに、「立憲君主制」の国家論にとどまった。これに対する批判は、ブルジョア社会への理論的批判とその実践的な変革に向かわなければならないのである。

（２）プロレタリアートと哲学

では、その武器は何か。マルクスは言う。「物質的な威力は物質的な威力によって倒されなければならない。しかし理論もまた、それが大衆をとらえるやいなや、物質的な威力（die materielle Gewalt）となる。理論は、人間に訴える論証を行うやいなや、大衆をとらえることができるのであり、理論がラディカル〔根本的〕になるやいなや、それは人間に訴える論証になる。ラディカルであるとは、事柄を根本において把握することである。だが、人間にとっての根本とは人間そのものである」（S.385, 八五頁）。

このラディカルにとらえられた人間とは、プロレタリアートである。マルクスはプロレタリアートについて次のように言う。

「市民社会の階級ではないような、市民社会の一階級、あらゆる身分の解消であるような一身分、その普遍的な苦難によって普遍的な性格をもち、なにか特殊な不正ではなく不正そのものを被っているがゆえに、いかなる特別な権利も要求しない一領域、もはや歴史的な権原ではなく、ただなお人間的な権原だけを引き起こすことができる一領域、ドイツの国家制度の諸帰結に一面的に対立するのではなく、それの諸前提に全面的に対立する一領域、そして結局のところ、社会の他のすべての領域から自分を解放し、そのことによって社会のすべての領域を解放することなしには、自分を解放することができない一領域、一言でいえば、人間の完全な喪失であり、それゆえに人間の完全な再獲得によってのみ自分自身を獲得することができる一領域。社会のこうした解消が一つの特殊な身分として存在しているもの、それがプロレタリアートである」（S.390, 九四頁）。

こうして、変革の武器がより明確になる。「哲学がプロレタリアートのうちにその物質的武器（materielle Waffen）を見いだすように、プロレタリアートは哲学のうちにその精神的武器を見いだす」（S.391, 九五頁）。

ここで、プロレタリアートが現実を変革する「物質的武器」と表現されていることに注目しておきたい。プロレタリアートという人間主体が「物質的武器」になるのである。それは、大衆が「物質的威力」になるという先の言葉と同様である。ここで、「物質」という概念は、「現実の存在」という哲学的意味で使われている。しかも、ここでの「物質」は意識から独立した「客観的実在」という認識論的概念としてではなく、意識をもった人間も社会集団をも含む「現実の存在」という存在論的概念として使われている。それに対して、理論や哲学はあくまでも「精神的武器」である。

そしてこの論文の結論が述べられる。

「ドイツ人の解放は人間の解放である。この解放の頭脳は哲学であり、その心臓はプロレタリアートである。哲学はプロレタリアートの廃棄なしには自己を実現しえず、プロレタリアートは哲学の実現なしには自己を廃棄しえない。あらゆる内的条件が満たされたとき、ドイツ復活の日はガリアの雄鳥の雄叫びによって告げられるであろう」（S.391, 九六頁）。

ヘーゲル『法の哲学』「序文」では、「ミネルヴァのフクロウは夕暮れとともに飛び立つ」とされた。それは近代社会の成熟とともにヘーゲル哲学が登場したということである。しかし、マルクスは「ガリアの雄鶏の雄叫び」がブルジョア社会の変革の夜明けを告げるというのである。

以上のように「ヘーゲル法哲学批判序説」はプロレタリアートを明確に変革の主体としてとらえて

いる。このような視点をマルクスはどこから獲得したのであろうか。少なくともその一つの重要な契機は、パリでのフランス人やドイツ人の労働者との交流である。この点について、マルクスは『経済学・哲学草稿』（一八四四年）の中で次のように述べている。

「共産主義的な職人たちが集会をする（sich vereinen）とき、彼らにとってさしあたり目的となるのは、教説、宣伝等々である。しかし同時に彼らは、それを通じて一つの新しい欲求を、仲間（Gesellschaft）という欲求をもつようになる。手段として現れたものがいまや目的となったのである。このような実践的運動がその最も輝かしい成果において観察できるのは、社会主義的なフランスの労働者が集会をしているのを見るときである。喫煙、飲酒、食事などは、そこではもはや結びつき（Verbindung）の手段にすぎない。仲間、団結（Verein）、仲間を目的とする懇談が、彼らには十分にある。人間の兄弟愛は彼にとっては空文句ではなく、真実であり、人間の気高さが労働によって頑丈になった姿から私たちに光をはなっている」（Bd.40, S.553f. 一六二頁）。

マルクスはこのような経験を理論的にも明確にしていったのである。

二　疎外された労働

（1）労働と資本との分離

マルクスは、パリで国民経済学の研究を集中的に行った。その過程で執筆されたのが『経済学・哲学草稿』である。そしてマルクスが国民経済学の研究を通して明らかにしたのは、プロレタリアートにおける「疎外された労働」の現実である。

「疎外（Entfremdung）」とは、主体の本質に属していたものが主体から離れ、疎遠なものとなって主体と対立し、主体がその主体性を喪失することである。ヘーゲルは『精神の現象学』の「精神」の章において「自己を疎外する精神」を論じた。古代社会において共同体と一体になっていた人間が共同体を喪失する。近代社会の形成において精神は、自分を外的な世界へと疎外し現実化して自己形成を行う。そこから諸個人は、国家権力や財富と対立し、また啓蒙と信仰との対立などが生じるのである。

フォイエルバッハは「宗教的な人間疎外」を論じた。人間は、人間の本質（類的本質）である理性・意志・愛をもとにして、絶対的な（全知・全能の）神をつくった。しかし人間はこの神に従属し、神が偉大であればあるほど人間は貧弱になり、神が主体的であればあるほど、人間は自らの主体性を失う。これが、宗教における人間の自己疎外である。

マルクスは、国民経済学の前提のもとで、労働の疎外が起こることを論じるのである。

マルクスは、「国民経済学」の前提から出発する。それは、私有財産制のもとで、資本と土地と労働とが分離されていることである。つまり、労働を提供する労働者と生産手段（土地、工場、道具・機械、原料など）の所有者である資本家や地主とが分離されていることである。国民経済学のこのような前提のもとでは、社会の富の増大はけっして労働者の豊かさではなく、資本の増大である。

「労働者は、彼が富をより多く生産すればするほど、彼の生産の力と範囲とがより増大すればするほど、それだけますます貧しくなる。労働者は商品をより多く作れば作るほど、それだけますます彼はより安価な商品となる。物件の世界（Sachenwelt）の価値増大とぴったり比例して、人間の世界（Menschenwelt）の価値低下がひどくなる」（S.511, 八六頁）。

ここから、マルクスは「疎外された労働」を論じる。

（2）「疎外された労働」

①生産物からの疎外

労働の疎外の第一は、「生産物からの疎外」である。自分の生産物が自分のものとならず、かえって労働者にとって疎遠な存在となり、労働者から独立した力として労働者に対立する。「労働の実現は労働の対象化である。国民経済学的状態のなかでは、労働のこの実現〔現実化〕が労働者の現実性剥奪として現れ、対象化が対象の喪失および対象への隷属として現れ、獲得が疎外として、外化〔譲渡〕として現れる」（S.511f. 八七頁）。労働者は現に労働を現実化するが、それは労働者の現実性〔自己実現〕の剥奪であり、労働の生産物を労働者が獲得するのではなく、自分に疎遠なもの（疎外）として、譲渡（外化）として現れるのである。

したがって、「労働者が骨身を削って働けば働くほど、彼が自分に対立して創造する疎遠な対象的世界がますます強大となり、彼自身が、つまり彼の内的世界がいよいよ貧しくなり、彼に帰属するものがますます少なくなる」（S.512, 八七-八八頁）。このように労働者の生産物は決して自分を豊かにはせず、かえって自分を支配する資本を強大にする。また労働者のつくった機械が労働者に対立する。

ここから、国民経済学が隠蔽している「疎外」が明らかになる。「国民経済学は、労働者（労働）と生産とのあいだの直接的関係を考察しないことによって、労働の本質における疎外を隠蔽している。たしかに労働者は富者のために驚異的な作品を生産する。だが労働は労働者に赤貧をつくりだす。労働は宮殿を造営する。しかし労働者には穴蔵をつくりだす。それは美をつくりだす。しかし労働者には不具をつくりだす。それは労働を機械に代えるが、しかしそれは労働の一部を野蛮な労働に逆戻りさせ、他の一部を機械にしてしまう。それは知能を生産するが、しかし労働者には低能を、クレチン病〔白痴〕をつくりだす」(S.513, 九〇頁)。

②労働そのものからの疎外

第二は、「労働そのものからの疎外」である。疎外された労働は労働者にとっては苦しみであり、不幸である。労働において、自由な肉体的および精神的エネルギーはまったく発展せず、かえって肉体的・精神的エネルギーの消耗であり、退廃化である。労働者は労働の外ではじめて安らぎ、自分を見いだすことができる。

したがって、「彼の労働は、自由意志的なもの(frei willig)ではなく、強いられたものであり、強制労働(Zwangsarbeit)である。そのため労働は、欲求の満足ではなく、労働以外のところで欲求を満足させるための手段にすぎない。労働の疎遠性は、生理的な〔飢えの〕またはその他の強制がなくなるやいなや、労働がペストのように忌み嫌われることに、はっきり現れてくる。外的な労働、人間がそのなかで自己を外化する労働は、自己犠牲の、自己を苦しめる労働である」(S.514, 九二頁)。

そして労働者の労働は自分のものではなく、他人に従属したものであり、労働者はその活動において自分自身を喪失する。

以上から次のことが帰結する。

「人間（労働者）は、ただわずかに彼の動物的な諸機能、食うこと、飲むこと、産むこと、さらにせいぜい住むことや着ることにおいてのみ、自由に行動していると感じるにすぎず、そしてその人間的な諸機能においては、ただもう動物としてのみ自分を感じる。動物的なものが人間的なものとなり、人間的なものが動物的なものとなる」（S.514f., 九二頁）。

マルクスは、以上のような議論の後に、「生産物からの疎外」は「物件の疎外（die Entfremdung der Sache）」であるのに対して、「労働そのものからの疎外」は「自己疎外（die Selbstentfremdung）」であると言っている（S.515, 九三頁）。労働者は、自分の労働の生産物を所有できないことは、自分の労働の成果である「物件」が疎外されることである。また、労働が自由意志的なものではなく、強制されたものであり、自分の労働によって自分が苦しむことは、まさに「自己疎外」である。こうして、「疎外された労働」においては、「物件」も「自己」も疎外されるのである。

③人間の類的本質からの疎外

第三は、「人間の類的本質からの疎外」である。マルクスは人間は「類的本質（Gattungswesen）」だと言う。それは人間が理論においても実践においても、人間自身をも自然をも決して一面的にではなく普遍的に「類」として対象にし、自分自身に対しても普遍的な「自由な本質」に対するようにふるまうからである。自然はこうして科学の対象にも芸術の対象にもなる。

「人間の普遍性は、実践的にはまさに、自然が⑴直接的な生活手段である限りにおいて、また自然が⑵人間の生命活動の素材と対象と道具であるその範囲において、全自然を人間の非有機的身体、すなわち、人間の身体ではない限りの自然、とするという普遍性のなかに現れる」(S.516, 九四頁)。

このように、自然と豊かに関わるという、人類がもっている「類的本質」を、個々の人間がみずからの「普遍性」としてもっているのである。したがって、「疎外された労働は、人間から、⑴自然を疎外し、⑵自己自身を、人間に特有の活動的機能を、人間の生命活動を、疎外することによって、それは人間から類を疎外する。すなわち、それは人間にとって類生活を、個人生活の手段とするのである」(S.516, 九五頁)。

また、人間の生活は自然との不断の交流過程であり、人間は自然の一部なのである。この人間の生命活動は「自由な意識的活動」として営まれる。「自由な意識的活動が人間の類的性格である」(S.516, 九五頁)。人間は生命活動そのものを、自分の意欲や意識の対象とする。「人間は美の法則に従っても形づくる」(S.517, 九七頁)。人間の生産活動は労働の対象に対する「人間の類的生活の対象化」(ibid., 同)である。

ところが、疎外された労働においては、このような類的生活が個人生活の単なる手段とされ、生命活動としての労働が肉体的生存を維持するための手段となり、人間の自由な意識的活動は、一面的な欲求に縛られ、外的に強制された活動となってしまう。そして労働の対象である自然の普遍的な豊かさが労働者から奪いさられ、資本によって支配された限りでの自然が対象としてあてがわれる。

こうして「疎外された労働」は、「人間の類的本質を、すなわち自然をも人間の精神的な類的能力をも、彼にとって疎遠な本質とし、彼の個人的生存の手段としてしまう。疎外された労働は、人間から彼自身の身体を、同様に彼の外にある自然を、また彼の精神的本質を、要するに彼の人間的本質を疎外するのである」（S.517, 九七－九八頁）。こうして人間の人間らしさそのものが失われるのである。

④人間からの人間の疎外

第四は、「人間からの人間の疎外」である。疎外された労働において、労働者は他の人間である資本家と対立する。「こうして労働者は、疎外された、外化された労働をつうじて、労働にとって疎遠な、そして労働の外部に立つ人間の、この労働に対する関係を生み出す。労働に対する労働者の関係は、労働に対する資本家の、あるいはその他、労働の主人を何と名付けようとその関係を生み出す」（S.519f. 一〇一－一〇二頁）。

労働者が生産物から疎外されるということは、その生産物の所有者である資本家と対立することになる。労働者が労働そのものから疎外されるということは、その労働を支配し、労働を強制する資本家と対立することになる。こうして疎外された労働は、人間の本質をなす「社会的共同性」をも疎外し、人間相互の分裂を生み出すのである。

『経済学・哲学草稿』と同時期に書かれた「ジェームズ・ミル『政治経済学要綱』からの抜粋」では、「人間の共同的本質」からの疎外が論じられている。ここでマルクスは、「人間の本質は、社会的な活動と社会的な享受である。人間の本質は、人間が真に共同的本質であるから、彼らの本質の発揮によって人間的な共同体を創造する」（S.451, 三六九頁）と言う。しかし同時に、「この共同的本質は疎外の形態のもとで現象する。なぜなら、この共同的本質の主体である人間が、自分自身を疎外された存在だからである」（ibid. 同）とされる。人間の自己疎外は、人間の共同的本質の疎外でもあるのである。

（3）「疎外された労働」の意義

以上のような労働の疎外を明らかにしたうえでマルクスは次のように言う。

「したがって、私有財産は、外化された労働の、すなわち自然や自分自身にたいする労働者の外的関係の、産物であり、成果であり、必然的な帰結なのである」（S.520. 一〇二頁）。

この議論は、マルクスが「国民経済学は私有財産という事実から出発する。だが国民経済学はわれわれに、この事実を解明してくれない」（S.510. 八四頁）と述べていたことへの解答である。資本という私有財産は、確かに、資本に基づく生産が成立する前提である。しかし同時にそれは、労働の生産物が労働者から奪われる「生産物からの疎外」の成果であり、労働者の強制労働である「労働そのものからの疎外」の成果であり、労働者の自由な意識的活動の喪失である「類的本質の疎外」の成果であり、さらに資本による労働の支配である「人間の人間からの疎外」の成果なのである。

ところが、従来からマルクスの「疎外された労働」論に対する批判がある。

その一つは、マルクスの疎外論を「現実的ヒューマニズム」として評価しながらも、「未熟な・欠陥にみちたもの」と批判する、林直道氏の見解である(1)。林氏は、マルクスが私有財産を事実として前提にしながら、私有財産は、疎外された労働の産物であり、成果であり、必然的帰結であるとしていることについて、これは「あきらかに一種の循環論法といわなければならない」（一〇七頁）と批判する。

しかしながら、マルクスは、私有財産としての資本を前提にしながら、疎外された労働によって、私有財産である資本の価値がますます増大し、労働者がますます貧窮することを論じたのである。その意味で、私有財産は疎外された労働の産物・成果・帰結であると言うのである。これは、論理的な「循環論法」ではなく、現実の循環である。(2) この「私有財産→疎外された労働→私有財産」という現実の循環は、『資本論』では、「資本の本源的蓄積」による資本と労働との分離が歴史的に前提されながら、資本が労働を搾取し、労働者が生産物を資本として生産することによる「資本の蓄積」として解明されるのである。もちろん、『経済学・哲学草稿』には資本の本源的蓄積や資本の「剰余価値」や資本主義的蓄積の解明はない。しかし、『経済学・哲学草稿』の疎外論は、『資本論』とは異質な「未熟さ」や「欠陥」なのではなく、資本主義的生産の解明に突き進む重要な出発点なのである。

マルクスの疎外論への批判には、広松渉氏による次のような批判もある。(3)

疎外論では、「現存の不合理性が〝非本来性〟という形で意識され、理想として表象される将来の在り方が〝本来性〟という形で意識されているのである。ここにおいて、理想と現実を逆構成し、現実性を以って〝本来的な在り方からの疎外、理想（これ自体、歴史的・社会的・階級的に規定されたものである）の実現を以って〝本来的な在り方〟への復帰、〝本来性の回復〟だと考えるイデオロギー的顚倒が生じる」（三〇一頁）。

広松氏はまた次のようにも批判する。

「『経哲手稿』におけるマルクスは、国民経済学的諸事実、この歴史的現実を『疎外』というヘーゲル学派の概念でとらえ、疎外された労働云々という概念で表現した。そして、当の歴史的事実が『あるべからざる』状態であると告発した。しかし、そのことは、実際には、まだ、そのような状態が自己止揚の内在的法則性をもっていることの論証にはなっていない」。ところが、「一見それの証明になっているかのように見えるのは『疎外』という概念と発想によって自己欺瞞に陥っている限りのことである」（三二〇頁）。そしてマルクス自身がやがてこのことに気付いて、疎外論とは別のアプローチ（物象化論）に進んだとされる。

確かに、疎外論を論じる論者の中には、広松氏が指摘する「イデオロギー的転倒」が見られることがある。また、疎外されざる「本来性」を過去に見て、ジョン・ロックが言ったように「自己労働に基づく所有」という仕方で、労働と所有との結びつきが本来的なものであるという主張もある。

まず、過去に「本来性」を見る点から言えば、マルクスの疎外論はそうではない。マルクスは、「国民経済学が説明しようと思うときにするように、ある架空の原始状態にわが身をおくようなことを、われわれはしない」（S.511. 八六頁）と述べて、原始状態における「自己労働に基づく所有」という想定を否定している。

また、マルクスは「本来性」を未来に見る疎外論でもない。マルクスにとって、「疎外された労働」において、労働者は現実に生産物を生産しながら、その生産物から疎外されているのである。また現実に目的意識的な労働をしながら、その労働がけっして自由意志的なものではなく強制された労働となっているのである。これが「労働そのものからの疎外」である。また、人間が類（人類）の本質としてもっている「自由な意識的な活動」は現実に発揮されている。しかしそれは、支配階級に属する資本家・政治家・知識人や、一定の社会的地位を保障された科学者・技術者・学者・文化人・芸術家らによって発揮されているにすぎない。資本のもとで働く労働者は「自由な意識的な活動」を発揮する余地はなく、したがって、「類的本質」から疎外されているのである。そして労働者と資本家の対立という「人間の人間からの疎外」は、労働における社会的な共同性が階級支配のもとにおかれているということである。それは現実にある「人間の共同的本質」が疎外された形態をとっているということである。

マルクスは確かに「労働の本質」を論じているが、しかしそれは〝本来的なもの〟としての本質ではない。マルクスは、「国民経済学は労働者（労働）と生産とのあいだの直接的関係を考察しないことによって、労働の本質における疎外を隠蔽している」（S.513, 九〇頁）と言う。ここで問題になる「労働の本質」とは、労働者と生産との「直接的関係」における労働とはいかなるものかということである。そして、この直接的関係において労働が疎外されるということが、「労働の本質における疎外」なのである。

さらに、「労働そのものからの疎外」に関して、マルクスは、「労働の外化」は、「労働が労働者の本質に属していないこと」だと言う（S.513, 九一頁）。ここでの「労働者の本質」もけっして〝本来的なもの〟としての労働者という意味ではない。人間の労働は目的意識的なものである。何を、どのような手段を使って、どのように作るのかという、目的－手段や労働の仕方についての意識がなければ、そもそも「労働」とは言えない。ところが、資本から分離された労働は、労働の目的も、手段も、労働の仕方も、すべて資本家やその代理人によって命令され、強制される。ここでは、労働の目的意識性は、労働者にとってまったく外的なものになる。したがって、このような「労働」は「労働者の本質」には属さないのである。これが「疎外された労働」である。

マルクスは「疎外された労働」をあくまでも現実の労働の問題として語っている。そして、その克服を人類の社会的・歴史的課題として提起しているのである。したがって、「疎外された労働」の問題は『経済学・哲学草稿』だけでなく、『資本論』でも論じられるのである（『資本論』における疎外論は本書の第11章で検討したい）。マルクスには、現実が「非本来的」で、未来の理想が「本来性への復帰」だというイデオロギー的転倒は存在しない。また、マルクスは「疎外」を言うだけで、それが克服できるとは考えていない。資本主義の内在的法則の解明にもとづいて、いかにして疎外を克服するかが、マルクスの経済学批判の課題となったのである。もしも「疎外」を言うだけで現実の分析を放棄して、疎外の止揚を語るならば、それは次にマルクスが批判する「粗野な共産主義」にもなりかねない。マルクスはそのような「自己欺瞞」には陥っていない。むしろ疎外の止揚のための理論的・実践的な探求の課題が明確にされるのである。

三　疎外された労働の克服――共産主義

マルクスは、疎外された労働と、資本という私有財産とは矛盾し、その矛盾の解消に向かう運動が生じると言う。「所有の排除としての私有財産の主体的本質である労働と、労働の排除としての客体的労働である資本とは、その発展した矛盾関係としての私有財産であり、したがって解消へと駆り立てるエネルギッシュな関係としての私有財産である」（S.533, 一二六頁）。この運動は共産主義へと向かう。

（１）粗野な共産主義などへの批判

しかし、私有財産の止揚は容易ではない。マルクスは「自己疎外の止揚は、自己疎外と同じ道をたどる」（S.534, 一二六頁）と言う。すなわち、まず資本という私有財産を止揚するという「客体的側面」から主張される（プルードン）。次には労働という主体的側面から、農業労働（フーリエ）や産業労働（サン・シモン）などが本質的なものとされる。さらには、私有財産を万人のものとする「普遍化と完成」が主張される。しかし、ここから「粗野な共産主義」も現れる。それはいくつかの形態をとる。

まず、「共産主義は、私有財産として万人に占有されえないあらゆるものを否定しようとする。それは暴力的なやり方で、才能等を無視しようとする。この共産主義にとっては肉体的な直接的占有が、生活や生存の目的と見なされる」（S.534, 一二七頁）。

このような「粗野な共産主義」は否定的な運動にすぎない。

「粗野な共産主義者は、想像上の最低限から出発して、こうしたより富裕な私有財産に対するねたみや均等化を完成したものにすぎない」。しかし「私有財産のこのような廃棄がほとんど現実的な獲得となっていないということは、教養と文明の全世界が抽象的に否定されていることが、まさに証明している」（S.535, 一二八頁）。教養と文明の否定としての共産主義は、「現実的な獲得」ではないのである。

また「粗野な共産主義」は、女性の共有を主張することもある。「私有財産にたいして普遍的な私的所有を対置しようとするこの運動は、結婚（それは確かに排他的な私有財産の一形態である）にたいして、女性が共同体的な共通の財産になる女性共有が対置されるという動物的な形態でみずからを語る。女性共有というこの思想こそ、まだまったく粗野で無思想なこの共産主義の明言された秘密であると言えよう」（S.534, 一二七頁）。

そこで、マルクスは男性の女性に対する関係について、次のように言う。「男性の女性に対する関係は、人間の人間に対する最も自然的な関係である。だから、どの程度まで人間の自然的態度が人間的となったか、あるいはどの程度まで人間的本質が人間にとって自然的本質となったか、どの程度まで人間の人間的自然が人間にとって自然となったかは、男性の女性に対する関係のなかに示されている」（S.535, 一二九頁）。

人間が相互に尊重される「人間的本質」あるいは「人間の共同的本質」の実現の度合いは、「自然的本質」としての男女関係に現れるのである。共産主義は男女の真の平等の実現でもある。

さらには、「(a)民主的にせよ専制にせよ、まだ政治的な性質をもっている共産主義」がある。これは、国家の政治的支配による共産主義である。それに対して、「(b)国家の止揚をともなうが、しかし同時にまだ不完全で、まだ相変わらず私有財産すなわち人間の疎外に影響されている本質をもっている共産主義」（S.536, 一三〇頁）も存在する。このような国家の不完全な止揚という共産主義も、私有財産の影響下にあるのであって、マルクスにとって真の共産主義ではない。

（２）人間的本質の獲得としての共産主義

それらに対して、マルクスは、「私有財産の積極的な止揚としての共産主義」を論じる。それは、次のような共産主義である。

「人間の自己疎外としての私的所有の積極的止揚としての共産主義、それゆえにまた人間による人間のための人間的本質の現実的な獲得としての共産主義。それゆえ、社会的すなわち人間的な人間としての人間の、意識的に生まれてきた、またいままでの発展の全成果の内部で生まれてきた完全な自己還帰としての共産主義。この共産主義は完成した自然主義として＝人間主義であり、完成した人間主義として＝自然主義である。それは人間と自然とのあいだの、また人間と人間とのあいだの抗争の真の解決であり、自由と必然との、個と類とのあいだの争いの真の解決である」（S.536, 一三〇－一三二頁）。

このような共産主義の思想はまだまだ抽象的である。しかし、資本の私的所有の止揚にとどまらず、「人間のための人間的本質の現実的な獲得としての共産主義」という思想は、人間の自己疎外の克服という点で重要である。また、「人間と自然とのあいだの、人間と人間とのあいだの抗争の真の解決」という思想も重要である。それは、「自由と必然との、個と類とのあいだの争いの真の解決」でもある。このように、『経済学・哲学草稿』は、後のマルクスの探求の課題も示しているのである。

さらにマルクスが強調するのは、実践的運動としての共産主義である。

「共産主義は否定の否定としての肯定であり、それゆえ人間的な解放と取り戻しの、次の歴史的発展にとって必然的な現実的契機である。共産主義は次の将来の必然的な姿であり、エネルギッシュな原理である。しかし共産主義は、そのようなものとして、人間的発展の到達目標――人間的社会の姿

——ではない」(S.546, 一四八頁)。

共産主義とは、「否定の否定」の運動なのであり、人間でありながら人間らしさを奪われた労働者の「人間的な解放」と「人間の取り戻し」の運動である。それが、歴史的発展の契機となり、その運動の推進力となるエネルギッシュな原理なのである。したがって、共産主義は、未来の「到達目標」や理想像としての「人間的社会の姿」ではない。この議論は、人間の自己疎外の現実をリアルにとらえながら、現実的な運動によって共産主義をめざすという、マルクスの思想を示している。またそれは、国民経済学を超える経済学批判の課題や、現実の疎外や矛盾の中から人間はいかに主体形成を行うかという哲学の課題を示しているのである。

注

(1) 林直道『史的唯物論と経済学』下、大月書店、一九七一年。引用では頁を記す。

(2) 渡辺憲正『近代批判とマルクス』(青木書店、一九八九年)でも、「たしかに循環はある。しかし、それは存在の循環であって、論理の循環ではないのではなかろうか」(一三〇頁)と述べられている。

(3) 広松渉『マルクス主義の地平』勁草書房、一九六九年。引用は、同書の講談社学術文庫(一九九一年)により、文庫版の頁を記す。

第3章　新しい唯物論——世界の変革の哲学

はじめに

マルクスは『経済学・哲学草稿』（一八四四年）において当時の彼の研究成果を記した。しかしそこではまだ、「フォイエルバッハは、ヘーゲルの弁証法に対して真剣な批判的態度をとって、この領域で真の発見をした唯一の人であり、一般的にいって古い哲学を真に克服した人である」（S.569. 一九一頁）として、フォイエルバッハを高く評価していた。しかしマルクスは、「フォイエルバッハにかんするテーゼ」（一八四五年春）において、フォイエルバッハへの批判を行いながら独自の哲学的見解を表明する。

この「フォイエルバッハにかんするテーゼ」は、フォイエルバッハの『将来の哲学の根本命題』（一八四三年）(1)と類似した叙述形式で、1から11の番号を付けた諸命題を叙述しながら、フォイエルバッハへの批判を行っていく。同時に、ここで論じられる内容は、フォイエルバッハらの青年ヘーゲル派との対決を念頭におきながらも、古代ギリシアから近代哲学に至る哲学への批判的対決となっている。それは、マルクスが、学位論文「デモクリトスとエピクロスの自然哲学の差異」（一八四一年）

においてプラトンやアリストテレスの哲学も踏まえて古代ギリシアの唯物論を論じたことや、『経済学・哲学草稿』において近代の国民経済学への批判的研究や、ヘーゲル哲学への批判の成果を踏まえている。さらに「テーゼ」の直前に出版された『聖家族』（一八四五年）はバウアーへの批判でありながら、特にその中の「フランス唯物論に対する批判的戦闘」は、近代哲学における観念論と唯物論との論争の総括を含んでいる。つまり、マルクスは古代哲学から近代哲学にいたる理論哲学と社会哲学の双方を踏まえて、存在論、認識論、実践論、宗教論、人間論、社会論にわたる哲学の諸問題について、「新しい唯物論」を提唱するのである。

なお、マルクスは「フォイエルバッハにかんするテーゼ」を公表することはなかった。しかし「テーゼ」執筆の数カ月後に、マルクスはエンゲルスとともに『ドイツ・イデオロギー』の執筆を開始した。その第一章「フォイエルバッハ」は、マルクスの「フォイエルバッハにかんするテーゼ」を踏まえて書かれている。その点で、両者を関連づけて理解することができるであろう。

そして後に、エンゲルスはマルクスの若い頃の手帳から「フォイエルバッハにかんするテーゼ」を発見した。これを、エンゲルスは自分の『フォイエルバッハとドイツ古典哲学の終結』（一八八八年）を出版するさいに、その付録として、マルクスの表現に校訂を加えたうえで公表した。エンゲルスはそれを「新しい世界観の天才的萌芽が記録されている最初の文書として、計り知れぬほどの貴重なものである」(2)と述べている。本章では、「フォイエルバッハにかんするテーゼ」は、マルクスの新しい哲学的世界観の凝縮された表現であるととらえて、その内容について考察したい。

一　現実の対象の主体的把握

（1）「対象・現実・感性」を「実践」として把握する

まず「第1テーゼ」は次のように言う。

「これまでのすべての唯物論（フォイエルバッハのそれをも含めて）の主要な欠陥は、対象、現実、感性が、ただ客体または観察（Anschauung）*という形式のもとでだけとらえられて、感性的・人間的な活動、実践として主体的にとらえられていない、ということにある」（S.5. 一〇九頁）。

*„Anschauung" は「じっくりながめること」であるが、哲学では一般に「直観」とか「観想」と訳される。しかし「直観」は「直ちにとらえること」である。また「観想」は「真実をながめること」であり、感覚的な意味が弱くなる。そのため、ここでは「観察」という訳語を用いる。

ここで「対象、現実、感性」という言葉はフォイエルバッハに由来する。フォイエルバッハは『将来の哲学の根本命題』の中で「その現実性においての、また現実的なものとしての現実的なものは、感覚の対象としての現実的なものであり、感性的なものである。真理、現実、感性は同一である。感性的実在のみが真の実在、現実的実在である」（三二節）と述べた。つまり「対象、現実、感性」とは、感性でとらえられる現実の対象を意味する。それは、理性の対象こそが真理であり現実的であるとしたヘーゲルの観念論を批判したものである。そして、現実の感性的対象を「観察」の対象として、「客体」として把握することは「これまでのすべての唯物論」の基本的な立場であり、唯物論一般の立場である。マルクスはこの立場を否定するものではなく、それだけにとどまることの欠陥を指摘するのである。

マルクスが批判するのは、現実の対象とのかかわりが、「観察」や「客体」の形式だけにとどまって、「対象、現実、感性」を「感性的・人間的な活動、実践として、主体的に」把握しないことである。「感性的」とは〝感覚でとらえられる現実的な〟という意味である。したがって、マルクスがここで提起していることは、現実の対象を、感性的（現実的）で人間的な活動、実践、つまり労働や社会的実践とのかかわりでとらえることである。言いかえれば、現実の対象（自然と社会）を、現実の人間的活動（労働と社会的実践）によって形成され、再生産され、変革されるものとしてとらえることである(3)。

この論点は、「フォイエルバッハにかんするテーゼ」の数カ月後に、エンゲルスと共に執筆が開始された『ドイツ・イデオロギー』では次のように述べられる。

「フォイエルバッハは、自分をとりまく感性的世界が、直接にずっと前から与えられた常に同じ事物ではなくて、産業と社会状態の産物であることを見ない」（S.19, 三一頁）。「フォイエルバッハは、感性的世界を、それをつくっている諸個人の生きた感性的活動の全体として把握することにはけっして到達しない」（S.25, 三三－三四頁）。

ここでは、フォイエルバッハが現実の感性的世界を労働や社会的実践の産物としてとらえないことが明瞭な言葉で語られている。「第1テーゼ」は難解であるが、『ドイツ・イデオロギー』のこのような言葉と関連づけることによって、その意味がより明瞭になると思われる。

（2）観念論と人間の活動的側面

マルクスはまた「第1テーゼ」を次のように続ける。

「それゆえ、活動的（tätig）な側面は、抽象的に唯物論と対立して、観念論――もちろん、それは、現実的で感性的な活動そのものを知らないのであるが――によって展開される」（S.5, 一〇九頁）。

ここでは、人間の活動的（能動的）側面は、観念論（とりわけドイツ観念論）によって展開されたとされる。このことは、哲学史からも明らかである。カントは「コペルニクス的転回」によって認識活動の能動性を論じ、「実践理性」の道徳性にもとづいて「人間の尊厳」を論じた。フィヒテは「自我」を世界の原理とする主観的観念論を展開した。ヘーゲルは精神の歴史的な自己産出を論じ、精神の能動性を基礎とした客観的観念論を展開したのである。

しかし、マルクスが「観念論」は「現実的で感性的な活動そのものを知らない」と言うように、観念論は、意識、自我、精神などの活動性を根本においたために、物質的生産を歴史の発展をとらえる基礎とはせず、社会的実践（「革命的実践」）を歴史発展の原動力とは見なかった。ここに活動的側面をめぐる「唯物論」と「観念論」との対立がある。

（3）革命的活動の意義

さらにマルクスは「第1テーゼ」でフォイエルバッハを批判する。

「フォイエルバッハは、感性的な――思想的客体から現実に区別された客体を欲する。しかし、彼は、人間的な活動そのものを対象的な活動としてとらえていない。したがって、彼は、キリスト教の本質においては、ただ理論的な態度だけを真に人間的なものと見ており、他方では、実践は、ただその欲深い（schmutzig）* ユダヤ人的な現象形態でだけとらえられて、固定される。したがって、彼は『革命的な』活動、『実践的に批判的な』活動の意義を把握しない」（S.5. 一〇九‐一一〇頁）。

*„schmutzig" は「汚い」であるが、ここではカネに汚く「欲深い」と理解する。

ここで問題にされている、フォイエルバッハの『キリスト教の本質』（一八四一年）(4) における議論とは、彼が、ギリシア人は「理論の立場」から「理論的な感覚」で自然を考察したことを高く評価したことである。それに対して、「ユダヤ人は彼らの特性を今日に至るまで維持している。彼らの原理、彼らの神は、世界についての最も実践的な原理である。――すなわちそれは利己主義、しかも宗教の形式をとった利己主義である」（S.137. 上、二四三頁）とされる。つまり、フォイエルバッハにおいては、「実践的原理」は欲深い「ユダヤ人」的な「利己主義」だとされたのである。

ここからマルクスは、フォイエルバッハが、「革命的な活動」や「実践的に批判的な活動」を理解しないことを批判するのである。

以上のように、「第1テーゼ」は、「これまでのすべての唯物論」が現実を「観察」や「客体」の形式でのみとらえたことを批判しながら、同時に「観念論」が人間の「活動的側面」をとらえながら「現実的な感性的活動」としての労働や社会的実践をとらえないことを批判する。そして、このような哲学史の中にフォイエルバッハを位置づけて、それを乗り越えるマルクス自身の立場を鮮明にするのである。

二　真理と実践、環境の変革

(1) 真理と実践

「フォイエルバッハに関するテーゼ」の「第2テーゼ」は真理の問題を取りあげる。マルクスは次のように言う。

「人間の思考に対象的な真理が得られるかどうかという問題は――理論の問題ではなくて、実践的な問題である。実践において、人間は真理を、すなわち、彼の思考の現実性と力、此岸性を証明しなければならない。思考が現実的であるか、それとも非現実的であるかにかんする論争は――この思考が実践から遊離していると――純粋にスコラ的な問題である」(S.5, 一一〇頁)。

ここでは、哲学の基本問題の一つである真理の問題が論じられる。近代哲学に限っても、「対象的な真理」、つまり対象と合致した認識としての真理について、次のような議論があった。すなわち、デカルトによれば、理性による「明晰・判明な認識」こそが真理である。ロックは、「知識はすべて経験から」と主張した。それらに対してディドロは、「観察は事実をあつめる。省察はそれを結合する。実験は結合を検証する」(5)と述べた。しかしカントは、「実験的方法」を重視しながらも、人間の認識は感性と悟性によって対象を構成することであるから、「現象」は知りえても「物自体」は不可知であると言った。これに対してヘーゲルは、理性による体系的な認識の「全体」こそ真理であると主張した。フォイエルバッハは、先に引用した「真理、現実、感性は同一である」という言葉にもあるように、感性によってこそ真理が得られると主張した。

それらに対してマルクスは、ディドロらの唯物論の見地を継承しながらも、ヘーゲルの弁証法的な「思考」の意義も踏まえ、さらに自然についての真理だけでなく社会についての真理も含めて、「人間の思考」に真理が得られるかどうかは、「理論」の問題ではなく「実践」の問題であると主張したのである。人間の実践は感性的に確認できるものであるが、しかしフォイエルバッハのように、感性を強調するだけでは、「思考の現実性」は論じられない。

マルクスによれば、現実を変革する実践こそが、「思考の現実性」を、すなわち思考が現実と合致した「対象的真理」を認識できることを証明するのである。そして、「対象的真理」をとらえた思考だからこそ、現実を変える力をもつのであり、「知は力である」（ベーコン）ことを証明するのである。したがって、思考は、その「彼岸」に不可知な「物自体」を立てるものではなく、「此岸」の現実そのものを認識でき、「此岸」の現実そのものを変革できるのである。こうして、思考の現実性をめぐる「スコラ哲学」のような果てしのない論争は、「実践」を基準とすることによって決着するのである。

（2）環境と人間

「第3テーゼ」は次のように言う。

「環境の変化と教育とにかんする唯物論的な学説が忘れているのは、環境は人間によって変えられなければならないし、教育者自身が教育されなければならない、ということである。この学説は、社会を二つの部分に――そのうちの一方は社会の上で超越している〔お高くとまっている〕（von denen der eine über ihr erhaben ist)* のであるが——分けざるをえない」(S.5f. 一一〇頁)(6)。

* 「超越している（über ihr erhaben ist)」という部分は「お高くとまっている」という意味もあるので、それを〔　〕内の補足として付け加えた。

エンゲルスはこの「第3テーゼ」の校訂にあたって、この文章の最後に「（例えば、ロバート・オーエンの場合」）と付け加えた（S.534. 一一〇-一一一頁）。しかしここで言われる、環境と教育が人間を決定するという「唯物論的な学説」として、まずエルヴェシウスの『人間論』（一七七二年）(5)が考えられる。この著作は、マルクスが『聖家族』の中で書名をあげているものである（Bd.2, S.137. ②一三五頁、本書三一-三二頁、参照）。そしてマルクスは、エルヴェシウスからベンサムへ、さらにオーエンへという影響を指摘しているのである。

エルヴェシウスは「環境が人間を決定する」と主張するにあたって、人間を教育する「教師」として、すべての事物、統治形態、習俗、社会的地位、貧富の状態、社交界、友人、読書、愛人をあげている。つまり「テーゼ」で言う「教育者」とは、エルヴェシウスの用語に従って、狭義の「教育者」だけでなく、環境一般が意味されているのである。

そして、環境（教育者）が人間（教育される者）を決定するととらえると、人間が環境（教育者）を変える（教育する）ことが忘れられる。しかも、社会が教育する者と教育される者とに分けられると、教育者や指導者らが社会の上に「お高くとまって」、一方的に社会を教育し指導する者になるであろう。

マルクスは、環境が人間によって変えられるように、教育者自身が教育されなければならないと言うのである。

そしてマルクスはこの「テーゼ」を次のように結んでいる。「環境の変化と人間的な活動または自己変革との合致は、ただ革命的な実践（revolutionäre Praxis）としてだけとらえることができ、合理的に理解することができる」（S.6.、一一〇‐一一一頁）。

この点では、ヘーゲルもすでに『精神の現象学』などで、物を形成する労働と人間の自己形成との関係を論じた。マルクスは、実践をさらに「革命的実践」に広げて、環境の変化と自己変革との「合理的把握」を論じるのである。なお、エンゲルスは、その校訂において、「革命的な実践」を「変革的な実践（umwälzende Praxis）」に変更している（S.534、一一一頁）。しかし、マルクスは手帳で「革命的な実践」に下線を引いて（MEW および MEGA ではイタリックで）強調している。マルクスは、人間が社会革命や産業革命など、「革命的」と言えるほどの根本的な「実践」に参加することによって、自然を変え、社会を変えながら、人間自身を変えることを主張しているのである。

三　宗教批判から現実批判へ、人間の本質

（1）宗教的な自己疎外と世俗的世界の自己矛盾

「第4テーゼ」は次のように言う。

「フォイエルバッハは、宗教的な自己疎外という事実、すなわち世界が宗教的な世界と世俗的な世界とに二重化するという事実から出発する。彼の仕事は、宗教的な世界をその世俗的な基礎へと解消することである」（S.6.、一一一頁）。

このように、マルクスは、フォイエルバッハが人間の「宗教的な自己疎外」を解明したことを高く評価する。それは、人間が「人間の本質」（理性・意志・心情）をもとにして、絶対的な「神」（全知・全能・愛の神）をつくったのであるが、そのことによって、人間は神に服従し、主体性をなくするという批判である。その上で「テーゼ」は続けて言う。

「しかし、世俗的な基礎が自分自身から浮き上がって、一つの独立した国が雲のなかに定着するということは、ただ、この世俗的な基礎の自己分裂と自己矛盾からだけ説明できる。だから、この世俗的な基礎そのものが、それ自身において、その矛盾のなかで理解されなければならないのと同様に、実践的に変革されなければならない。だから、たとえば、地上の家族が聖なる家族の秘密としてあばかれた後には、いまや前者そのものが理論的かつ実践的に廃絶されなければならない」（S.6.、一一一頁）。

こうして、「宗教的な自己疎外」を生みだす「世俗的世界」の「自己分裂と自己矛盾」を解明し、階級に分裂した現実を実践的に変革することをマルクスは主張する。そこで、「地上の家族」（支配階級）の存在が、「聖家族」（キリストの家族）の「秘密」（根拠）であるならば、人間の自己疎外をなくすためには、「地上の家族」（支配階級）そのものを廃絶しなければならない。それは「理論的かつ実践的な」課題である。このような視点がマルクスの宗教論の基礎となるのである。

（2）感性を実践的活動としてとらえる

「第５テーゼ」は次のように言う。

「抽象的な思考に満足しないフォイエルバッハは、観察を欲する。しかし、彼は感性を実践的な人間的‐感性的活動としてとらえない」(S.6, 一一二頁)。

この「テーゼ」は「第1テーゼ」の繰り返しのように見える。しかし、「第1テーゼ」と同じであれば、マルクスがこの「第5テーゼ」を独立させた意味がわからない。そこで、ここでの「感性」は感性的対象ではなく、感覚や感情ととらえて、それを「実践的な活動」として、「人間的‐感性的な活動」としてとらえることを主張していると考えるべきであろう。マルクスはすでに『経済学・哲学草稿』「第三草稿」において、「五感の形成はいままでの全世界史的な一つの労作である」と言い、「人間的本質の対象化」としての実践が「人間的感覚」を創造すると主張していた(S.541, 一四〇頁)。「第5テーゼ」でも、感覚や感情としての「感性」そのものが、「実践的な活動」であり、「人間的‐感性的活動」であるとマルクスは言うのである。このような「感性」のとらえ方は、「人間の本質」のとらえ方とも関わる。

(3) 人間の本質は社会的諸関係の総体

「第6テーゼ」は言う。

「フォイエルバッハは、宗教の本質を人間の本質に解消する。しかし、人間の本質は個々の人間に内在する抽象物ではない。人間の本質は、その現実性においては、社会的な諸関係の総体である」(S.6, 一一二頁)。

ここでは、フォイエルバッハが「神とは人間の最も主体的で最も固有な本質が分離され、えぐり出されたものである」(『キリスト教の本質』S.38, 上、一〇〇頁)と言い、「人間の本質とはいったい何であろうか」と問い、「理性・意志・心情がそれである」（S.3, 同、上、四九頁）と答えたことが批判されている。人間の理性・意志・心情も、その現実的なあり方においては、社会的な諸関係においてとらえなければならないのである。

人間の理性・意志・心情は、現実の社会的諸関係の中で、さまざまな形態をとる。人間の理性や意志は人間の自由の実現のために働くだけでなく、人間の支配や抑圧のためにも使われる。フォイエルバッハが重視した「愛」の心情も、社会的諸関係の中でさまざまな形態をとる。

なお、フォイエルバッハは、「人間の本質は、ただ共同体のうちに、すなわち、人間と人間との統一のうちにのみ含まれている」（『将来の哲学のための根本命題』五九節）とも言っていた。このことをマルクスは知らないわけではない。しかしフォイエルバッハが言う「共同体」や「人間と人間との統一」とは、「この統一は、しかし私と君との区別の実在性にのみ支えられている」（同）ということであり、「真の弁証法は、孤立した思想家の自分自身との独白ではない。それは私と君との対話である」（同、六二節）ということである。このような私と君との対話関係だけでは、「世俗世界」の「自己分裂と矛盾」も現実の人間の「自己疎外」もとらえられない。マルクスはこの点を批判するのである。

したがって、「人間の本質」とは「その現実性においては」、「社会的な諸関係の総体」なのである。この点で、すでにマルクスは「ヘーゲル法哲学批判序説」の中で次のように述べていた。

「人間とは、世界の外にうずくまっている抽象的な本質ではない。人間とは、人間の世界であり、国家であり、社会的組織（Sozietät）である。この国家、この社会的組織が、宗教を、転倒した世界意識を生み出すのである。なぜなら、国家が転倒した世界であるからである」（Bd.1, S.378, 七二頁）。

つまり、人間の本質をなす「社会的諸関係の総体」とは、国家などの社会的組織である。ヘーゲルの用語で言えば、家族・市民社会・国家である。人間の現実における本質は、家族・市民社会・国家によって規定されるのである。

しかし、「人間の本質」が「社会的諸関係の総体」であると主張することは、人間の本質を社会的諸関係に還元することではない。社会的諸関係の基礎には自然があり、人間もまた自然的存在である（『経済学・哲学草稿』参照）。マルクスは、人間が生物的な「人間の本性（die menschliche Natur）」（人間的自然）をもつことをけっして否定しない。むしろ、人間社会の「現実性においては」、「疎外された労働」（とりわけ長時間労働や深夜労働）によって、「人間的自然」が破壊されるのである。マルクスは社会的諸関係の変革によって、「人間的自然」にふさわしい労働の実現を主張する。

また、マルクスは、「人間の本質」を「その現実性においては」、社会的諸関係の総体であるととらえることによって、同時に、「その可能性において」とらえる視点を提示する。マルクスは、社会的諸関係の変革によって、「共同社会」の中で個人の「人格的自由」が発展する可能性を主張するのである（『ドイツ・イデオロギー』S.95. 八五頁）。それは、「自由な個性」の発展（『経済学批判要綱』II/1.1. S.91. ①一三八頁）にもつながるのである。「人格的自由」や「自由な個性」を発展させる社会的条件を探求することがマルクスの課題となるのである。

こうして、マルクスは、従来の哲学的人間論を変革する視点を提示するのである。

次の「第7テーゼ」は「第6テーゼ」に直結する。

「フォイエルバッハは、したがって、『宗教的な心情』そのものが社会的な産物であるということ、また彼が分析する抽象的な個人は、一定の社会形態に属するということを見ない」（S.7, 一一二頁）。

こうして、宗教的な心情を社会的な産物としてとらえることは、「ヘーゲル法哲学批判序説」の言葉では、「宗教的悲惨」を「現実的悲惨の表現」としてとらえることである。また、『ドイツ・イデオロギー』の言葉では、人間の意識を「現実的な生活過程」の「反映や反響」（S.136, 二七頁）としてとらえることである。感性も理性も心情も、現実の社会関係を表現し、それを反映するのである。したがってまた、人間は個人として存在しながら、それは常に一定の社会形態に属する個人なのである。

四　市民社会と人間的社会、世界の変革

(1) 市民社会から人間的社会へ

「第８テーゼ」は言う。

「すべての社会的な生活は、本質的に実践的である。理論を神秘主義へと誘うすべての神秘は、その合理的な解決を人間の実践と、この実践の概念的把握とのうちに見いだす」（S.7, 一一三頁）。

すべての社会的な生活は、本質的に実践（労働と、社会的・政治的・精神的活動を含む社会的実践）によって形成され、再生産され、変革される。ヘーゲルが、理念や世界精神が世界史的個人としての英雄を手段として使って、自己を実現すると主張した「神秘主義」や、シェリングが人間とその自由は神の根源的意志の啓示であると言ったような「神秘主義」は、「人間の実践と、この実践の概念的把握」によって合理的に解決される。人間の実践の発展を明確にとらえることが、社会とその歴史を合理的に

解明するのである。

また「第9テーゼ」は言う。

「観察する唯物論、すなわち感性を実践的な活動とはとらえない唯物論の最高の到達点は、個々の個人と市民社会（die bürgerliche Gesellschaft）との観察である」（S.7, 一一三頁）。

フォイエルバッハらの唯物論は、現にあるがままの諸個人と、現にある「市民社会」（ブルジョア社会）を観察するにとどまる。ここでは、利己的で物欲的な人間が現実の人間であるとされ、ブルジョア社会が現実の社会として受容されるのである。

ここから「第10テーゼ」は言う。

「古い唯物論の立場は、市民社会であり、新しい唯物論の立場は、人間的社会（die menschliche Gesellschaft）、または社会的人類（die gesellschaftliche Menschheit）である」（S.7, 一一三頁）。

「古い唯物論」の代表であるフォイエルバッハは、「市民社会」（ブルジョア社会）の個人の「欲深いユダヤ人的」な実践をとらえていた（第1テーゼ）。「古い唯物論」の社会哲学の代表は、ベンサムであると考えられる。ベンサムは『聖家族』でもイギリスの唯物論として取りあげられていた（本書三三頁、参照）。ベンサムは「功利主義」の立場から、快の増大と苦の減少が幸福であるとして、ブルジョア社会の改良を主張した。そのスローガンは「最大多数の最大幸福」である。それは、ブルジョア社会そのものの変革には結びつかない。マルクスは、後に『資本論』でも「自由・平等・所有・ベンサム」（I. S.189, ②三〇〇頁）というブルジョア・イデオロギーとの対決を課題とするのである。

それに対して、マルクスの「新しい唯物論」の立場は、「市民社会」（ブルジョア社会）の変革によって形成される、真に人間的な社会としての「人間的社会」である。また、利己的なアトム的な諸個人の集合としての社会ではなく、人類が社会的に協同する「社会的人類」である。

このような「人間的社会」のとらえ方は、『経済学・哲学草稿』で「人間による人間のための人間的本質の獲得としての共産主義」（S.536，一三〇頁）と述べられていたことと結びつくものである。つまり、マルクスにとって「人間的社会」とは、共産主義社会を表現する言葉の一つなのである。

（2）世界の変革の哲学

ここから「テーゼ」全体の結論である「第11テーゼ」は言う。

「哲学者たちは、世界をさまざまに解釈したにすぎない。肝心なことは、世界を変革することである」*（S.7，一一三頁）。

＊「第11テーゼ」は二つの文からなるが、その間に「しかし」は入っていない。これを挿入したのはエンゲルスによる校訂である（S.535，一一三頁）。「しかし」が入ることによって、「世界の解釈」と「世界の変革」が対立的にとらえられる可能性がある。実際、「世界の解釈ではなく、世界の変革だ」と言われることがある。しかし、マルクスは、「世界の解釈」だけにとどまることを批判しているのであって、「世界の解釈」を否定しているわけではない。そのうえで「世界の変革」を「肝心なこと」として強調しているのである。

このように、「観想（テオーリア）」（理論）を人間の最高の活動と考えたアリストテレスをはじめ、理性と現実との合致についての「理性的洞察」こそが「哲学が人々に得させる現実の和解である」と言ったヘーゲル、また「人間的なものだけが、真実で現実的なものである」と言ったフォイエルバッハも含めて、従来の哲学者の議論は「世界の解釈」にとどまった。肝心なことは「世界の変革」である。

そして、「第1テーゼ」から「第10テーゼ」の理論内容がすべて「第11テーゼ」に集約される。とりわけ、現実は人間が主体的につくるものであり（テーゼ1）、真理は実践によって証明されるのであり（テーゼ2）、人間は環境を変えることによって、自分自身を変革するのである（テーゼ3）。そして現実社会の「自己分裂と自己矛盾」を解明し、それを実践的に変革すること（テーゼ4）が重要である。さらに、人間の本質は、その現実のあり方では、社会的諸関係の総体なのであり（テーゼ6）、新しい唯物論の立場は「人間的社会」である（テーゼ10）。ここから、肝心なことは「世界の変革」である、とされるのである。

さらに言えば、マルクスは、従来の「哲学者たち」を批判するのであるが、しかし哲学を否定しているのではない。マルクスは「新しい唯物論」という哲学を主張するのである。こうして、「新しい唯物論」が「世界の変革の哲学」として提起されるのである。

確かにマルクスは、「実践」、「革命」、「変革」を強調する。しかし彼は、哲学の問題を「実践」に還元するものではない。マルクスの「新しい唯物論」は、現実を実践と結びつけて把握する唯物論哲学であり、理論と実践とを結合する唯物論哲学である。

こうして、マルクスの理論と実践を貫く哲学的世界観が確立されたのである。

注

（1）Ludwig Feuerbach, Grundsätze der Philosopie der Zukunft, in: Ludwig Feuerbach *Sämtliche Werke*, Herausgeben von Wilhelm Bolin und Friedrich Jodl, Frommann Verlag, Bd. II, S.245ff. フォイエルバッハ『将来の哲学の根本命題』松村一人・和田楽訳、岩波文庫、引用では節番号のみを示す。
（2）MEW, Bd.21, S.264. エンゲルス『フォイエルバッハ論』森宏一訳、新日本出版社、一〇頁。
（3）この「第一テーゼ」をめぐる戦前の唯物論研究会での論争や戦後の議論については、拙著『現代唯物論の探求―理論と実践と価値―』（文理閣、一九九八年）第一章「実践的唯物論と弁証法的唯物論」、参照。
（4）Ludwig Feuerbach, Das Wesen des Christentums, in: *op. cit.* Bd. IV. フォイエルバッハ『キリスト教の本質』船山信一、岩波文庫。引用では原書の頁および邦訳の巻と頁のみを記す。
（5）エルヴェシウス『人間論』根岸政雄訳、明治図書、および根岸国孝・勝田守一「解説」、参照。
（6）「そのうちの一方は……」の文は、服部文男訳では「そのうちの一方の部分が他の部分の上に超越している」と訳されている。それは、渋谷正氏の草稿調査に基づいて„über ihn"と読んで、„ihn"が„Theil"（部分）を指示すると考え、しかもそれを「他の部分」と解釈することによってであると思われる（渋谷正「フォイエルバッハ・テーゼ〈上〉」『経済』新日本出版社、二〇〇二年一〇月号、一一七頁、参照）。渋谷氏の調査は貴重である。しかし、マルクスは「二つの部分（zwei Theile）」と言っているのみで、ここから„ihn"を「他の部分」を指示すると読むのはかなり無理があると思われる。この個所については、MEGA（IV/3, S.20）でもMEW版と同様に、„über ihr"となっている。この„ihr"は„Gesellschaft"を指示すると考えられる。この点で、エンゲルスの校訂版では、„ihr"の代わりに明確に„Gesellschaft"としている。この部分は、服部氏も「社会の上に」と訳している。
（7）ディドロ「自然の解釈に関する思索」『ディドロ著作集』第一巻、一二一頁。

第4章　史的唯物論の確立

マルクスは一八四五年の一一月から翌年にかけて、エンゲルスと共同で『ドイツ・イデオロギー』を執筆した。その第一章「フォイエルバッハ」では、マルクスの「フォイエルバッハにかんするテーゼ」を踏まえたフォイエルバッハ批判とともに、マルクスとエンゲルスの社会観・歴史観が明確に述べられている。ここで史的唯物論が確立されたのである。

一　現実的な生活過程と意識

(1) 物質的生活の生産

『ドイツ・イデオロギー』第一章「フォイエルバッハ」における「イデオロギー一般、ドイツ哲学の批判」で、マルクス・エンゲルスの社会観の前提が述べられる。

「われわれがそれから始める前提は、恣意的な前提でも教条でもなく、空想のなかでだけ度外視しうる現実的な前提である。それは、現実的な諸個人、彼らの行動、および彼らの物質的な生活諸条件、ならびに眼前に見出される生活諸条件、および彼らの行動によって産み出された生活諸条件である」(S.8, 一七頁)。

つまり、唯物論的な社会観の前提とは、人間の現実的な諸個人であり、彼らの物質的な生活である。それは、生産手段の生産による生活そのものの生産である。「人間は彼らの生活手段を生産することによって、間接的に彼らの物質的生活そのものを生産する」（S.8、一八頁）。

こうして、諸個人の物質的生活の生産に注目することが、社会の考察の出発点になるのである。これに対して、ヘーゲル哲学を継承する老ヘーゲル派も、それを批判した青年ヘーゲル派も、意識や観念の立場を離れなかった。

「老ヘーゲル派は、すべてのものがヘーゲルの論理学的カテゴリーに還元されるやいなや、それを把握した。青年ヘーゲル派は、すべてのものに宗教的観念をおしこむか、すべてのものを神学的であると説明することによって、それを批判した」（S.7、二〇頁）。

とりわけ、青年ヘーゲル派は、宗教批判に集中して、人間的な意識の取り戻しを主張した。「青年ヘーゲル派は、人間たちの現在の意識を人間的な意識〔フォイエルバッハ〕、批判的な意識〔バウアー〕、または利己的な意識〔シュティルナー〕と取り替えて、そしてそれによって人間たちの制限を取り除くという道徳的要求を課する。意識を変えるという要求は、現存するものを別なふうに解釈するという要求に、すなわち、現存するものを別の解釈によって承認する要求に帰する」（S.7、二一頁）。

つまり、青年ヘーゲル派は、「意識を変えること」、「現存するものの別な解釈」を主張するにとどまったのである。「これらの哲学者のだれもが、ドイツ哲学とドイツの現実との連関について、ドイツ哲学の批判とドイツ哲学自身の物質的環境との関連について、問うことを思いつかなかった」（S.7、二一―二二頁）。ここでの問題は、「意識を変える」のか、それとも「現実を変える」のかという、観念論とマルクスの新しい唯物論との対立である。こうして、マルクス・エンゲルスにとって、哲学と現実との関係、哲学の物質的環境こそが問題なのである。

（2）意識と現実的生活過程

そこで次に、意識と現実的生活過程との関係が問題になる。

「理念、表象、意識の生産は、さしあたり直接に、人間たちの物質的な活動と、物質的な交通（Verkehr）〔交易・交流・交渉〕の中に、すなわち現実的生活の言語の中に編みこまれている」（S.135, 二六―二七頁）。理念や意識をそのものとしてとらえるのではなく、現実的な社会関係に編み込まれた意識としてとらえなければならない。

したがって、「意識（Bewußtsein）とは、意識された存在ないし意識的な存在（das bewußte Sein）*にほかならず、人間の存在とは、彼らの現実的な生活過程である」（S.135, 二七頁）。

*ここでの „das bewußte Sein" とは、「意識された存在」か、それとも「意識している存在」なのかをめぐって、戦前の唯物論研究会時代からの議論がある[1]。私は、それは二重の意味があると考える。意識の内容からすれば、人間の意識は何らかの存在の意識であるから、意識とは「意識された存在」である。その場合、意識は「客体」についての意識である。同時に、意識の主体は「意識的な存在」としての人間である。

このように、「意識」は、その客体としても主体としても、「存在」を抜きにしてはありえない。しかも、人間の存在とはその現実的な生活過程である。したがって、人間の意識は、人間の現実的な生活過程における意識としてとらえなければならないのである。

ここから、「現実に活動している人間から出発して、彼らの現実的な生活過程から、この生活過程のイデオロギー的な反映（Reflexe）と反響（Echo）の発展もまた示される」（S.136, 二七頁）。これは、人間の意識を、現実的な生活過程の「反映」としてとらえることである。ここで言う「反映」や「反響」とは、意識が現実的な生活過程において対象を反映するとともに、現実的な生活過程によって規定された人間の現状や立場を反映することである。つまり、人間の意識は、〝客体を反映する〟とともに〝主体を反映する〟のである。したがって、人間の現実的な生活が、意識や思考を変える。「自分の物質的生産と自分の物質的交通を発展させる人間たちが、この彼らの現実とともに彼らの思考と彼らの思考の諸産物をも変えるのである」（S.136, 二八頁）。

ここから次の主張が述べられる。「意識が生活を規定するのではなく、生活が意識を規定する」（ibid., 同）。生活する人間は意識をもっており、意識的に生活を生産している。しかし、その意識は、生活を自由に規定できるものではなく、意識の主体である人間の現実的な生活条件によって規定されているのである。意識が生活を規定できると考えるのは、現実離れした「思弁」にすぎない。

したがって、「思弁がやむとき、現実的生活において、現実的で実証的な科学が、人間の実践的活動、実践的発展過程の叙述が始まる」（ibid., 同）。それは、思弁的な哲学の終わりでもある。「自立した哲学は、現実の叙述によってその存在手段を失う」（ibid., 同）。こうして、老へーゲル派や青年へーゲル派の、精神や自己意識の哲学（観念論）は、現実的な生活過程の哲学（新しい唯物論）によって克

服されるのである。(2)

二　実践的唯物論者からのフォイエルバッハ批判

『ドイツ・イデオロギー』第一章「フォイエルバッハ」で、マルクス・エンゲルスは、自分たちを「実践的唯物論者すなわち共産主義者」と称して、フォイエルバッハを批判する。それは、マルクスが「フォイエルバッハにかんするテーゼ」で論じた「古い唯物論」への批判と「新しい唯物論」の立場を、より平易な言葉で表現したものである。ここには、マルクスとエンゲルスの共同作業がよく現れている。(3)

まず、「実践的唯物論者すなわち共産主義者たちにとって重要なことは、現存の世界を変革すること、眼前の事物を実践的に攻撃し、変えることである」(S.19, 三一頁) とされる。これはまさに「フォイエルバッハにかんするテーゼ」の「第11テーゼ」の思想である。

続いて、フォイエルバッハへの批判が次のように行われる。「フォイエルバッハの感性的世界の『把握』は、一方では、それの単なる観察 (Anschauund) に、他方では、単なる感覚 (Empfindung) に限られており、『現実的で、歴史的な人間』の代わりに『人間というもの』をおく」(ibid. 同)。これは、「テーゼ1」および「テーゼ6」の議論と同様である。そして「テーゼ1」の思想は、より平易に次のように論じられる。「彼は、自分をとりまく感性的世界が、直接にずっと前から与えられた常に同じ事物ではなく、産業と社会状態の産物であるということとを見ない」(ibid., 同)。

これに対して、マルクスらは言う。

「まったくこの活動、この絶え間ない感性的な労働と創造、この生産が、いま存在するような感性的世界全体の基礎である」(S.22, 三三頁)。こうして、「第1テーゼ」のいう「対象、現実、感性」を「感性的に人間的な活動、実践として、主体的に把握する」という意味が明らかにされている。

また、フォイエルバッハの人間論が批判される。

「フォイエルバッハは、人間を〝感性的対象〟としてだけ把握し、〝感性的活動〟として把握しないことは別としても、彼はここでもまた理論のなかにとどまっており、人間たちを彼らの与えられた社会的関連の中で把握せず、彼らを現にあるものにした彼らの当面の生活諸条件のもとで把握しないので、フォイエルバッハは、現実に存在する活動的な人間に到達せず、〝人間というもの〟という抽象物にとどまったままであり、そのことは〝現実の、個人的な、肉体をそなえた人間〟を感覚において承認することになるだけである」(S.25, 三三頁)。

ここからさらにフォイエルバッハが次のように批判される。

「彼は、愛と友情、しかも観念化されたそれら以外の〝人間の人間に対する〟〝人間的関係〟を知らない。今日の愛の諸関係（Liebesverhältnisse）*への批判はなにもない。したがって、彼は、感性的世界を、それをつくっている諸個人の生きた感性的活動の全体として把握することにはけっして到達しない」(S.25, 三三－三四頁)。

＊引用文中の「愛の諸関係」は従来の版では「生活の諸関係（Lebensverhältnisse)」となっていた。それ

が渋谷正氏の草稿の調査によって、邦訳で正された。同様に、MEGA版でも確認できる。

この批判は「第6テーゼ」に関わって、フォイエルバッハが「真の弁証法」を「私と君との対話」であるとしたことへの批判である。また「感性的世界を、それをつくっている諸個人の生きた感性的活動の全体として把握する」という表現で「第1テーゼ」を確認する主張でもある。

ここから、フォイエルバッハの観念論が次のように批判される。

「彼が、たとえば健康な人間のかわりに腺病や、過労や、結核の貧困者を見るとき、〝より高い観察〟と観念的な〝類における和解〟に逃げ場を見つけざるをえず、したがって、共産主義的唯物論者が産業ならびに社会的編成の変革の必然性と同時にその条件を見るまさにそのところで、彼は観念論に逆戻りせざるをえない」(S.25, 三四頁)。

しかしもちろん、フォイエルバッハがまったく観念論へと逆戻りするわけではない。問題は社会と歴史をめぐる唯物論である。マルクスらは次のように言う。「フォイエルバッハが唯物論である限りでは、歴史は彼のところには現れない。また彼が歴史を考慮に入れる限りでは、彼は唯物論者ではない」(S.26, 三四－三五頁)。

こうして、実践を唯物論的に把握するマルクスらの唯物論と、人間と現実社会の感性的な「観察」にとどまるフォイエルバッハとの、社会哲学における唯物論と観念論との対立が明瞭になるのである。

三　本源的な歴史的関係

(1) 本源的な歴史的関係の四つの契機

現実的な生活過程の哲学は、物質的生産を基礎として、人間の生活過程をとらえる。それは、本源的な歴史的関係として、次の四つの契機をとらえる。

第一は、物質的な生活手段の生産である。

「すべての人間存在の、それゆえまたすべての歴史の第一前提、すなわち、人間が『歴史をつくる』ことができるためには、生きなければならないという前提を確認することから始めなければならない。しかし生きるために必要なものは、飲食、住居、衣服、およびその他のいくつかのものである。したがって、第一の歴史的行為は、これらの欲求を充足するための手段の産出、物質的生活そのものの生産である」（S.26, 三五頁）。

人間は物質的な生活手段を生産することによって、物質的な生活そのものを生産するのである。この点は、マルクス・エンゲルスの社会観そのものの出発点である。

第二は、欲求の生産である。生活手段の生産は、もちろん、衣食住の欲求に基づく。しかし、生活手段の生産による物質的生活の生産は、新しい欲求を生産する。その意味で、「新しい欲求の産出が最初の歴史的行為である」（S.27, 三六頁）とされる。

第三は、人間による人間の生産である。「自分自身の生命を日々新たにつくる人間たちは、他の人間をつくり繁殖しはじめる。――夫と妻、両親と子どもの関係、家族」(S.28, 三六頁)。このような生命の生産と再生産があってこそ、人間生活が持続し発展する。それが歴史の基礎となるのである。

第四は、人間の社会的関係の形成である。「労働における自己の生命も、生殖における他人の生命も、その生産は二重の関係として――一方では自然的な関係として、他方では社会的な関係として現れる」(S.28, 三七頁)。労働や生殖における自然的関係は、常に人間相互の社会的関係の中で成立する。自然を変える労働も、人間の再生産を行う生殖も、自然的な関係であるとともに社会的関係である。この二重の関係が本源的な歴史的関係をなしているのである。

(2) 意識と言語

以上のような四つの本源的な歴史的関係から、意識が把握される。「本源的な歴史的諸関係の四つの契機、四つの側面を考察した後で、いまやようやく、われわれは人間が意識をもつことを見いだす」(S.29f., 三八頁)。

そもそも、意識や精神は、それをもつ身体や、その活動の手段となる物質なしにはありえない。マルクスらは、「精神には本来、最初から物質に『取りつかれ』ているという呪いがかかっている」(S.30, 三八頁)と言う。意識と脳、音声言語と空気の振動、文字と筆記道具、それらを感覚する身体など、意識や精神の存在は物質なしにはありえないのである。

言語については次のように言われる。

「言語は意識と同じくらい古い――言語は実践的な意識であり、他の人間たちにとっても存在する、したがって自分自身にとってもはじめて存在する現実的な意識であり、そして言語は、意識と同様に、他の人間たちとの交通の欲求や必要からはじめて生まれる。したがって、意識は最初からすでに社会的な産物であり、およそ人間が存在する限りそうである」(ibid., 同)。

このように、意識は社会的関係の中にあり、言語と結びついている。言語は思考の手段であるとともに、コミュニケーションの欲求や必要と結びついているのである。

意識は、未開の社会では、自然についての動物的な意識であり、自然宗教である。社会生活においても「畜群的意識」であったり、本能の代わりをする意識にすぎない。しかし社会の中で分業が発展するとともに、物質的労働と精神的労働との分割がおこる。それが「真の分業」となる。ここから、意識は実践の意識とは離れる。「意識は、世界から解放されて、〝純粋〟理論、神学、哲学、道徳などの形成へと移行することができる」(S.31, 四〇頁)。

四　分業と所有、および交通形態（市民社会）の発展

(1) 分業と所有形態の発展

『ドイツ・イデオロギー』において、唯物論的な社会観および歴史観、すなわち史的唯物論が確立された。この著作においては、社会の歴史的発展が、分業の発展段階と所有のさまざまな形態として論じられた。

すなわち、所有の第一の形態は、部族所有であり、それは、生産の未発展な段階である。第二の形

態は、古代的な共同体所有および国家所有であるとされ、、それは奴隷制である。第三の形態は、封建制または身分的所有である。そして、第四の形態は、近代ブルジョア的所有である。

そのさい、分業とともに、労働の生産物の不平等な分配が行われることも明確にされている。たとえば奴隷制について、「ここではすでに、所有とは、他人の労働を意のままに使用できること（Verfügung）であるという近代の経済学者の定義と完全に一致する」（S.33, 四三頁）と述べられる。

以上の「所有形態論」は、後の『経済学批判』「序言」（一八五九年）における「所有関係」という概念に引き継がれる。つまり、生産手段の所有の形態によって「生産関係」が成立し、階級関係が成立するのである。しかし「生産関係」については、『ドイツ・イデオロギー』では「交通形態」や「市民社会」という言葉で表現される。

（2）市民社会、国家、イデオロギー

物質的生活の生産における人間関係は「交通形態（Verkehrsform）」と呼ばれ、それが、「市民社会（die bürgerliche Gesellschaft）」を形成する。

「すべてのこれまでの歴史的段階に存在した生産力によって条件づけられ、またそれをふたたび条件づける交通形態は、市民社会である」（S.39, 四六頁）。この市民社会が、「あらゆる歴史の真のかまどであり、舞台である」（S.39, 四六 - 四七頁）。ここでの「市民社会」という言葉は、後にマルクスが『経済学批判』「序言」で、「物質的な生活諸関係の総体」や「生産関係」と呼ぶ言葉に対応する。

しかも、もちろん「市民社会」とは「ブルジョア社会」でもある。そこで『ドイツ・イデオロギー』

では次のように述べられる。

「市民社会という言葉は、所有関係がすでに古代的および中世的な共同体から抜け出していた一八世紀に登場した。市民社会としての市民社会は、ようやくブルジョアジーとともに発展する。あらゆる時代に国家とその他の観念論的上部構造の土台をなし、生産および交通から直接に発展する社会的組織は、しかしたえず同じ名称（市民社会）でよばれてきた」（S.115, 一〇〇頁）。

こうして、ブルジョアジーとともに発展した「市民社会としての市民社会」すなわち「ブルジョア社会」と、「生産および交通から直接に発展する社会的組織」としての「市民社会」との二義性が生じる。しかし、この二義性は『経済学批判』「序言」では解消される。すなわち、後者が「生産関係」と呼ばれて、前者の意味のみが残ることになるのである。

そして、市民社会における分業は、個々人の利害と社会のすべての個人の共同の利害とのあいだの矛盾をつくる。そこで、社会の「共同の利害」を代表する国家の共同性は「幻影」にならざるをえない。すなわち、共同の利害は、「国家として」、「幻想的な共同性として」、自立した姿をとるのである（S.34, 四三頁）。こうして、「国家は、支配階級の諸個人が彼らの共通の利益を貫徹し、あらゆる時代の市民社会全体が総括される形態であるから、あらゆる共通の制度が国家によって媒介されて、政治的形態をとることになる」（S.117, 一〇一頁）。

また、国家とともに「上部構造」をなす社会思想について論じられる。

「支配的階級の思想は、どの時代でも、支配的思想である。社会の支配的な物質的な威力である階級は、同時にその社会の支配的な精神的な威力である。物質的生産の手段を意のままに使用できる階級は、それとともに精神的生産のための手段も自由に使用できるのであるから、それとともに、精神的生産のための手段を欠いている人々の思想は、概してこの階級の支配の下にある」(S.60, 五九頁)。

支配階級は精神的生産のための手段も自由に使用することができる。そのことによって、支配階級の支配を正当化し、被支配階級の抵抗を打ちくだく思想が広められる。こうして、支配的な経済関係などの「物質的関係」が精神的関係をも支配するのである。その意味で、「支配的な諸思想は、支配的な物質的諸関係の観念的表現にほかならない」(ibid., 同)。

また、支配階級のなかで、支配的思想を専門的に生産する「イデオローグ」がつくられる。「いまや支配階級の中でも、精神的労働と物質的労働の分割が現れる」(ibid., 六〇頁)。

支配階級は自分たちの階級的利害を表現する思想を、その時代の普遍的な思想であるように描くことができる。たとえば、ブルジョアジーの支配とともに「自由、平等」などの思想が「普遍性の形式」を取って登場する(S.61, 六一頁)。

こうして、市民社会、国家、イデオロギーという社会構造ができあがるのである。

(3) 生産力と交通形態との矛盾による社会発展

市民社会は生産力の発展の条件となり、生産力を発展させる。しかし、その市民社会が生産力の発展をさまたげ、生産力と矛盾するようになる。それが、支配階級と被支配階級との闘争の姿をとる。マルクスらは次のように言う。

「生産力と交通形態との矛盾は、歴史の基礎を危うくはしなかったとはいえ、そのつど革命の中で爆発せざるをえなかった。そのさい、この矛盾は、同時に、衝突の総体、さまざまな階級の衝突、意識の矛盾、思想闘争、政治闘争などといった、さまざまな副次的形態をとった」（S.89f. 八一頁）。

　このような闘争が、奴隷制社会においても、封建制社会においても存在したように、ブルジョア社会でも存在するようになる。このような生産力と交通形態との矛盾と階級闘争による歴史の発展をマルクスらは次のようにまとめている。

「最初は自己活動の条件として、後には桎梏（Fesseln）として現れたこれらのさまざまな条件は、歴史的発展の中で、交通諸形態の関連する一系列をなしている。その関連は、桎梏になった以前の交通形態にかわって、より発展した生産力に、したがって諸個人の自己活動の進歩した方式に照応する新しい交通形態がおかれ、それが今度はふたたび桎梏になって、次に別の交通形態に変えられることにある」（S.103. 九一頁）。

　ここでは、「交通形態」が諸個人の自己活動の条件となることによって生産力を発展させるが、その「交通形態」がまた桎梏となると、諸個人の自己活動に適合する新しい「交通形態」に変えられるとされる。ここでは、諸個人の自己活動の発展が生産力の発展であるとされる。したがって、次のように述べられる。

「これらの条件（交通形態）の歴史は、新しい世代によって受け継がれる生産力の歴史であり、したがって、諸個人そのものの諸力の発達の歴史である」（S.103f. 九一頁）。ここで、生産力の発展の歴史が、「諸個人そのものの諸力の発達の歴史」としてとらえられていることが注目される。唯物史観はまさに人間発達史観なのである。

近代市民社会については、⑴マニュファクチュアの時代、⑵商業と航海の時代、植民地支配、⑶大工業の時代、という発展がある。大工業では、工業目的に自然力が応用され、機械の使用によって分業の発展がある。また、大工業は、競争を普遍化させ、交通手段と近代的世界市場をつくりだし、商業を支配下におき、すべての資本を産業資本に変え、資本の急速な流通と集中を生み出した。

大工業は確かに大量の生産力を生み出した。しかし「この生産力（Produktivkräfte）は、私的所有のもとではただ一面的な発展しかとげず、大多数にとっては破壊力（Destruktivkräfte）となる」（S.88、七九頁）。このように、『ドイツ・イデオロギー』では、「破壊力」という概念が登場する。これは、生産力と交通形態との矛盾を示す重要な概念である。

また大工業は大量のプロレタリアートを生みだした。「大工業によって産み出されたプロレタリアートの階級が、この運動の先頭に立ち、全大衆をひきつれていく」（S.89、八〇頁）。そしてプロレタリアートを中心とした階級によってブルジョア社会の変革が行われるのである。

五　共産主義と人格的自由

（1）分業の廃止と共産主義

『ドイツ・イデオロギー』では、分業と所有形態の発展によって歴史の発展がとらえられた。それに対応して、共産主義は分業の廃止を実現する社会としてとらえられる。そこで、有名な次の文章が登場する。

「各人が活動の排他的領域をもつのではなく、むしろそれぞれの任意の部門で自分を発達させることのできる共産主義社会においては、社会が全般的生産を規制する。そして、まさにそのことによって、私は今日はこれをし、明日はあれをするということができるようになり、狩人、漁師、牧人、あるいは批評家になることなしに、私はまさに好きなように、朝には狩りをし、午後には釣りをし、夕方には牧畜を営み、食後には批判するということができるようになる」(S.34f. 四四頁)。

このような、あまりにも牧歌的な分業廃止論は後には克服される。『資本論』第三巻では、「必然性の国」(労働時間)と「自由の国」(自由時間＝自己目的として認められる人間的な力の発展)とが区別される。この考え方によれば、「必然性の国」では、精神的労働と肉体的分業などの固定的な分業は廃止されて、人間らしい労働が実現されるとしても、それはやはり分業と協業という労働の論理によって行われるであろう。分業から解放された自由な活動は「自由の国」で行われることになるであろう(本書、二八八－二八九頁、参照)。

また、マルクスらは、分業の廃止と、人格の物件への従属の克服とを関連させた。「分業による人格的な諸力(諸関係)の物件的(sachlich)な諸力への転化がふたたび廃棄されることができるには、……諸個人がこの物件的な諸力をふたたび自分たちのもとに包摂して、分業を廃止することによるしかない。このことは、共同社会(Gemeinschaft)なしには不可能である」(S.95, 八五頁)。「人格の物件化と物件の人格化」の問題は、マルクスのその後の著作でも引き続き論じられることになる。

(2) 人格的自由の実現をめざす共産主義

共産主義の目的は、人格的自由の本格的な実現である。マルクスらは「人格的自由」を次のようにとらえた。

「共同社会においてはじめて、各個人にとって、その素質をあらゆる方面へと発達させる手段が存在するのであり、したがって共同社会においてはじめて、人格的自由が可能になる」(S.95, 八五頁)。

ここで、人格的自由とは、各個人の素質をあらゆる方面に発達させることである。それは真の共同社会においてのみ可能になる。すなわち、「真の共同社会において、諸個人は、彼らの協同(Association)の中で、また協同をとおして、同時に彼らの自由を獲得する」(S.96, 八五頁)。

プロレタリアートの「協同 Association」は、ブルジョア社会の現実のなかで、ブルジョア社会を変革する運動から展開される。それが「真の共同社会」としての「協同社会 Association」の実現にむすびつくのである。それは、未来の理想を掲げて、理想の実現をめざす運動ではない。

「共産主義は、われわれにとって、つくりだされるべき状態、現実が従わなければならない理想ではない。われわれが共産主義とよぶのは、現在の状態を廃棄する現実的運動である。この運動の諸条件は、いま現存する前提から生じる」(S.37, 四六頁)。

したがって、共産主義の運動は、ブルジョア社会の現実を把握し、この現実を変革する運動である。

「共産主義がこれまでのすべての運動と区別されるのは、それが、これまでのすべての生産関係と交通関係の基礎をくつがえし、すべての自然成長的な前提を従来の人間の所産としてはじめて意識的に取り扱い、それらの前提の自然成長性をはぎとり、連合した(vereinigt)諸個人の威力に服させる点である。それゆえ、共産主義の樹立は、本質的に経済的であり、この連合（Vereinigung）の諸条件を物質的につくりだすことである。それは、現存の諸条件を連合の諸条件にするのである。」（S.101, 八九頁）

ここでは、現存のブルジョア社会の経済的諸条件を、プロレタリアートの「連合」の諸条件に変えることが論じられている。ここでの「連合（Vereinigung）」は先の「協同（Association）」とほぼ同じ意味であろう。このような問題意識は『資本論』まで貫かれるのである。

六　『共産党宣言』と労働者革命

マルクスとエンゲルスは『ドイツ・イデオロギー』において史的唯物論を確立した後に、実践的な文書を執筆した。それが、共産主義者同盟の綱領として、匿名で発表された『共産党宣言』（一八四八年）である。この文書では、本論が、「これまでのすべての社会の歴史は、階級闘争の歴史である」（S.462, 四八頁）という言葉で始まるように、ブルジョアジーとプロレタリアートの階級闘争によるブルジョア社会の変革が論じられる。ここでは、労働者革命についての議論を見ておきたい。

（1）ブルジョアジーとプロレタリアートの階級闘争

『共産党宣言』ではブルジョアジーとプロレタリアートが形成され、ブルジョアジーによる生産力の発展が論じられる。しかし、ブルジョアジーは自分たちがつくり出した生産力をもはや制御することができなくなっていることが明らかにされる。それは、とりわけ一〇年周期でおこっている経済恐慌において示される。そして、プロレタリアートが、ブルジョア社会の墓掘人になることが明らかにされる。

「ブルジョア階級の存在および支配のためのもっとも本質的な条件は、私人の手中への富の累積、すなわち資本の形成および増大である。資本の条件は賃労働である。賃労働はもっぱら労働者相互のあいだの競争にもとづいている。ブルジョアジーがその意志のない無抵抗な担い手である産業の進歩は、競争による労働者の孤立化の代わりに、協同（Assoziation）による労働者の革命的団結（Vereinigung）をつくり出す。それゆえ大工業の発展とともに、ブルジョアジーの足もとから、ブルジョアジーが生産して生産物を取得する基礎そのものが取り去られる。ブルジョアジーは、まずなによりも、自分自身の墓掘人をつくり出す。ブルジョアジーの没落およびプロレタリアートの勝利は、ともに避けられない」（S.474. 六一頁）。

ここから、労働者革命が次のように述べられる。

「労働者革命における第一歩は、プロレタリアートを支配階級に高めること、民主主義をたたかいとることである」（S.481. 八四頁）。

社会の多数者であり人民であるプロレタリアートが政治的権力をもつことは、まさに〝多数者支配〟ないし〝人民の支配〟としての「民主主義」をたたかいとることである。プロレタリアートによる政治的支配は、生産手段の社会的所有の実現を課題とする。

「プロレタリアートは、自分の政治的支配を次のことに利用するであろう。ブルジョアジーからすべての資本をつぎつぎに奪い取り、すべての生産用具を国家の手に、すなわち、支配階級として組織されたプロレタリアートの手に集中して、大量の生産力をできるだけ急速に増大させることに」(ibid., 同)。これが、プロレタリアートの政治的および経済的支配の目的である。

(2) 自由・平等の協同社会へ

プロレタリアートの支配の目的は、階級そのものを廃止することにある。それはまた、支配階級が「公的権力」として被支配階級を政治的に支配する機関である「国家」の廃止をも展望するものである。「発展の過程で階級の差異が消滅して、すべての生産が協同した (assoziiert) 諸個人の手に集中されると、公的権力 (Gewalt) は政治的性格を失う。本来の意味での政治的権力は、一つの階級が他の階級を抑圧するための組織された強制力 (Gewalt) である」(S.482, 八六頁)。

こうして、社会の秩序は「組織された強制力」としての国家によってではなく、人民の民主主義的な自己統治によって行われる。以上の過程は次のようにまとめられる。

「プロレタリアートが、ブルジョアジーにたいする闘争において、必然的にみずからを階級に連合し (vereinen)、革命によってみずからを支配階級とし、そして支配階級として強制力によって (gewaltsam) 古い生産関係を廃止するとき、プロレタリアートは、この生産関係とともに、階級対立の存在条件を、階級そのものの存在条件を、したがってまた階級としてのそれ自身の支配を廃止する」(ibid., 同)。

ここから、共産主義社会の明確な特徴付けが行われる。

「階級および階級対立をもつ古いブルジョア社会の代わりに、各人の自由な発達が、万人の自由な発達のための条件である協同社会（Assoziation）が現れる」（ibid., 同）。

一人一人の自由な発達が、すべての人の自由な発達の条件であるのは、自由と平等とがともに実現することであり、それを保障するものが、協同社会としての共産主義社会なのである。ここに共産主義社会の「自由・平等・協同」の理念が明示されている。

そして、『共産党宣言』の最後に有名なスローガンが提示される。「万国のプロレタリア、団結せよ！」（ibid., 同）

注

（1）唯物論研究会編『唯物論研究』第四四号、第四五号、一九三六年、六月、七月、参照。

（2）このことについて、マルクスは後に『経済学批判』（一八五九年）の「序言」で、『ドイツ・イデオロギー』の執筆において、「ドイツ哲学のイデオロギー的見解に対するわれわれの対抗見解を共同でつくりあげること、実際には、われわれの以前の哲学的意識を精算することを決意した」（S.10, 一六頁）と述べた。ここで、マルクスは「われわれの以前の哲学的意識の精算」と述べているが、しかしこれを、「哲学的意識」そのものの「精算」と理解する見解がある。

渡辺憲正『近代批判とマルクス』（青木書店、一九八九年）も、マルクスの「哲学的意識の精算」と理解する。しかし、そのさいの「哲学」は、「とりわけ自己意識の哲学のこと――これはバウアーの自己意識の哲学ばかりでなく、一般にヘーゲルやフォイエルバッハにも共有されている人間本質の意識の哲学を意味する」と解される（一五頁）。そしてこれが「哲学的問題構成の止揚」であるとされている。しかし同時に、同書では、「唯物論は世界観として、世界の実在性、人間存在の自然性を認め、それを前提として、世界と人間との感性的なかかわりの本質性、意味と価値をとらえる」（二三八頁）とされる。さらに「マルクスの唯物論は、この基本了解に立って」、「人間存在の現実的諸関係によって制約されること」、「人間は諸関係の変革によってこそ自己関係を人間的に解放できること」などを主張するとされている（同）。しかし、このような「世界観」や「唯物論」の規定はけっして「哲学」とは別物ではないであろう。それは、唯物論という「哲学」の規定であり、またマルクスの独自の「哲学」の規定である。同書の議論は、一方で、マルクスは「哲学的問題構成」を止揚したとしながら、他方で、マルクスの「唯物論」を「哲学」一般に包含される仕方で規定しているのである。この両主張は、マルクスが「旧来の哲学」を止揚することによって、「新しい哲学」を提唱したと理解することによって整合すると思われる。

また、田畑稔『マルクスと哲学』（新泉社、二〇〇四年）では、マルクスは一八四〇年代後半以降に「哲学の〈外部〉にポジションをとっている」（二七頁）とされる。そのさい、「哲学は当事者には通常、超歴史的真理獲得の超歴史的形式だと了解されている」（二九頁）と述べられ、「哲学の定義（意味の限定）も、我々が現に入り込んでいる生活諸関係のなかで哲学的生活（哲学的生産、哲学的交通、哲学的消費）が占めている位置を明らかにする方向で行わなければならない」（二九－三〇頁）とされる。しかし、この議論は、マルクスは「超歴史的真理」としての「哲学」の外部に出たと主張するだけであって、マルクスが「哲学」そのものの外部に出たという論証にはなっていない。ここで肯定的に述べられている「哲学的生活」における「哲学」の意味を同書は明らかにしていない。その肯定的な意味での「哲学」は、先の渡辺氏の著作と同様に、人間と世界との関わりを問う「世界観」であろう。そうすると、マルクスは「旧来の哲学」の外に出ることによって、「新しい哲学」を提唱していることになるのである。

さらに、佐々木隆治『カール・マルクス』（ちくま新書、二〇一六年）では、マルクスは「哲学的良心の精算」を行い、「哲学を批判する」（七三頁）と述べながら、他方で「マルクスは生涯、哲学を思考の武器として使い続ける」（七四頁）と述べている。しかしここで、精算され、批判される「哲学」と、生涯にわたって使い続けられる「哲学」との関係は説明されていない。前者は「旧来の哲学」であり、後者はマルクス自身の「新しい哲学」であろう。その意味では、「哲学」そのものからの離脱ではない。また同書では、「物象化」論が強調されている反面で、マルクスの「新しい唯物論」の中味はほとんど説明されず、『経済学・哲学草稿』の疎外論も「近代の労働者たちは、生産手段や生産物から疎外されてしまう」という程度の説明であって、「まだ非常に抽象的であり、わかりにくい」（五八頁）とされている。同著では「哲学からの離脱」という主張が、哲学そのものの軽視になっているように思われる。

他方で、ドイツで発行された『マルクス・ハンドブック——生涯・仕事・影響』（Michael Quante／David Schweikard (Hg.), *Marx - Handbuch. Leben - Werk - Wirkung*, J.B.Metzler Verlag, 2016）の「哲学」（アンドレアス・フィート Andreas Vieth 執筆）の項目では、「マルクスは（従来の bisherrige）哲学から距離をおく」（S.171）とされる。ここでは、「（従来の）哲学」と記されている。また「マルクスが社会科学者としての性格において史的唯物論を仕上げたとしても、彼の学問分野は、この意味において哲学と肯定的に（positiv）類似したものであろう」（S.172）と述べられている。

（3）渋谷正氏は、アムステルダムの社会史研究所で『ドイツ・イデオロギー』の草稿を調査し、その序文・第一巻第一章を翻訳した『草稿完全復元版　ドイツ・イデオロギー』（新日本出版社、一九九八年）を刊行した。渋谷氏は、マルクスとエンゲルスとが同じ場所にいて、主な筆跡はエンゲルスのものであるが、両者が緊密に共同しながら草稿を執筆・修正したことを明らかにしている。

第5章　『経済学批判』「序言」――マルクスの「方法序説」

はじめに

マルクスは、ロンドンでの経済学批判の研究成果を『経済学批判』（一八五九年）として出版した。これには簡潔な「序言」が付けられた。ここでは、革命的理論家としての自らの経歴を語りながら、経済学研究の「導きの糸」となった「一般的結論」を「定式化」した（以下では「定式」と呼ぶ）。この経歴と「定式」とは重要な関係がある。

なお、この「序言」は、デカルト『方法序説』（一六三七年）に対比しうるものである。デカルトは自らの研究成果を『方法序説および三試論』[1]として出版した。「三試論」とは「屈折光学」「幾何学」「気象学」である。「方法序説」[2]はこれに付けられた序文である。デカルトは「方法序説」第一部で、自分が学んだ学校教育と「世間という書物」から学ぼうとした経験を語り、自分の取るべき道を探したことを語る。第二部では、自分の学問を建設しようとした経過と自分が採用した「分析的方法」を論じる。第三部では、研究過程でとる「仮の道徳」を語る。第四部では、自らの「形而上学」として、「私は考える、ゆえに私はある」を原理とする哲学を論じる。第五部では、心身問題を含む人間論を論じ、第六部では、自然の支配をめざす「実践的哲学」など自分の研究の方向を論じる。これは近代哲学の確立を宣言するものであった。

マルクスの「序言」は、デカルトの『方法序説』よりもはるかに簡潔ではあるが、マルクスの学問的経歴を語り、経済学研究の方法論を論じるという点では、マルクスの「方法序説」と言ってよいものである。しかもその内容は、学問的経歴の点でも、分析的方法を踏まえた弁証法的方法という点でも、革命家としての生き方においても、学問の目指す方向においても、まさにデカルトと対置され、これを乗り越える「方法序説」となっている。

一　マルクスの「経済学研究の歩み」

(1) マルクスの経歴

マルクスは「序言」で「私自身の経済学研究の歩み」に触れるとして、自らの経歴を述べている。

彼は大学で法学を専攻したが、哲学と歴史を主要に研究した。『ライン新聞』の編集者として初めて物質的な利害関係に突きあたり、経済問題にたずさわった。またフランスの社会主義と共産主義の思想にも突きあたり、その研究の必要を感じた。そこで『ライン新聞』に対して当局から下された「死刑の宣告」をむしろ好機ととらえて書斎に退いた。まずヘーゲル『法の哲学』の批判的研究に取り組み、その「序説」をパリで発行した『独仏年誌』に掲載した。そして、「市民社会」(ブルジョア社会)の解剖は経済学のうちに求めなければならないと考え、パリで経済学の研究を始めた。しかし

「ギゾー氏の追放命令」によってブリュッセルに移り、エンゲルスとも共同研究を続けた。その一つは『ドイツ・イデオロギー』の共同執筆である。それは「われわれの以前の哲学的意識を精算すること」（S.10, 一六頁）でもあった。そして『共産党宣言』について、それは自分とエンゲルスとが共同で執筆したことも述べている。またプルードン批判である『哲学の貧困』の中で自分の見解を科学的に示し、労働者にたいして「賃労働」についての講演を行った。しかし一八四八年の二月革命後、ベルギーからも「強制退去」させられた。また『新ライン新聞』を発行したが、「さまざまな事件」のために経済学研究は中断させられた（この間の「事件」――プロイセン政府による弾圧――の内容や亡命生活の困窮については語られていない）。しかし、ようやくロンドンで再び経済学研究にとりくむことができた。そして大英博物館の膨大な資料を利用して研究をやり直した。また『ニューヨーク・デイリー・トリビューン』への寄稿は生活費を稼ぐとともに、経済学以外にも精通することになった。

ここからマルクスは次のようにまとめている。

「経済学の分野における私の研究の歩みについてこのように概略を述べることによって、私の見解がどのように評価されようとも、そしてまた、それが支配階級の利己的な偏見とどれほど一致しないとしても、それが長年にわたる良心的な研究の成果であることだけは示しているはずである」（S.11, 一八－一九頁）。

また「科学の入口には、地獄の入口と同じように、次の要求が掲げられねばならない」として、ダンテの『神曲』からの引用で「序言」を結んでいる。

「ここに一切の恐怖は捨てねばならぬ。ここに一切の卑怯は死なねばならぬ」（S.11, 一九頁）。

(2) 経歴の叙述の意味

以上のマルクスの叙述からいくつかのことに注意しておきたい。

第一に、マルクスの経歴の叙述から、彼が多面的な研究と実践を積み重ねてきたことが分かる。彼は「経済学研究の歩み」と言っているが、それは経済学研究に限られるものではない。法学、哲学、歴史学、ジャーナリズム、政治運動、労働運動などの広範な領域に及ぶ。なお、彼は文学青年であったことは述べていないが、その一端はダンテの『神曲』からの引用からもうかがえる。このことは、史的唯物論の定式も、上記のような広範な学問的視点から理解しなければならないことを示している。

第二に、「序言」の「定式」の内容は、近代の社会哲学・社会思想との対決であり、社会と歴史の原理を論じる哲学的内容をもっている。『ドイツ・イデオロギー』の執筆について、それは「われわれの以前の哲学的意識」の「精算」であったと述べられているが、それはあくまでもフォイエルバッハらの青年ヘーゲル派の影響のもとにあった「われわれの以前の」哲学的意識の精算であって、「哲学的意識」そのものの精算ではない(本書九六－九八頁、参照)。マルクスの言葉から、唯物論哲学を否定する内容を読みとることはできないであろう。また、デカルトの「分析的方法」だけでは理解できない、矛盾の論理を含んだ弁証法的方法が提起される。これらはまさに哲学の変革である。

第三に、マルクスの叙述をデカルトの『方法序説』と比較してみて顕著なことの一つはデカルトの「仮の道徳」との相違である。デカルトは、その「第一の格率」として、「私の国の法律と習慣に服従し、……最も分別のある人々が普通に実生活においてとっているところの、最も穏健な、極端からは遠い意見に従って、自分を導く」（一八〇‐一八一頁）としている。そして「第二の格率」は、「私の行動において、できる限りしっかりした態度をとること」である。それは「疑い」から始まった理論哲学とは異なり、実践においては、「いかに疑わしい意見でも、いったんそれを取ると決心した場合は、それに従い続けること」（一八二頁）である。さらに「第三の格率」は、「世界の秩序よりもむしろ自分の欲望を変えるようにつとめる」（一八三頁）とされる。

それに対して、マルクスの生き方はその正反対である。彼はあくまでも革命的理論家として生きた。そして「世界の変革」という実践と結びついて彼の研究を積み重ねた。また実践において理論を検証し、理論を発展させることによって実践を発展させようとしたのである。(3)

第四に、マルクスは「経済学研究の歩み」として、彼の理論活動を中心としながらも、彼の実践活動もうかがえる記述になっている。それは、何度も弾圧を受けながら、それとたたかって自らの理論を発展させた革命的理論家としての姿を浮かび上がらせる。匿名で出版された『共産党宣言』についても、その共著者であることを名乗っている。(4)それらは、マルクスの階級的立場を明確に示すものであり、「序言」の「定式」の理解にかかわるものである。

マルクスのこのような経歴を手掛かりにして、読者は「定式」の凝縮された叙述から、その理論的かつ実践的な意味を読みとることができる。従来、マルクスの「定式」の言葉を図式的に理解したり、主体的実践を捨象した客観主義的な理解も行われてきた。このような理解は克服されなければならないと思われる。

二　生産力と生産関係、土台と上部構造

「序言」における「定式」では、史的唯物論のカテゴリーが凝縮した言葉で論じられている。その内容について、『ドイツ・イデオロギー』などの叙述を踏まえて考えたい。

(1) 生産力と生産関係

マルクスはまず次のように言う。「人間は、彼らの生活の社会的生産において、一定の、必然的な、彼らの意志から独立した諸関係を、すなわち、彼らの物質的生産力の一定の発展段階に対応する〔ふさわしい〕(entsprechen)* 生産関係を、取り結ぶ(eingehen)**」(S.8, 一四頁)。

＊ „entsprechen" は「対応」のみならず「ふさわしい」という意味である。

＊＊ „eingehen" はここでは他動詞であり、生産関係に自動的に「入る」のではない。

人間の生活とは「人間生活の社会的生産」である。「生産」とは生活手段の生産をとおして「人間生活」を社会的に生産することである。これは、『ドイツ・イデオロギー』において「現実的な生活過程」として論じられたものである。

そして「生産力」とは、人間が労働によって自然の素材やエネルギーを使って人間生活に役立つものを作る力である。後にマルクスは『資本論』で、労働を「人間と自然との物質代謝」を「媒介し、規制し、制御する過程」(I. S.192, ②三〇四頁)と定義した。この表現を使えば、「生産力」とは、〃人

間と自然との物質代謝を媒介し、規制し、制御する力〃と言ってよいであろう。

また「生産関係」とは、後の個所で「所有関係」とも言われるように、生産手段の所有をめぐる人間関係である。そして生産手段を所有する者としない者とに分かれると、生産手段を所有することによって他人の労働を支配する者と、生産手段を所有しないで労働する者との関係となる。『ドイツ・イデオロギー』では「所有とは、他人の労働を意のままに使用できることである」（S.33, 四三頁）と言われていた。つまり、主人と奴隷（奴隷制）、領主と農奴（封建制）、資本家と労働者（資本制）などの関係である。その関係は、人間が自分の意志で自由に選べるものではなく、その時代がつくりあげた「物質的生産力」の発展段階に対応する必然的な関係である。つまり、奴隷制・封建制・資本制などの生産関係は、その時代の生産力の発展にふさわしい生産関係であって、その時代の生産力を発展させる生産関係である。人間はこのような生産関係を「取り結ぶ」のである。

(2)　土台と上部構造、生活過程

ここからマルクスは、社会を構造的に把握する視点を示す。

「これらの生産諸関係の総体が、社会の経済的構造を形成する。これが実在的土台であり、その上に一つの法的かつ政治的な上部構造（Überbau）がそびえ立ち、その土台に一定の社会的意識諸形態が対応する。物質的生活の生産様式が、社会的（sozial）、政治的、および精神的生活過程全般を制約する（bedingen）。人間の意識がその存在を規定するのではなく、逆に、人間の社会的存在がその意識を規定する（bestimmen）」（S.9, 一四頁）。

このように、生産諸関係の総体が「社会の経済的構造」をなす。これが「実在的土台」となって、その上に「法的かつ政治的上部構造」がそびえ立つ。これは「国家」を意味する。『ドイツ・イデオロギー』においては、「国家は、支配階級の諸個人が彼らの共通の利益を貫徹し、あらゆる時代の市民社会全体が総括される形態である」とされていた。そして「あらゆる共通の制度が国家によって媒介されて、政治的形態をとることになる」（S.117. 一〇一頁）。

そしてまた、「社会的意識諸形態」が土台に対応する。この社会的意識諸形態の中心をなすものは「イデオロギー」である。イデオロギーとは、経済的土台に規定されながら、法的・政治的上部構造とも関連しながら、意識的活動として行われる思想、哲学、宗教、芸術などの活動である。『ドイツ・イデオロギー』では、「支配的階級の思想は、どの時代でも、支配的思想である。社会の支配的な物質的な威力である階級は、同時にその社会の支配的な精神的な威力である」（S.60. 五九頁）とされた。そして「支配階級の能動的で構想的なイデオローグ」（S.61. 六〇頁）が登場するとされた。

なお、「序言」では「法的・政治的上部構造」と「社会的意識諸形態」とが分けられている。ここから、「社会的意識諸形態」は上部構造ではないという解釈もある。しかし、『ドイツ・イデオロギー』においては、「あらゆる時代に国家とその他の観念論的上部構造（idealistisher Superstruktur）の土台をなし、生産および交通から直接に発展する社会的組織は、たえず市民社会とよばれてきた」（S.115. 一〇〇頁）とされる。「観念論的上部構造」という表現は「序言」とは異なるが、意味上は大きな違いはないと思われる。また「序言」では、後に見るように、「法律、政治、宗教、芸術、または哲学の諸形態、簡単に言えばイデオロギー的諸形態」とも言われる。ここでは「法律、政治」という上部構造と、「宗教、芸術、哲学」というイデオロギー諸形態とが、ならべてとらえられている。このような表現からも、「社会的意識諸形態」も上部構造と考えてよいであろう。

さらに、「物質的生活の生産様式」（家族および生産・流通・消費の経済活動）が、「社会的（sozial）生活過程」（さまざまな社会集団、組織、団体の活動）、「政治的生活過程」（政党、政治団体、諸個人の政治活動）、および「精神的生活過程」（思想、学問、宗教、芸術など）を制約する。こうして、経済構造と上部構造という社会の「構造」（社会構成体）とともに、その「構造」をつくりあげ、またその中で営まれる、「物質的生活の生産様式」と社会的・政治的・精神的な「生活過程」が把握されるのである。

マルクスは、以上のように社会構造と生活過程とを述べたうえで、「人間の意識がその存在を規定するのではなく、逆に、人間の社会的存在がその意識を規定する」とまとめている。これは、社会の構造と生活過程を唯物論的に把握する哲学的総括である。

三　生産力と生産関係との矛盾と社会革命

(1) 生産力と生産関係との矛盾

次に、マルクスは、社会変革について次のように言う。「社会の物質的生産力は、その発展のある段階で、それまでそれらがその内部で運動してきた既存の生産関係と、あるいはそれの法律的表現にすぎない所有関係と、矛盾するようになる。これらの諸関係は、生産力の発展の形態〔発展させる形態〕（Entwicklungsform）[*] からその桎梏に一変する」（S.9，一四頁）。

＊„entwickeln“は他動詞であり、「発展させる」という意味である。したがって、„Entwicklungsform“は「発展の形態」であると同時に「発展させる形態」である。

ここで述べられている「物質的生産力」の発展、および「既存の生産関係」との「矛盾」について、マルクスはすでに『共産党宣言』の中で次のように述べていた。

「ブルジョアジーは、一〇〇年足らずの階級支配のあいだに、すべての過去の世代を合わせたよりも、いっそう大量かつ巨大な生産力をつくりだした。自然力の征服、機械設備、工業および農業への化学の利用、汽船航海、鉄道、諸大陸全体の開拓、河川の運河化、地中からわき出たような全人口……」(S.467. 五七頁)。しかし、資本主義はその生産力を制御できなくなる。「ブルジョア的な生産関係および交通関係、ブルジョア的な所有関係、これほど巨大な生産手段および交易手段を魔法で呼び出した近代ブルジョア社会は、自分が魔法で呼び出した地下の魔力をもはや制御することができなくなった魔法使いに似ている。……商業恐慌においては、生産された生産物だけでなく、すでにつくり出された生産諸力さえも、その大部分が規則的に破壊される」(S.467f. 五八頁)。

このように、ブルジョアジーは、まず生産力を発展させてきたのである。ブルジョア的生産関係は、生産力を発展させる形態である。しかし、ブルジョア社会は自らがつくり出した生産力によってその生産力を破壊するようになる。この「生産力」の破壊には、生産力をつくりあげている人間と自然の破壊が含まれる。

この生産力の破壊については、『ドイツ・イデオロギー』において、「大工業」は大量の生産力を生み出したが、しかし「この生産力(Produktivkräfte)は、私的所有のもとではただ一面的な発展しかとげず、大多数にとっては破壊力（Destruktivkräfte）となる」（S.88, 七九頁）と述べられている。

こうして生産関係は「生産力の発展の形態」であるだけでなく、生産力を破壊する形態にもなる。同時に、ブルジョア社会では労働者の運動が活発化し、階級闘争が激しくなる。資本の横暴に対する農民や勤労市民の運動、自然保護の運動も高まる。ブルジョア的生産関係は生産力の発展にとって、もはや「桎梏」となるのである。

（２）社会革命とその物質的条件

以上のような生産力と生産関係との矛盾が「社会革命」の時期を示す。マルクスは先の言葉に続けて言う。「そのときに社会革命の時期が始まる。経済的基礎が変化するにつれて、巨大な上部構造の全体が、徐々にせよ急激にせよ、くつがえる」（S.9, 一四頁）。

ここで重要なことは、「経済的基礎」の変化と同時に「上部構造」でおこる闘いである。先の言葉に続いてマルクスは次のように言う。

「このような諸変革を考察するにあたっては、経済的な生産諸条件における自然科学的な正確さで確認できる物質的な変革と、人間がこの衝突（Konflikt）を意識するようになり、この衝突を闘って決着をつける（ausfechten）場となる、法律、政治、宗教、芸術、または哲学の諸形態、簡単に言えばイデオロギー的諸形態とを、つねに区別しなければならない」（S.9, 一四 - 一五頁）。

このように、法的、政治的上部構造や宗教、芸術、哲学などのイデオロギー的諸形態が「闘って決着をつける」場として、「社会革命」における独自の意義をもつのである。

しかし、社会革命においてイデオロギーが重要であるとはいえ、イデオロギーによって社会革命の時期を判断することはできない。マルクスは次のように言う。

「ある個人が何であるかは、その個人が自分自身をなんであるかと思うことによっては判断されないのと同様に、そのような変革の時期を、その時期の意識からは判断されえないのであって、むしろこの物質的生活の矛盾から、社会的生産力と生産関係との現存する衝突から、説明されなければならない」（S.9. 一五頁）。

そこで、「生産力と生産関係との矛盾」の発展と、それを解決する現実の条件が問題となる。この点についてマルクスは次のように言う。

「一つの社会構成体は、すべての生産力が発展しきるまでは、その社会構成体が生産力にとって十分な余地があるうちは、没落することはない。そして新しいより高度の生産関係は、その物質的存在諸条件が古い社会そのものの胎内で孵化されてしまうまでは、けっして古いものにとって代わることはない」（S.9. 一五頁）(5)。

ここで述べられている、新しい高度な生産関係の「物質的存在条件」とは、もはや発展の余地のなくなった生産力ではない。そうではなく、生産力をより高い段階に引き上げることができる物質的条件であり、とりわけ新しい生産関係を担う新しい階級の形成である。

ブルジョア社会の形成にあたっては、ヨーロッパ国内外の莫大な富を独占した貴族や大商人らが資本家階級となり、他方で、土地を奪われた農民たちが都市に集まって、無産の労働者階級になった。このような資本家と労働者の階級が、新しい生産関係を担う「物質的存在条件」となったのである。

そして、ブルジョア社会の変革における新しい生産関係の「物質的存在条件」とは、ブルジョア社会の経済活動を担いながら、社会的・政治的・精神的に発達する労働者階級である。労働者階級は、先に論じられた物質的生活の生産様式と社会的・政治的・精神的な生活過程において変革主体として成長するのである。

このような新しい階級の形成によって、その階級や彼らのイデオローグによって「社会革命」の課題が提起されるのである。続けてマルクスは言う。

「だから、人類（Menschheit）はつねに彼らが解決できる課題だけをみずからに提起する。なぜなら、よく考えてみると次のことが見いだされるからである。すなわち、課題そのものが生まれるのは、その解決の物質的諸条件がすでに存在しているか、または少なくともそれらが生成の過程にあることが理解される場合だけである」（S.9, 一五頁）。

こうして、人類は、各時代の「生産力と生産関係との矛盾」のもとで、新しい生産関係を担う階級という「物質的存在条件」、すなわち〝現実の存在条件〟の生成にともなって、「社会革命」という課題を自らに提起するのである。(6)

四　「定式」における「階級闘争」の問題

ここで「定式」の理解にかかわる一つの論点を取り上げておきたい。宮川彰氏は、氏が翻訳した『『経済学批判』への序言・序説』の「解説」の中で次のように述べている。

「『序言』での定式化にかんして言えば、ここでは『階級』とか『階級闘争』といった重要なカテゴリーがいっさい使われずに説明されていることに注意が必要である。これは、この『序言』が付された『経済学批判』を当時のブルジョア経済学者たちに読ませるための（すなわち、はじめから彼らを〝刺激〟して見向きもしないといった状況にさせないための）、マルクスの配慮とも考えられる」（一四九頁）。

しかし、この解釈には次のような問題点があると思われる。

第一に、マルクスは「定式」の中で確かに「階級」や「階級闘争（Klassenkampf）」という言葉は使っていない。しかし「定式」でマルクスが使っている「衝突（Konflikt）」や後に見る「敵対（Antagonismus）」は、明らかに階級対立や階級闘争を意味している。また「社会革命」において法律・政治やイデオロギー的諸形態が「闘って決着をつける（ausfechten）」というのは、きわめて明確な「闘い」を意味するであろう。

第二に、「階級」や「階級闘争」という言葉はブルジョア経済学者たちを〝刺激〟するが、「衝突」や「敵対」や「社会革命」や「闘って決着をつける」という言葉は〝刺激〟しないという解釈は奇妙である。しかもマルクスは「定式」で、「ブルジョア社会」は「最後の」敵対的社会であり、「この社会構成体をもって人間的社会の前史は終わる」（S.9. 一六頁）と言っている。これは「ブルジョア社会」は「社会革命」によって「終わる」という意味である。この議論は、「階級」や「階級闘争」という言葉以上にブルジョア経済学者たちを〝刺激〟する言葉ではないだろうか。

第三に、先に見たように、マルクスは「序言」の中で革命的理論家としての経歴を堂々と語っている。その中で、「階級闘争」を論じた『共産党宣言』の共著者であることも公表している。マルクスは自分の「正体」をこれほど明らかにしておきながら、「定式」ではブルジョア経済学者たちを〝刺激〟しないように配慮するなどということはありえないであろう。彼は、自分の見解は「支配階級の利己的な偏見」とは「一致しない」ことをはっきり認めている。しかも彼は、ダンテの『神曲』から「恐怖」を捨てよ、「卑怯」は死ね、という言葉を引用して、これを「科学の入口」に掲げるというのである。この点でも、論敵を〝刺激〟しないような「配慮」は、マルクスの精神に合致しないであろう。

第四に、ではマルクスは「定式」で「階級」や「階級闘争」という言葉をなぜ使わなかったのであろうか。この点については、一八五二年三月五日付けのヴァイデマイヤー宛の手紙の中の次の言葉が手がかりとなる。

「近代社会における諸階級の存在を発見したのも、諸階級相互の闘争を発見したのも、別に僕の功績ではない。ブルジョア歴史家たちが僕よりずっと前に、この階級闘争の歴史的発展を叙述したし、ブルジョア経済学者たちは諸階級の経済的解剖学を叙述していた。僕が新たにおこなったことは、⑴諸階級の存在は生産の特定の歴史的発展諸段階とのみ結び付いているということ、⑵階級闘争は必然的にプロレタリアートのディクタトゥーラに導くこと、⑶このディクタトゥーラそのものは、一切の階級の廃絶への、階級のない社会への過渡期をなすにすぎない、ということを証明したことだ」（Bd.28, S.28 五〇八頁）。

つまり、「階級」や「階級闘争」の発見はマルクスの独創ではなく、ブルジョア歴史家（マルクスをパリから追放した、ギゾーを含めて）や経済学者たちがすでに論じていたことである。

マルクスは、彼自身の研究の「一般的結論」を述べた「序言」ではあえて「階級闘争」という言葉を使わなかったのであろう。そして「階級の存在」の根拠となる「所有関係」や「生産関係」を論じ、また「社会革命」において、経済的な衝突を意識して「闘って決着をつける」場となる政治・法律やイデオロギーを論じたのである。

五　社会の発展と人間的社会

(1) 経済的社会構成体の発展

「定式」においてマルクスは世界史の発展について次のように言う。「大づかみに言って、アジア的、古典古代的（antik）、封建的、および近代ブルジョア的生産様式が、経済的社会構成体の進歩していく諸時期として特徴づけられよう」（S.9, 一五－一六頁）。

マルクスは、「大づかみに」、「アジア的生産様式」すなわち、アジアに存在したことが確認された原始的な共同体と共同体をまるごと支配した奴隷制、「古典古代的生産様式」、すなわち古代ギリシア・ローマ的な奴隷制、「封建的生産様式」すなわち、中世ヨーロッパの封建制と農奴制、および「近代ブルジョア的生産様式」という発展を論じた。マルクスの主張は、このように「生産様式」の発展によって「経済的社会構成体」の進歩をとらえることである。

それは、ヘーゲルの『歴史哲学』(6)への批判でもある。ヘーゲルは、世界史を「理念」の発展に基づいて、東洋世界、ギリシア・ローマ世界、ゲルマン世界（キリスト教・中世・近代）への進歩と論じた。マルクスの時代区分はほぼこれに対応する。この時代区分にマルクスの独創性はない。マルクスが言いたいことは、世界史を「アジア的」（東洋的）、「古典古代的」（ギリシア・ローマ的）、封建的（中世ヨーロッパ的）、近代ブルジョア的（近代ヨーロッパ的）という典型的な世界史的地域と結びついた時代区分を行うとしても、それを「生産様式」の発展に基づいて論じることであり、「経済的」な構造を基礎とした「社会構成体」、つまり「経済的社会構成体」の進歩として論じることである。すなわち、ヘーゲルのような「理念」という観念論的根拠によってではなく、唯物論的根拠に基づいて論じることである。

世界史の具体的な時代区分は実証的な歴史研究の課題である。マルクスは歴史研究の方法として、「生産様式」の発展に基づく「経済的社会構成体」の進歩という哲学的観点を提起しているのである。

(2) ブルジョア社会の変革と人間的社会

先の言葉に続いてマルクスは言う。

「ブルジョア的生産関係は、社会的生産過程の最後の敵対的形態である。敵対的というのは、個人的な敵対という意味ではなく、諸個人の社会的生活条件から生じる敵対（Antagonismus）という意味である。しかしブルジョア社会の胎内で発展しつつある生産力は、同時にこの敵対を解決するための物質的諸条件をもつくりだす。それゆえ、この社会構成体をもって人間的社会（die menschliche Gesellschaft）の前史は終わる」（S.9, 一六頁）。

ここで論じられる「人間的社会」とは、「フォイエルバッハにかんするテーゼ」の「第10テーゼ」において、「新しい唯物論の立場」は「人間的社会」であるとされたのと同様に、〝真に人間的な社会〟としての将来社会（共産主義社会）のことである。これを「人間社会」や「人類社会」と考えると、ブルジョア社会が「人類社会」の「前史」（それ以前の歴史）となって、その意味が分からなくなる。

そのため、日本では、「人類社会」の「前史」に対する「本史」という言葉を導入して解釈することが行われてきた。その場合、「前史」を人類社会の中の〝前の部分の歴史〟と理解し、〝後の部分の歴史〟を人類社会の「本史」ととらえて、これが将来の共産主義社会だとされるのである。

しかしマルクス自身は「本史」という言葉を使っていない。また「前史」とはあくまでも〝以前の歴史〟という意味であって、〝前の部分の歴史〟ではない。たとえば、マルクスは『資本論』第一巻では「資本の本源的蓄積」の過程を「資本の、そして資本に照応する生産様式の前史」（I, S.742. ①一二二四頁）と呼んでいるのである。ブルジョア社会は「人間的社会」（共産主義社会）の「前史」であるととらえれば、マルクスの言葉が素直に理解できるはずである。マルクスは「ブルジョア社会」（市民社会）の変革による「人間的社会」の実現という将来社会の理念を提示したのである。この「人間的社会」をめぐる問題は、次章でより詳しく論じたいと思う。

注

（1）『デカルト著作集　一』三宅徳嘉・小池健男他訳、白水社、参照。
（2）以下での引用は、デカルト『方法序説』野田又夫編『世界の名著デカルト』中央公論社、所収、による。

引用では頁のみを記す。

（3）しかし、マルクスはデカルトの思想を重視していた。その一つは、彼が娘からの「質問票」の中の「モットー（Motto）」の項目で「すべてを疑え（de omnibus dubitandum）」と書いたことに示されている（『ポートレートで読むマルクス』大村泉ほか編、極東書店、二〇〇五年、一四三頁、参照）。この言葉は、デカルト『哲学の原理』ラテン語版、第一部「人間的認識の原理について」の「一」の見出しにある言葉の一部である、「すべてのものについて、疑うべきである」からとったものである（Oeuvres de Descartes publiées par Adam & Tannery. Principia Philosophiae Ⅷ-1, p.5. 前掲『世界の名著デカルト』三三一頁）。このデカルトのラテン語については河野勝彦氏からご教示いただいた。

（4）『共産党宣言』の著者がマルクスとエンゲルスであることが明らかにされたのは、いずれも一八五〇年一一月に発行された、『ザ・レッド・リパブリカン』誌掲載の英訳への序文、および『新ライン新聞 政治経済評論』誌の第五・第六合併号に『共産党宣言』第三節が掲載された時である（『共産党宣言／共産主義の諸原理』服部文男訳、「解説」一六七頁、参照）。学問的著作では『経済学批判』「序言」が初めてである。

（5）この文章について、中村哲氏は「マルクスの歴史分析の方法」（中村哲編著『『経済学批判要綱』における歴史と論理』青木書店、二〇〇一年、所収）の中で興味深い解釈をしている。氏によれば、マルクスは、一八四七年の恐慌に続いて一八四八年の革命が起こったという経験と、革命家マルクスの主観的願望から、一八五七年の恐慌に続いて革命が起こることを期待した。しかし「現実には革命は起こらず彼の予測は外れ、マルクスは恐慌革命論を放棄する」（三九頁）。そこで、一八五九年一月に執筆した『経済学批判』「序言」の当該の文章の中に、「恐慌革命論が主観的な願望にすぎなかったことにたいする反省が現れている」（同）とされる。この点でも、マルクスの実践的な問題意識と理論的な探究との結びつきが示されている。

（6）マルクスの「物質的条件」や「物質的存在条件」について、しばしば、社会変革の「客観的条件」として理解され、それと区別して「主体的条件」が論じられる。ここから、マルクスは「序言」で「客観的条件」は言ったが「主体的条件」は言わなかったと理解されることもある。この場合、「物質」概念の理解として「客観的実在」が考えられていると思われる。それは、レーニンが『唯物論と経験批判論』で述べた「哲学の物質概念」である。レーニンは、マッハ主義との論争の中で、「物質の自然科学的概念」と区別して「物質の哲学的概念」を認識論的概念として提示した。つまり、「物質」とは「人間にその感覚において与えられており、われわれの感覚から独立に存在しながら、われわれの感覚によって模写され、撮影され、反映される、客観的実在」（『レーニン全集』第一四巻、大月書店、一五〇頁）である。ここで、「物質」は、「感覚から独立なもの」として認識論的に規定されている。しかし、人間の感覚も意識も、人間の身体の一部である脳の機能である。その意味では、人間という存在が感覚や意識をもつのである。そして、人間という存在は、現実の存在として「物質」の一部なのである。つまり「物質」とは、存在論的には自然・社会・人間という現実の存在を意味するのである。

マルクスが社会について論じる場合、「物質」の概念は、まず経済的な存在を示すとともに、より広義には「現実の存在」として、人間やその集団の存在をも含むものとしてとらえる必要がある。それは、「物質」の存在論的概念である。したがって、マルクスの言う、社会変革の「物質的条件」には、客観的条件（社会の経済的条件）も主体的条件（変革主体としての階級）も、ともに含まれるのである。

（7）ヘーゲル『歴史哲学』武市健人訳、岩波書店、参照。

第6章　「人間的社会」とは何か

はじめに

マルクスは、「フォイエルバッハにかんするテーゼ」の「第10テーゼ」において「古い唯物論の立場は、市民社会〔ブルジョア社会〕であり、新しい唯物論の立場は、人間的社会（die menschliche Gesellschaft）、または社会的人類（die gesellschaftliche Menschheit）である」（Bd.3, S.7, 一一三頁）と述べた。またマルクスは、『経済学批判』「序言」における史的唯物論の定式の最後で、「ブルジョア社会の胎内で発展しつつある生産力は、同時にこの敵対を解決するための物質的諸条件をもつくりだす。それゆえ、この社会構成体をもって人間的社会（die menschliche Gesellschaft）の前史は終わる」（Bd.13, S.9, 一六頁）と述べた。

私は、この二カ所における「人間的社会」は、人間の社会という意味ではなく、真に人間的な社会としての共産主義を意味すると考える。なお、この理解は私だけのものではない。〝Marx / Engels Werke, Dietz Verlag〟（邦訳『マルクス・エンゲルス全集』大月書店）の「事項索引（Sachregister）」の編集者も「共産主義」という項目の中の「真に人間的な社会としての共産主義（Kommunismus als wahrhaft menschliche Gesellschaft)」という小項目で、マルクスの著作からは先の「テーゼ」、そのエンゲルスによる校訂版および「序言」の三カ所をあげている（S.382, 一六三頁）。このことはドイツ語原文からもそう読めることを示しているのである。

しかし「序言」における「人間的社会」は、通常は「人間社会」や「人類社会」と訳され、人間の社会と理解されている。しかもここで、人間社会の「前史」と「本史」という区分が、マルクス解釈として導入されている。本章では、この解釈の問題点を考えるとともに、「人間的社会」をそのまま共産主義社会と理解することの意義を論じたい。

一　人間社会の「前史」と「本史」の問題点

マルクスの言う「人間的社会」を人間社会や人類社会と理解すると、不都合なことが起こる。

第一に、人間社会の「前史」とは人間社会以前の歴史であるから、それは人間社会ではなくなる。あるいは、人間社会の形成以前の未開の時代になってしまう。しかしマルクスは「序言」の冒頭で、「人間は、彼らの生活の社会的生産において」という言葉から始めているように、最初から人間社会の唯物論的把握を問題にしている。ここには明らかに不整合がある。

第二に、「人間的社会」を人間社会と理解すると、マルクスは人間社会の「前史は終わる」と言っているにすぎないから、「前史」の後の人間社会やその歴史については何も述べていないことになる。つまり、「序言」では、社会主義や共産主義の社会について何も語られないことになる。

マルクス：前史（ブルジョア社会まで）→「人間的社会」（＝共産主義社会）

河上肇：　人　間　社　会

前史（ブルジョア社会まで）→「本史」（＝共産主義社会）

そこで、通常の解釈では、「本史」という言葉を導入して、「前史」とは人間社会の「本史」に対する「前史」であると理解する。つまり、「人間社会」には「本史」と「前史」とがあり、共産主義社会が人間社会の「本史」であり、それ以前の社会はその「前史」であると理解するのである。

この解釈は日本では長い歴史がある。例えば、すでに河上肇は『マルクス経済学の基礎理論』（一九二九年）で、マルクスの「序言」の言葉を引用した後で、次のように述べている。

「吾々は今、人類の真の歴史――前史に対していへば本史――の第一頁がまさに描き初められんとする・その前夜に際会してゐるのである」[1]。

このような解説は『第二貧乏物語』（一九三〇年）でも行われ[2]、「本史」という言葉が広がったと思われる。このような理解は今日も一般化している。この解釈は、労働者階級をはじめとする人民の闘いが人類史の新しい段階を切り開く意義を説き、困難な闘いを励まし鼓舞するうえで積極的な役割を果たしてきた。

しかし、通説は、マルクスの「人間的社会の前史」という意味を変えている。マルクスの言う「前史」と「人間的社会」との関係と、河上肇以来の「人間社会の前史」と「人間社会の本史」とでは上の図のように異なる。

通説には次のような問題点があると思う。

第一に、マルクス自身は「本史」という言葉を使っていない。また「前史

(Vorgeschhite)」とは、ある社会にいたる〝以前の歴史〟という意味である。したがって、ある時代にはその「前史」があり、またある時代には「後史」もある。マルクスも、「前史」に対して「後史」という言葉を使っている。例えば、「ヘーゲル法哲学批判序説」では次のように述べられている。「古代諸民族がその前史(Vorgeschichte)を想像の中で、神話の中で体験したように、われわれドイツ人はその後史(Nachgeschichte)を思想の中で、哲学の中で体験した」(Bd.1, S.383, 八一頁)。つまり、古代民族が神話によって自分たちの時代の「前史」を描いたように、封建制が残存する時代のドイツ人は、近代社会の原理を論じた思想や哲学(特にヘーゲル哲学)によって、近代社会を自分たちの時代の「後史」として描いた、というのである。

こうして、ある時代には「前史」と「後史」とがある。しかし「前史」があれば「本史」があるとは限らない。なぜなら、「前史」とはある時代の〝以前の歴史〟を意味するだけであって、「前史」の後に「本史」と言われるような〝本来的な歴史〟が来るとは限らないからである。しかも「本史」という言葉は、そもそもドイツ語にはないと思われる。したがって、「本史」という言葉にはマルクスの文献的な根拠も、また言語的な根拠もないと思われる。

第二に、「本史」という言葉の導入によって「前史」の意味が変わってしまう。「前史」とは、〝以前の歴史〟という意味である。しかし、「人間社会」の「前史」と「本史」という場合、「前史」は人間社会の中の〝前の部分の歴史〟と理解され、〝後の部分の歴史〟を人間社会の〝本来の歴史〟ととらえて、これが将来の共産主義社会だとされるのである。それは、例えば、人に話を聞いてもらう場合に、話の中でまず「前置き」を述べて、その後に「本題」に入るのと同じ関係である。

しかしマルクスは「前史」をあくまでも〝以前の歴史〟という意味で使っている。先にあげた「ヘーゲル法哲学批判序説」のほかにも、『資本論』第一巻では「資本の本源的蓄積」を「資本の、そして資本に照応する生産様式の前史」（I, S.742, ①一二二四頁）と呼んでいるのである。つまり、本源的蓄積は、資本主義的生産様式の〝以前の歴史〟として「前史」なのである。

第三に、「本史」という言葉を導入すると、「人間社会の前史」と「本史」というとらえ方に疑問も生じる。マルクスは「定式」で、人間はその生活の社会的生産において、「生産力」の発展段階に照応する「生産関係」を取り結ぶこと、この生産諸関係の総体が社会の経済的構造をなし、この「実在的土台」に「法的および政治的上部構造」と「社会的意識諸形態」が対応すること、こうして「物質的生活の生産様式」が、「社会的・政治的および精神的生活過程一般」を制約すること、そして、「生産力と生産関係との矛盾」が到来して「社会革命」が遂行されること、さらに、人類史上で、「経済的社会構成体の前進的な諸時期」が形成されたこと、などを論じた。

ところが、通説によれば、「定式」の最後に登場する「前史」という言葉によって、ブルジョア社会までの人間社会の生活過程や社会構成体も、また社会革命も「人間社会の本史」ではなく、つまり〝人間の本来の歴史〟ではなく、その「前史」にすぎないとされるのである。マルクスは、人間社会の生々しい現実をとらえる理論を提示しておきながら、しかしこれは「人間社会」の〝本来の歴史ではない〟と、本当に言っているのであろうか。

第四に、人類史の時代区分の問題がある。マルクスは「序言」で、「アジア的、古典古代的、封建的、および近代ブルジョア的生産様式」を「経済的社会構成体の前進的な諸時期」として示した。それは、人類史の段階的発展を示す意義がある。

またマルクスは『経済学批判要綱』（一八五七‐五八年）において、前近代の「人格的依存関係」、近代の「物件的依存のうえにきずかれた人格的独立性」、そして諸個人の普遍的発達と共同的・社会的生産性にもとづく「自由な個性」、という人類史の三段階を論じた（II/1.1.S.90f. ①一三八頁）。これは、人類史における近代ブルジョア社会の意義を示しながら、共産主義社会が「自由な個性」の発展を実現するものであることを示す意義がある。

しかしながら、人類史を「前史」と「本史」とに区分することは、あまりにも極端な二分法ではないだろうか。マルクスは、人類史の「前進的諸時期」や、人類史の三段階は論じたが、しかし人類史を「前史」と「本史」とに二分するような議論は、マルクスの他の著作にも見られないのではないだろうか。

二　問題点の解決のために

これに対して、「人間的社会」をそのまま共産主義社会と理解することによって、先の問題点は解消する。また、マルクスの思想をいっそうよく理解できるようになると思われる。

第一に、マルクス自身が言わなかった「本史」という概念を導入する必要はない。マルクスは「フォイエルバッハにかんするテーゼ」でも、「序言」でも、「ブルジョア社会」に対して「人間的社会」を対置したのである。その際、「ブルジョア社会」が共産主義社会としての「人間的社会」の最後の「前史」となることは、マルクスの思想からいって極めて明白である。

第二に、先に見たように、「資本の本源的蓄積」は、資本家と労働者の階級を形成する意味で、「資本の、そして資本に照応する生産様式の前史」（I. S.742. ①一二二四頁）である。同様に、ブルジョア社会は、生産力を発展させて、その内部からブルジョア社会を変革する「物質的存在諸条件」である労働者階級を形成する。こうしてブルジョア社会は「人間的社会」（共産主義社会）の最後の「前史」となるのである。このようにして、二つの「前史」という言葉が、前近代から近代へ、そして将来社会へと、歴史をつなぐものとして理解できるのである。

第三に、マルクスは「定式」において、まさに人間社会そのものの構造と歴史を唯物論的に把握するための諸カテゴリーを論じたのである。そして「ブルジョア社会」における「敵対」を解決してこそ、真に人間的な社会としての「人間的社会」を実現できると主張しているのである。このように解釈することによって、前近代社会およびブルジョア社会と「人間的社会」（共産主義社会）との連続性と飛躍がともに明確に理解できる。「人間的社会の前史」も「人間的社会」も同じ人間社会であることに変わりはない。また「人間的社会」はその「前史」とりわけブルジョア社会がつくり出した物質的諸条件によってこそ成立するものである。ここに同じ人間社会の歴史としての連続性がある。同時に、共産主義社会は「前史」における敵対を克服して、真に人間的な社会を切り開くのである。「人間的社会」はこのような飛躍も含むのである。

なお、ブルジョア社会からの連続性と飛躍に関して、マルクスは『資本論』第一部への草稿の一部分である「直接的生産過程の諸結果」で次のように述べている。

「歴史的に見れば、このような転倒〔労働にたいする資本の支配、人間にたいする物件の支配、生きている労働にたいする死んだ労働の支配、生産者にたいする生産物の支配〕は、富そのものの創造を、すなわち、ただそれだけが自由な人間的社会の物質的基礎を形成しうる社会的労働の無容赦な生産力の創造を、多数者の犠牲において強要するための、必然的な通過点として現れる」（II/4.1.S.65. 二〇三－二〇四頁）。

ここでの「自由な人間的社会」は、明らかに共産主義社会であろう。「フォイエルバッハにかんするテーゼ」と『経済学批判』「序言」以外に、『資本論』草稿の一部でも、共産主義社会が「人間的社会」と表現されているのである。

第四に、マルクスは、「人間的社会の前史は終わる」という言葉によって、人類史の二段階の区分を導入するものではない。「ブルジョア社会は社会的生産過程の最後の敵対的形態」であり、かつ「ブルジョア社会の胎内で発展しつつある生産力は、同時にこの敵対を解決するための物質的諸条件をもつくりだす」（S.9. 一六頁）。したがって、ブルジョア社会でもって「人間的社会」〔共産主義社会〕の「前史」は終わる、と言っているだけである。この議論は、『経済学批判要綱』における人類史の三段階論と同様に、ブルジョア社会の人類史上の意義を明らかにし、かつ「人間的社会」という共産主義社会の意義を明示するものなのである。

三　共産主義社会を「人間的社会」と表現することの意義

以上をふまえて、共産主義社会を「人間的社会」と表現することの意義をさらに考えたい。

第一に、すでに見たように、マルクスは「ブルジョア社会」に対して「人間的社会」を対置している。「ブルジョア社会」とは、ブルジョアジー（資本家）が社会的生産を支配する社会である。しかしながら、ブルジョアジーも社会の真の主体ではない。彼らは資本という物件を所有するからこそ、労働者を搾取できるのである。彼らの人格的独立性は、彼らが所有する商品・貨幣・資本という物件に依存したものである。マルクスが『資本論』で論じるように、資本こそが「自己増殖する価値」として流通過程と生産過程の「主体」となって、労働力商品を支配するのである。資本家は「人格化された資本」（I. S.168. ②二六一頁）にすぎない。こうして、ブルジョア社会では、貨幣や資本という「物件（Sache）」が主体となって人間を支配する。また人間は資本や労働力商品という物件に従属してその役割を担うことになる。これが「人格の物件化と物件の人格化」（I. S.128. ①一九四頁）である。ここから、商品・貨幣・資本における人間と人間との社会的関係が、「物（Ding）と物との関係」として取り違えられて、商品・貨幣や資本を「物」としてあがめる「物神崇拝」もおこるのである。それはまた、人間の労働が疎外され、労働において人間の「自由な意識的活動」も「共同的本質」も疎外されることになるのである。

このような、疎外や物件化や物神崇拝を克服して、人間が真に主体となる社会が、「人間的社会」としての共産主義社会である。「人間的社会」という言葉は、そのような社会変革の課題を示すのである。

第二に、「人間的社会」という表現は、マルクスの構想する共産主義社会を理解するうえでも重要である。マルクスは『経済学・哲学草稿』で、「人間の自己疎外としての私的所有の積極的止揚としての共産主義、それゆえにまた人間による人間のための人間的本質の現実的な獲得としての共産主義」(S.536. 一三〇頁)を論じた。これは、まさに「人間的社会」としての共産主義を示している。しかしまた、次のようにも述べられる。

「共産主義は次の将来の必然的な姿であり、エネルギッシュな原理である。しかし共産主義は、そのようなものとして、人間的発展の到達目標――人間的社会の姿――ではない」(S.546. 一四八頁)。すなわち、共産主義とは、変革の運動のエネルギッシュな原理であり、人間的発展の到達目標や理想像としての「人間的社会の姿」ではないのである。このことは、『ドイツ・イデオロギー』では次のように述べられる。

「共産主義は、われわれにとって、つくりだされるべき状態、現実が従わなければならない理想ではない。われわれが共産主義と呼ぶのは、現在の状態を廃棄する現実的運動である。この運動の条件は、いま現存する前提から生じる」(S.37. 四六頁)。

共産主義を「人間的社会」と表現するにしても、それは、人間疎外などを克服する運動から、すなわち人間的本質を獲得する現実の運動から、展望されるのであり、現実的な条件を無視した理想ではないのである。

さらに共産主義社会は『共産党宣言』では次のように表現される。「階級および階級対立をもつ古いブルジョア社会の代わりに、各人の自由な発達が万人の自由な発達の条件である協同社会(Assoziation)が現れる」(S.482. 八六頁)。また、『資本論』第一巻では共産主義社会が次のように述べられる。「共同の生産手段で労働し、自分たちの多くの個人的労働力を自覚的に一つの社会的労働力として支出する自由な人間たちの連合社会（Verein）」（1, S.92, ①一三三頁）。このような「協同社会」や「連合社会」は、人間の自由・平等・協同を実現する、まさに「人間的社会」と言えるであろう。共産主義社会を、生産手段の社会的所有という経済的関係に限定せず、それを「土台」としながらも、社会全体の原理を表現するものとして、マルクスは共産主義社会を「人間的社会」と呼んだのである。

第三に、「ブルジョア社会」における「敵対（Antagonismus）」を解決する「人間的社会」の意味について考えておきたい。ここで社会的生活条件から生じる「敵対」の中心は、階級対立であり、階級闘争である。それは、「序言」では、「経済的生産諸条件における物質的な変革」と「人間がこの衝突（Konflikt）を意識するようになり、この衝突を闘い抜く場である、法的、政治的、宗教的、芸術的、哲学的諸形態」とが区別される（S.9, 一五頁）。労働者階級は、これらの経済構造における衝突を闘い、上部構造における闘いも「闘い抜く」階級として成長することによって、「社会革命」は遂行される。こうして「敵対」を解決する闘いは、労働者階級の経済的・社会的・政治的・精神的な成長と不可分なのである。それはまさに、労働者階級の人間的発達によって実現される「人間的社会」と結びつくのである。

しかも、「敵対」の解決は、労働の搾取の廃止や階級対立の廃止にはとどまらない。『共産党宣言』では、プロレタリアートの政治的支配によって、「諸国民の内部における諸階級の対立とともに諸国民相互の敵対的態度（die feindliche Stellung）もなくなる」（S.479, 八二頁）とされる。このように、「敵対」の解決は、国際紛争の解決や平和の確立をも含むのである。

さらに、マルクスの共産主義の思想は、人間相互の抗争の解決だけではなく、人間と自然との抗争の解決を含むものである。『経済学・哲学草稿』では次のように述べられる。

「この共産主義は完成した自然主義として＝人間主義であり、完成した人間主義として＝自然主義である。それは人間と自然とのあいだの、また人間と人間とのあいだの抗争の真の解決であり、自由と必然との、個と類とのあいだの争いの真の解決である」（S.536、一三一頁）。

これは、人間らしい労働の実現とともに「人間と自然との物質代謝」を合理的に規制し、協同の制御のもとで行うことである。『資本論』第三巻では次のように述べられる。

「社会化された人間、協同化された（assoziiert）生産者たちが、盲目的な力によって支配されるものとしての、人間と自然との物質代謝によって支配されることをやめて、この物質代謝を合理的に規制し、自分たちの共同の制御のもとにおくということ、つまり力の最小の消費によって、自分たちの人間的本性（die menschliche Natur）に最もふさわしく最も適合した諸条件のもとでこの物質代謝を行うこと」である。これは「必然性の国」における自由の実現である。そして、このような「必然性の国」を土台として、その上に、労働時間の短縮を根本的な条件としながら、「自己目的として認められる人間的な力の発展（die menschliche Kraftentwicklung）」としての「自由の国」が開花するとされる（Ⅲ, S.828, ⑬一四三五頁）。

このように、「人間と自然との物質代謝」を合理的に規制し共同で制御して、人間的本性に適合した自由な労働と、それを土台として、「人間的な力の発展」を自己目的とする社会は、まさに「人間的社会」と呼ぶにふさわしいものであろう。

マルクスの将来社会論（共産主義社会論）の豊かな内容を理解するためにも、「協同社会」、「連合社会」とともに、「人間的社会」というマルクスの表現の意味を織り交ぜながら、議論することが必要であろう。

注

（1）河上肇『マルクス主義経済学の基礎理論』（一九二九年、改造社）。引用は、『河上肇全集』第一七巻、岩波書店、三六四頁、による。
（2）河上肇『第二貧乏物語』（一九三〇年、改造社）。『河上肇全集』第一八巻、岩波書店、一八〇頁、参照。

第Ⅱ部　『資本論』の哲学思想

第7章　『資本論』における唯物論と弁証法

『資本論』における哲学思想を考察するにあたって、まず唯物論と弁証法に関わるいくつかの問題を見ておきたい。本章では、第一巻「初版への序言」に見られるマルクスの変革の哲学、「第二版への後書き」での方法論、そして意識と反映の問題を考えたい。

一　資本主義社会の解明と変革

若きマルクスは、「哲学者は世界をさまざまに解釈したにすぎない。肝心なことは世界を変革することである」と言った。この「世界の変革」の哲学が『資本論』にも貫かれている。まず、『資本論』第一巻の「初版への序言」から見ていこう。

マルクスは、『資本論』の研究対象は「資本主義的生産様式と、これに照応する生産関係および交通関係（Verkehrsverhälinis）である」（I. S.12, ①九）と言う。つまり、資本主義的な生産がどのように行われるのかが研究対象とされ、また資本主義的な「生産関係」である資本家と労働者との関係を中心に、さまざまな社会関係が研究される。「交通関係」とは〝交易、交流、交渉〟などの関係であり、商品交換や契約関係だけでなく、政治的・法的関係、精神的関係や労働者の家族の関係なども含まれるのである。

（1） 資本主義の法則と「釣り合いの重り」

マルクスの時代には、資本主義的生産様式の典型はイギリスであった。そこでは労働者の貧困や労働苦や過労死などが問題になった。その現状をマルクスは『資本論』のなかで詳しく描くことになる。そこでマルクスは「序言」であらかじめドイツの労働者に対して次のように言う。ドイツではまだ資本主義は未発展なので、これほどひどいことはないと思われるかもしれない。しかし資本主義である限りドイツでもいずれ同じことが起こるだろう。この意味で、マルクスは「おまえのことを言っているのだぞ！」というローマの詩人ホラティウスの格言を引用している。

ここからマルクスは言う。

「資本主義的生産の自然法則（Naturgesetz）から生じる社会的な敵対の発展の高低がそれ自体として問題になるのではない。問題なのは、これらの法則そのものであり、鉄の必然性をもって作用し、自己を貫徹する傾向である」（I. S.12. ①九-一〇）。

資本主義的生産の「自然法則」とは、資本主義が本性（Natur）としてもっている法則を意味する。資本主義である限り、どの社会でも貫徹する本性がある。資本主義はその本性を「鉄の必然性」をもって貫徹させるのである。しかしこの「鉄の必然性」は無条件に現れるわけではない。それはさまざまな条件によって影響されながら自己を貫徹する「傾向」なのである。では、この「傾向」に影響を与える条件とは何であろうか。

マルクスは、ドイツでもすでに資本主義的生産の工場が存在するが、「工場法（Fabrikgesetze）という釣り合いの重り（Gegengewicht）」（I, S.12, ①一〇）がないために、イギリスよりはるかに悪い状態だと言う。一八三三年以来何度も改正された「工場法」は、従来一日に一五時間以上にもなっていた労働時間を一二時間、一〇時間へと制限した。また工場の安全管理と、工場で働く児童の学校教育を資本家に義務づけた。そして「工場法」の順守を監視する「工場監督官」もおかれたのである。イギリスでは、労働者の運動によって勝ち取られた「工場法」ないし、それと同趣旨のさまざまな法律を総称する「工場立法」が、資本の「自然法則」に対抗する「釣り合いの重り」となっていたのである。つまり、マルクスは資本主義の本質を明らかにすることによって、それに対抗する「釣り合いの重り」をも解明するのである。

(2)　産みの苦しみを短くし、やわらげる

また「初版への序言」でマルクスは次のように言う。「イギリスでは変革過程が手に取るように明らかである。……この変革過程は大陸では、労働者階級自身の発達の程度に応じて、より残忍な形で、あるいはより人間的な形で、行われるであろう」（I, S.15, ①一二）。

つまり、資本主義はヨーロッパ大陸でもイギリスと同じように発展していく必然性がある。しかし、その発展が、貧困や労働苦や過労死など「より残忍な形」で行われるのか、それともそれを緩和して「より人間的な形」で行われるかは、「労働者階級自身の発達の程度」による、とマルクスは言

うのである。そして「そのために、私は、特にイギリスの工場立法（Fabrikgesetzgebung）の歴史、内容、成果にたいして、本巻において詳しく論じる個所をとったのである。一国民は他の国民から学ばなければならない」（I. S.15. ①一一）。

これが『資本論』を執筆したマルクスの意図の一つである。マルクスは、資本主義の発展における「より残忍な形」を「より人間的な形」に変えるのは、労働者階級自身の発達であり、また「工場立法」のような、資本のむき出しの本性に対抗する制度であると言う。この点で、イギリスの歴史や制度から学ばなければならないのである。当時のイギリスの労働者は、また普通選挙権を求める「チャーティスト運動」（人民憲章 Peaple's Charter を掲げた運動）も展開していたのである。

ここからマルクスは言う。

「たとえある社会が、その社会の運動の自然法則への手がかりをつかんだとしても、――そして近代社会の経済的運動法則を暴き出すことがこの著作の最終目的なのであるが――その社会は、自然な発展段階を跳び越えることも、それを法令で取り除くこともできない。しかしその社会は、産みの苦しみを短くし、やわらげることはできる」（I. S.15. ①一二）。

つまり、マルクスは資本主義の経済的運動法則を暴き出すのであるが、この運動法則が労働者にとっていかに過酷なものであっても、資本主義という歴史的な発展段階を跳び越えることはできない。また資本主義の経済法則を法令で取り除くこともできない。しかし、経済法則だけで、資本主義社会の経済や社会が決定されるわけではない。マルクスは同時に、資本主義の経済法則に対抗する労働者階級の運動の発展を明らかにし、資本主義の経済法則を規制する制度を明らかにする。こうして、マルクスは資本主義の発展における「産みの苦しみを短くし、やわらげることができる」と言うのである。そこで決定的なことは「労働者階級自身の発達」とそのための制度をつくることである。ここに『資本論』の重要な主張の一つがある。

しかも、マルクスが「産みの苦しみを短くし、やわらげることができる」と考えているのは、資本主義の発展過程だけではない。マルクスは、資本主義社会はそれが含んでいる矛盾によって、より高度な社会（社会主義・共産主義）へと変革される必然性があると考える。このような社会変革においても、新しい社会をつくる「産みの苦しみを短くし、やわらげることができる」とマルクスは考える。『資本論』は、このような「より人間的な形」での社会変革を追求するのである。

以上の「序言」の言葉から、『資本論』が解明する資本主義社会の発展の複合的な必然性を確認しておこう。

第一に、資本主義の経済法則（自然法則）の必然性がある。それは、資本の富の増大とともに、労働者の長時間労働や過労死や、貧困、失業などを引き起こす。

第二に、長時間労働や低賃金などに反対して労働者の生きる権利を主張する労働運動や社会運動の発展の必然性がある。

第三に、「工場法」などのように、資本主義の経済法則を規制する法制度も成立する。すなわち、資本主義の経済法則を規制する政治的・法的制度の発展の必然性がある。

第四に、労働者階級は資本主義経済をになう経済的な力をもつとともに、労働組合運動などによって社会的な力をもち、また普通選挙権の獲得などによって政治的な力をもち、さらにさまざまな教育制度や学習によって精神的にも発達する。このような労働者階級の発達の必然性がある。

これらの必然性が複合的に作用して、資本主義の発展が同時にその変革の条件を形成するのである。その意味で、マルクスは経済法則が社会を決定すると考えるような「経済決定論者」ではない。マルクスは、第一部第二三章で「資本主義的蓄積の一般的法則」を論じて、資本の蓄積とともに労働者階級の貧困が増大することを「資本主義的蓄積の絶対的で一般的な法則」であると言う。しかし同時に、「この法則も、その実現にあたっては多様な事情によって、修正される（modifiziert werden）」（I, S.674. ④一一〇七）と言うのである。すなわち、社会は、経済法則だけでなく、社会運動、法制度、人間発達というそれぞれの必然性が相互作用して、それらの複合的な必然性や法則性の中で運動するのである。このような仕方で、『資本論』にはマルクスの「変革の哲学」の精神が貫かれている。

次に、『資本論』の「経済学批判」を貫く哲学について考えよう。

二　経済学批判の哲学者その人

(1) 古典派経済学の哲学者その人

マルクスは経済学と哲学との関係について強い問題意識をもっていた。『資本論』第一巻第一三章「機械と大工業」の中で、機械についての議論とかかわって、機械論的世界観を展開したデカルトにふれている。マルクスは注（111）で、デカルトに言及して、哲学と経済学について興味深い指摘をしている。まずデカルトについて、マルクスは次のように言う。

「動物を単なる機械として定義したデカルトは、中世とは異なったマニュファクチュア時代の目で見ている。……デカルトは、ベーコンと同じように、生産の姿の変化と人間による自然の実践的支配とを、思考方法の変化の結果とみなしたことは、彼の『方法序説』が示している」（I, S.411, ③六七五）。

マルクスが『方法序説』から引用しているように、デカルトは、スコラ哲学の「思弁哲学」に代わる「実践的哲学」を提唱した。それは、自然の世界を解明して、人間を「自然の主人かつ所有者」にするというものである。このデカルトについて、経済学者のサー・ダッドリー・ノースは、デカルトの「方法」が経済学に応用されて、経済学が古いおとぎ話や迷信から解放されたと述べている。その「方法」とは、明晰・判明を真理の基準とし、分析と総合を中心とする分析的方法である。マルクスは、ノースの言葉を紹介したうえで、さらに次のように言う。

「とはいえ概して、初期のイギリスの経済学者たちは、彼らの哲学者としてベーコンおよびホッブズにくみしているのであるが、のちにはロックが、イギリス、フランスおよびイタリアにとっての経済学の〝哲学者〟その人（„der Philosoph" κατ' ἐξοχήν）となった」（I, S.411, ③六七五－六七六）。

このように、とりわけロックが経済学の「哲学者その人」とされ、経済学と哲学との結びつきが論じられたのである。

(2) 経済学批判の哲学者その人とは

以上の議論から浮かぶ疑問は、では、マルクスの「経済学批判の哲学者その人」とは誰かということである。『資本論』第一巻初版にはこの問いに対する答えはない。しかしその答えは『資本論』第一巻の「第二版への後書き」に登場する。一八七二年に初版のロシア語版が出版されて、あるロシア人（カウフマン）がその書評を発表した。そこでは、『資本論』の方法が問題にされた。カウフマンは、『資本論』の「叙述の外的形式から判断すれば、マルクスは最大の観念論哲学者であるが、……実際には経済学批判の仕事で彼のすべての先駆者よりも、無限により実在論的である」と述べた。そして、マルクスの経済学批判の方法を詳しく紹介したのである。

このような書評に答えて、マルクスは自分の「弁証法的方法」について論じたのである。マルクスは次のように言う。

「私は、自分があの偉大な思想家〔ヘーゲル〕の弟子であることを公然と認め、また価値論にかんする章のあちこちで、彼に特有な表現の仕方をあえて用いる（kokettieren）ことさえした。弁証法がヘーゲルの手のなかでこうむっている神秘化は、彼が弁証法の一般的な運動形態をはじめて包括的で意識的な仕方で叙述したことを、決してさまたげるものではない。弁証法はヘーゲルにあっては逆立ちしている。神秘的な外皮のなかに合理的な核心を発見するためには、それをひっくりかえさなければならない」（I. S.27. ①二九）。

ここで言われる、弁証法の「ひっくりかえし」のためには、その基礎となる世界観を転換させなければならない。

「私の弁証法的方法は、ヘーゲルのそれとは根本的に（der Grundlage nach）異なっているばかりでなく、それとは正反対のものである。ヘーゲルにとっては、彼が理念（Idee）という名のもとに一つの自立的な主体に転化しさえした思考過程が、現実的なものの制作神（Demiurg）であって、現実的なものはただその外的現象にすぎない。私にとっては反対に、観念的なものは、人間の頭脳のなかで置き換えられ、翻訳された物質的なものにほかならない。〔改行〕その神秘化された形態では、弁証法はドイツの流行になった。というのは、それが現存するものを美化する（verklären）ように見えたからである」（I. S.27. ①二八）。

ここでのヘーゲル弁証法への批判は、ヘーゲルが論理学を「自然と有限精神の創造以前の永遠の本質の中にある、神の叙述」(1)であると表現したことに対応する。もともと人間の思考過程である論理を「理念」（イデー）という自立的な「主体」としてとらえ、それが世界を創造する神としてとらえること、ここにヘーゲルの観念論がある。それは、プラトンの「イデア」論や、宇宙の創造説を受け継ぐものである。プラトンは、世界の制作神としての「デミウルゴス」が、「イデア」を世界の原型とし、質料（火、土、水、空気）を素材として、宇宙を形成することを論じた(2)。ヘーゲルは、プラトンよりもはるかにダイナミックな論理を、神の世界創造のための設計図のように描いたのである。このような観念論が、矛盾に満ちた世界をとらえる弁証法を、同時に世界の「宥和」を説く弁証法へと導き、現存するものを美化するように見えた。ここに、ヘーゲルの弁証法に対するマルクスの批判がある。

そして、方法を「根本的に」転換することは、観念論を唯物論へと転換することである。それは、「物質的なもの」すなわち現実的なものの運動をとらえることである。マルクスの弁証法の「合理的核心」は、次の言葉で表現される。

「その合理的な姿では、弁証法は、ブルジョアジーやその空論的代弁者たちにとっては、忌まわしいものであり、恐ろしいものである。なぜなら、この弁証法は、現存するものの肯定的理解のうちに、同時にまた、その否定の理解、その必然的没落の理解を含み、どの生成した形態をも運動の流れのなかで、したがってまたその過ぎ去る側面からとらえ、なにものによっても威圧されることなく、その本質上、批判的であり革命的であるからである」（I, S.28, ①二九）。

こうして、マルクスの「経済学批判の哲学者その人」とは、ヘーゲルの観念論的弁証法哲学を唯物論的弁証法に改作して、それを『資本論』で縦横に用いたマルクス自身であることが分かるのである。

マルクスは、現存する資本主義社会の商品・貨幣・資本をありのままに「肯定的」に理解するなかから、現存する資本主義社会の「必然的没落」という「否定的」な理解につき進んでゆくのである。このような現存するものの「肯定的理解」のうちに同時に「否定的理解」を含む弁証法については、「弁証法と矛盾」というテーマで改めて論じたい（本書、第8章、参照）。ここでは、ヘーゲル論理学を改作したマルクスの唯物論的弁証法について、いくつかの特徴を見ておきたい。

三　『資本論』における弁証法的カテゴリー

(1) 量・質・尺度、および反省規定のカテゴリー

商品の分析では、商品の「質（Qualität）」と「量（Quantität）」、および量の「尺度（Mass）」が分析される。そこで、まず、商品はその「質」として使用価値と交換価値とが区別される。交換価値は商品相互の「量的比率」で表わされる。次に、交換価値における「一つの共通なもの」として抽象的人間労働が取り出され、これが「価値を形成する実体」だとされる。交換価値は商品の価値を表現する

「現象形態」である。商品の価値の「量」をはかる「尺度」は、労働時間であるとされる。

ここで、注目するべきことは、「質」、「量」、「尺度」などのカテゴリーを使いながら、商品が分析されることである。この「質」、「量」、「尺度」（限度）というカテゴリーは、言うまでもなく、ヘーゲル論理学の第一部「有論」の最も基本的なカテゴリーである。つまり、商品の分析といっても、それはただ商品を分類したり、種類を整理することではない。事物をとらえる基本となるカテゴリーを使って、系統的な分析が行われるのである。

また、マルクスは、ヘーゲル論理学の第二部「本質論」のカテゴリーである「現象」や「実体」、「反省規定」などのカテゴリーを使いながら、商品や貨幣の関係などを解明する。この点を見ておこう。まず、マルクスは、人間の目に見える直接的な性質である「現象形態」（交換価値）から、その背後にある本質（価値）にせまる。そして、商品は人間的労働の産物であることに注目して、抽象的人間労働という「価値を形成する実体」を取り出すのである。

そして、商品の使用価値と価値に現れる労働の「二面性」の分析が行われる。使用価値を形成する具体的有用労働は、商品生産者の「私的労働」でありながら、他人のための有用労働として「社会的分業」の一環をなす。価値を形成する抽象的人間労働は、その社会の平均的な労働力の支出を基準とした労働時間からとらえられる。ここでは、マルクスの商品分析は、人間的労働における「私的なもの」と「社会的なもの」との相互関係の分析にもなっている。

このような商品の分析をふまえて、さらに価値形態論では、「20エレのリンネル＝１着の上着」のように、左辺の「相対的価値形態」の価値を右辺の「等価形態」によって表現するという、相互媒介的でかつ対立的な契機が詳しく分析される。

「相対的価値形態と等価形態とは、同じ価値表現の、互いに依存しあい、互いに制約しあう、不可分の契機であるが、同時に、互いに排除しあう、あるいは対立し合う、両極端、すなわち両極である」（I. S.63. ①八三）。

このような「両極」の規定は、ヘーゲル論理学「本質論」における「反省規定」のうちの「対立」の規定そのものである。そして実際、マルクスは、注（21）で、ヘーゲルが相互媒介関係として論じた「反省規定」に次のように言及している。

「およそ反省規定というものは独自のものである。たとえば、この人が王であるのは、他の人が彼にたいして臣下としての態度をとるからにほかならない。ところが、彼らは、彼が王であるから、自分たちは臣下であると思うのである」（I. S.72. ①九九）。

この関係は、資本家と労働者との関係などにもあてはまる相互前提の関係である。ここからさらに「対立」や「矛盾」の関係へと進むことは改めて論じたい（本書、第8章、参照）。

そして、価値形態は次のように展開される。

A「単純な価値形態」

20エレのリンネル＝1着の上着

B「展開された価値形態」

20エレのリンネル＝1着の上着、または＝10ポンドの茶、または＝40ポンドのコーヒー、または＝1クォーターの小麦、または＝2オンスの金、または＝等々）

さらにこの等式の左辺と右辺とが逆転する。

C「一般的価値形態」

1着の上着 ＝
10ポンドの茶 ＝
40ポンドのコーヒー ＝
1クォーターの小麦 ＝
1オンスの金 ＝
x量の商品A ＝
等々の商品 ＝
} 20エレのリンネル

D「貨幣形態」

20エレのリンネル ＝
1着の上着 ＝
10ポンドの茶 ＝
40ポンドのコーヒー ＝
1クォーターの小麦 ＝
x量の商品A ＝
} 1オンスの金

ここで、マルクスは、「単純な価値形態」を商品価値を表現する最も単純で基本的なものでありながら、その中に後の発展を含んでいる「萌芽形態」としてとらえ、ここからより複雑でより一般的な価値形態への段階的な発展を論じ、ここから貨幣の生成を明らかにしたのである。このような議論は、ヘーゲルの表現の仕方を「あえて用いた（kokettierte）」と言われる典型であろう。

(2)「主体」として資本

マルクスは、第四章「貨幣の資本への転化」において、資本が貨幣（G）と商品（W）という形態を取りながら、さらにこの過程の「主体」となっていることを論じる。この「主体」の論理は、ヘーゲル論理学の第三部「概念論」のテーマである。マルクスは次のように言う。

「流通G－W－G〔G´〕においては、商品と貨幣とはともに、価値そのものの異なる存在様式として──すなわち貨幣は価値の一般的な存在様式として、商品は価値の特殊ないわばただ仮装しただけの存在様式として──機能するにすぎない。価値は、この運動のなかで失われることなく、絶えず一つの形態から別の形態へと移っていき、こうして一つの自動的な主体（ein automatisches Subjekt）に転化する」（I, S.168f. ②二六二）。

資本の価値増殖の運動においては、貨幣は価値の一般的な存在様式として、商品は価値の特殊な存在様式として機能し、この運動過程では、価値がその存在様式を変えながら増殖する「一つの自動的な主体」になっている。マルクスは続けて言う。

「自己を増殖しつつある価値がその生活の循環のなかでかわるがわるとる特殊な現象形態を固定させてみれば、そこで得られるのは、資本は貨幣である、資本は商品である、という説明である。しかし、実際には、価値はここでは過程の主体になるのであって、この過程のなかで貨幣と商品とに絶えず形態を変換しながらその大きさそのものを変え、原価値としての自己自身から剰余価値としての自己を突き出して、自己自身を増殖するのである」（S.169, ②二六二－二六三）。

資本とは自己増殖する価値である。資本はこの過程で貨幣や商品を自分の特殊な現象形態としてもちながら、資本の価値がこの過程を貫き、自分の価値を増殖させる。このことをマルクスは、価値が「過程の主体」になっていると言うのである。

この議論には、ヘーゲルの「主体」の論理が使われている。ヘーゲル論理学は、このような「主体」の論理を明らかにした。ヘーゲルは「主体」を表現するものを「概念」ととらえた。それは、人間が頭のなかでつくる概念ではなく、「事物の本性」としての「概念」である。そしてこの「概念」は「普遍性・特殊性・個別性」という契機をもつ。「普遍性」は「概念」の自己同一性を示す。「特殊性」は「概念」の特定のあり方を示す。「個別性」は普遍性と特殊性の統一を示し、「概念」が特殊な形態にありながらも自己同一性を貫き、さらに自己を発展させることを示す。ヘーゲルは、このような「概念」が「主体」の論理を示すと考え、これが「生命、自我、精神、神」などをとらえる論理だと主張した。

マルクスは、このようなヘーゲルの「主体」の論理を、資本の本性の解明に利用したのである。マルクスは、貨幣は資本の「一般的（普遍的）存在様式」であり、商品は資本の「特殊的存在様式」であると言っている。また、貨幣や商品は資本の「特殊な現象形態」であるとも言ってる。これらの変態の過程を貫いて自己を維持し、自己増殖する価値が「過程の主体」であり、そのような過程の「包括的な主体（das übergreifende Subjekt）」（I, S.169, ②二六三）なのである。なお、ここでの「包括する」

という言葉はヘーゲル論理学の「概念」の説明に由来する。このようにして、資本は貨幣や商品の姿をとりながら、労働力商品を支配して、自己増殖する「主体」なのである。

『資本論』の課題の一つは、資本が「主体」となっている社会から、いかにして人間（労働者）が「主体」になる社会へと転換できるかという問題の解明である。そのためにも、まず資本が「主体」になっている現実を客観的にとらえることが必要なのである。

四　『資本論』における意識と反映

(1)　科学的認識としての反映

マルクスにとって意識を唯物論的に解明することは重要な課題であった。マルクスの意識論の基本は、意識とは現実世界の反映であるという思想である。この場合、反映は一義的ではない。意識は自然・社会・人間を対象として反映する。そのさい、意識は感覚・知覚、記憶、想像力、悟性、理性などをもとにして、現実に存在する対象も、現実には存在しない対象をも描き出す。これが対象の反映である。同時に、そのさい意識は人間主体の現状に規定されて、それを意識内容に反映する。例えば、人間が神の観念をつくって、神にすがるのも、人間主体のおかれた悲惨な現状を反映したものである。イデオロギーとは、意識の対象だけでなく、社会の現実に規定されて、主体の社会的立場などを反映するものである。こうした点から、『資本論』における意識と反映について考察したい。

まず、『資本論』第一巻「第二版への後書き」から、マルクスが科学の方法として論じた反映論を見てみよう。マルクスは次のように言う。

「研究は、素材を詳細にわがものとし、素材の発展諸形態を分析し、それらの発展諸形態の内的紐帯をさぐり出さなければならない。この仕事を仕上げてのちに、はじめて、現実の運動をそれにふさわしく叙述することができる。これが成功して、素材の生命が観念的に反映される（sich widerspiegeln）ならば、まるでアプリオリな構成（Konstruktion a priori）とかかわりあっているかのように、思われるかもしれない」（I. S.27. ①二七）。

ここでは、研究の方法と叙述の方法との違いが述べられている。研究は素材を詳しく分析して、その発展諸形態を区別するとともに、その内的な結びつき（紐帯）をさぐり出す。これは、デカルトらの「分析的方法」を継承するものである。マルクスは、これができてはじめて、現実の運動の叙述が行われると言う。この叙述が生き生きと行われると、それはあくまでも「素材の生命の反映」なのであるが、まるで「ア・プリオリな構成」であるかのように見えると言う。

ここで「ア・プリオリな構成」とは、カントが「経験に先立って経験を成立させる」という意味で述べたものである。ここでは、経験によらない観念論的な原理からの構成という意味で述べられている。現実の運動が生き生きと叙述されると、それは現実の運動の反映とは見えないで、あたかも観念論的原理によって構成されているように見えるというのである。しかし、それはあくまでも「素材の生命の観念的反映」である。つまり、マルクスは研究対象を「分析的方法」によって素材や発展諸形態を解明するだけでなく、同時に、「素材の生命」の運動や発展の姿をとらえ、それを叙述する。これが、マルクスによる唯物論的で弁証法的な現実の「反映」である。

ここでは、「分析的方法」をその中に含む「弁証法的方法」が述べられている。素材の発展諸形態を分析し、その内的紐帯をさぐることとは、「分析的方法」であるが、それは「弁証法的方法」の一部であり、契機である。マルクスは、「現実の運動をそれにふさわしく叙述する」ことだけを「弁証法的方法」だとは考えていない。「分析的方法」は「弁証法的方法」の一契機なのである。他の契機は、「現実の運動の叙述」であるが、それは、現実が含む矛盾の分析と、この矛盾を媒介にして運動し発展する姿をとらえることである（矛盾を媒介とした運動・発展についてはは本書の第8章で論じたいと思う）。これらの諸契機が合わさって「弁証法的方法」をなすのである。[3]

『剰余価値学説史』においても、「分析的方法」を契機として含む「弁証法的方法」が次のように説明される。

「古典派経済学は、いろいろの形態を発生的に展開することに関心をもたず、これらの形態を分析によってそれらの統一性に還元しようとする。というのは、これらの形態を与えられた前提として出発するからである。だが、分析は発生的叙述の、すなわち種々の段階における現実の形成過程の理解の、必然的な前提である」（Bd.26. 3. S.491. ③六四四－六四五）。

ここでも、「分析」は「発生的叙述」の「必然的な前提」とされているが、「発生的叙述」だけが「弁証法的方法」だとは考えられていない。諸形態の「分析」があってこそ、これをもとにして、「現実の形成過程」が「発生的に展開」されるのである。これらの諸契機の全体がマルクスの「弁証法的方法」をなすのである。

また、「第二版への後書き」では思考と現実との関係について、マルクスは次のように言う。

「私の弁証法的方法は、ヘーゲルのそれとは根本的に異なっているだけでなく、それとは正反対である。……私にとっては、観念的なものは、人間の頭脳のなかで置き換えられ、翻訳された物質的なものにほかならない」(I. S.27. ①二八)。

ここではマルクスは、ヘーゲルの観念論との根本的違いとして、思考がつくる観念的なものは、物質的なものを人間の頭脳のなかに置き換えたもの、すなわち、頭脳が意識に映し出したものであると言っているのである。

これらが、マルクスにおける科学的思考としての反映である。

(2) 社会的存在による規定と反映

マルクスは『経済学批判』「序言」の史的唯物論の定式で、人間の意識と社会的存在との関係を論じた。ここでは次のように述べられる。

「生産諸関係の総体が、社会の経済的構造を形成する。これが実在的土台であり、その上に一つの法的かつ政治的な上部構造がそびえ立ち、その土台に一定の社会的意識諸形態が対応する(entsprechen)。物質的生活の生産様式が、社会的(sozial)、政治的、および精神的生活過程全般を制約する(bedingen)。人間の意識がその存在を規定するのではなく、逆に、人間の社会的存在がその意識を規定する(bestimmen)」(Bd.13, S.8f. 一四)。

ここでは、社会的意識諸形態が土台にふさわしいものとして「対応する」こと、物質的生活の生産様式が精神的生活過程を条件づけて「制約する」こと、および社会的存在が意識を「規定する」ことが述べられている。いずれの場合も、意識は土台や生産様式や社会的存在を「反映する」と言えるであろう。

この点で、マルクスは、『資本論』の第一部、第二章「交換過程」の中では次のような「反映」を言う。

「契約をその形式とする法的関係は、法律的に発展していてもいなくても経済的諸関係がそこに反映する（sich widerspiegeln）意志関係である。この法的関係または意志関係の内容は、経済的関係そのものによって与えられている」（I. S.99. ①一四四）。

つまり、商品所有者がお互いに商品を交換しあう意志を表明し、このような契約が法的にも正当化されるのは、現実の商品交換という経済関係を「反映」したものだからである。これは、先の「序言」の言葉との関係では、経済的関係に意志関係ないし契約関係がふさわしいものとして「対応」し、前者によって後者が「制約」され、こうして、前者の性格が後者の性格を「規定」するのである。このような社会的関係における「反映」がマルクスにおける反映論の一側面である。

（3）物神崇拝としての反映

①物件化と物神崇拝

マルクスは『資本論』第一部第一章「商品」の第四節「商品の物神的性格とその秘密」において、商品が「感覚的な物（ein sinnliches Ding）」でありながら、自分で価値をもち自分で交換されるような「感覚的に超感覚的な物（ein sinnlich übersinnliches Ding）」になるという「神秘的な性格」をもつことを論じている。このような「謎的性格」は、労働生産物が「商品形態」を取ることから生じることが、次のように説明される。

「人間労働の同等性は、労働生産物の同等な価値対象性という物件的形態（die sachliche Form）を受け取り（erhalten）、その継続時間による人間の労働力の支出という尺度は、労働生産物の価値の大きさという形態を受け取り、最後に、生産者たちの労働のあの社会的規定がその中で発現する彼らの関係は、労働生産物の社会的関係という形態を受け取る」（I. S.86. ①一二三）。

ここでは、人間労働および生産者相互の関係が、労働生産物および労働生産物相互の関係という「物件的形態」を受け取ることが論じられている。これは、「人格（Person）の物件化（Versachlichung）」である。商品生産者という「人格」および人格相互の関係が、労働生産物という「物件」および物件相互の関係になっているのである。これは、労働生産物が商品形態を取ることから生じる現実の関係である。

続いて、マルクスは商品の「物神崇拝」を次のように言う。

「商品形態の神秘的性格は、ただ次のことにある。すなわち、商品形態は、人間に対して、人間自身の労働の社会的性格を、労働生産物の対象的性格として、これらの物（Dinge）の社会的自然性質として反映させ（zurüchspiegelen）、それゆえまた、総労働に対する生産者たちの社会的関係をも、彼らの外部に存在する対象の社会的関係として反映させるということにある。この〝取り違え（Quidproquo）〟によって、労働生産物が商品に、すなわち感覚的に超感覚的な物に、言いかえれば社会的な物になる」（I. S.86. ①一二三）。

ここでは、商品の「神秘的性格」の意味は明瞭である。人間労働の社会的性格や生産者たちの社会的関係を、「物（Ding）」としての商品の社会的関係として人間に「反映させ」て、労働生産物が「感覚的に超感覚的な物」になっているのである。これは、人間の認識における「取り違え」である。また、「物神崇拝」の根拠となる「人格の物件化」では、「物件的な形態」を受け取るとされた。これに対して、「物神崇拝」においては、「物」の社会的自然性質として「反映」されるということが問題なのである。

②視覚における反映との相違

続いてマルクスは、物神崇拝と人間の視覚とを比較する。まず、視覚について次のように言う。「物が神経に与える光の印象は、視神経そのものの主観的刺激としてではなく、目の外部にある物の対象的形態として表現される（sich darstellen）。しかし、視覚の場合には、外的対象である一方の物から、目という他方の物に、現実に光が投げられる。それは物的な物と物とのあいだの物理的な関係である」（I. S.86. ①一二四）。

つまり、人間の視覚は、外的な物→光→眼球→視神経→脳という物理的な関係をとおして、外的対象を現実的なものとして見るのである。ここで視覚は、光の視神経に対する刺激を「主観的刺激」としてではなく、「外部の物の対象的形態」として知覚するのである。しかも、外的対象を知覚するために、外的対象から脳にいたる一連の「物理的な関係」がその基礎となっているのである。

これに対して、物神崇拝についてマルクスは次のように言う。

「労働生産物の商品形態およびこの形態が自己を表す労働生産物の価値関係は、労働生産物の物理的性質およびそれから生じる物的諸関係とは絶対になんのかかわりもない。ここで人間にとって物と物との関係という幻影的形態（die phantasmagorische Form）をとるのは、人間そのものの一定の社会関係にほかならない」（ibd. 同）。

つまり、先に見た視覚の場合は、「物と物との物理的関係」が基礎になって、外的対象が意識されるのであるが、物神崇拝の場合は、「物と物との関係」として意識される商品相互の関係は、実際は、商品生産者の相互の社会関係である。したがって、ここでの「物と物との関係」は「幻影的形態」なのである。

③宗教における反映

マルクスはさらに「物神崇拝」を宗教との類比で説明する。

「類例を見いだすためには、われわれは宗教的世界の夢幻境に逃げ込まなければならない。ここでは、人間の頭脳の産物が、それ自身の生命を与えられて、相互のあいだでも人間とのあいだでも関係を結ぶ自立的な姿のように見える。商品世界では人間の手の産物がそう見える。これを、私は物神崇拝（Fetischismus）と名づける」（I. S.86. ①一二四）。

こうして、商品の「神秘的性格」は、宗教における「物神崇拝」にたとえられる。そして商品の物神的性格が、人間の頭脳への独特の「反映」であることが次のように表現される。

「私的生産者たちの頭脳は、彼らの私的労働のこの二重の社会的性格を、実際の交易、生産物交換において現れる形態でのみ反映する（widerspiegeln）。――すなわち、彼らの私的労働の社会的に有用な性格を、労働生産物が有用でなければならないという、しかも他人にとって有用でなければならないという形態で反映し、種類を異にする労働の同等性という社会的性格を、労働生産物というこれらの物質的に異なる物（Ding）の共通な価値性格という形態で反映する」（I. S.88. ①一二五‐一二六）。

こうして、商品の「物神的性格」および「物神崇拝」は人間の頭脳への反映の問題であるから、その現実的な根拠がなくなれば、おのずと消滅する。このことをマルクスは宗教の消滅の可能性との類比で次のように言う。

「現実世界の宗教的反射（Widerschein）は、一般に、実際的な日常生活の諸関係が、人間の相互の、また自然に対する人間の、透明な合理的な諸関連を、人間に日常的に示すようになるとき、はじめて消滅することができる（verschwinden können）。社会的な生活過程の、すなわち物質的生産過程の姿は、それが、自由に社会化された人間の産物として、人間の意識的な計画的制御のものに置かれるとき、初めてその神秘のヴェールを脱ぎ捨てる。けれども、そのためには、社会的物質的基礎が、あるいは、それ自身がまた長い苦難に満ちた発展史の自然発生的産物である一連の物質的存在条件が、必要とされる」（I. S.94. ①一三五）。

以上が、商品の「物神崇拝」に関わる議論であるが、「物神崇拝」はさらに貨幣においていっそう明瞭に現れる。マルクスは、「貨幣物神の謎は、目に見えるようになった商品物神の謎にほかならない」（I. S.108. ①一五九）と言う。

マルクスは貨幣に対する物神崇拝による「黄金欲」の例としてコロンブスの次のような言葉をあげ

ている。「金はすばらしい物である！　金をもつ者は、自分の望むことはなんでもできる。金をもっていれば、魂を天国に送り込むこともできる」（I, S.145, ①二二二）。コロンブスは、このような欲望をもって、大航海に乗り出した。そして彼がアメリカ大陸を発見した後、ヨーロッパ人たちは中南米の古代文明を滅ぼし、原住民を虐殺したり奴隷化して、莫大な金銀をヨーロッパにもたらしたのである。

五　現象と本質の弁証法

『資本論』では、現象と本質との関係が問題になる。それは意識と反映の問題でもある。「現象する（erscheinen）」とは、そのように見えることである。そのいくつかを取りあげたい。

（1）賃金の現象と本質

まず、賃金の現象形態とその本質は重要な問題である。賃金はその現象形態においては、「労働の価格」に見える。この点について、マルクスは次のように言う。

「ブルジョア社会の表面では、労働者の賃金は、労働の価格、すなわち一定分量の労働にたいして支払われる一定の貨幣分量として現象する」（I, S.557, ④九一五）。

これが、労働の価格としての「労賃（Arbeitslohn, 労働の報酬）」である。しかし、もしも賃金が「労働の価格」ならば、資本のための剰余価値は生まれない。賃金の本質は「労働力の価値」への支払であり、労働力の再生産のための価値が「賃金」として支払われるのである。資本家は購入した「労働力」を使用して、賃金分の価値をつくり出す労働（必要労働）以上の労働（剰余労働）を行わせ、剰余価値をつくり出すのである。

続いて、マルクスは、「労働の価値」という表現は「一つの想像上の表現である」（I. S.559. ④九一九）と言う。しかも、この場合、「想像上の表現は、生産関係そのものから発生する。それらは、本質的関係の現象形態を表すカテゴリーである。現象においては物がしばしばさかさまに見えるということは、経済学以外のすべての科学ではかなり知られている」（I. S.559. ④九二〇）とされる。

ここで、「労賃」は「本質的関係の現象形態」である。それは、例えば「日の出」や「日没」が地球の自転を示すように、本質を表現する現象形態である。マルクスは、「労賃」という現象形態の「必然性」や「存在理由」が、資本と労働との「生産関係そのもの」にあることを明らかにしている。しかし、現象を本質と混同すると、天動説などのように、重大な誤りに陥る。「労賃」という現象形態を本質と取り違えると、賃金の本質についての重大な誤りになる。

「労賃という形態は、必要労働と剰余労働とへの、支払労働と不払労働とへの労働時間の分割のあらゆる痕跡を消してしまう。すべての労働が支払労働として現れる」（I. S.561. ④九二三）。

この点で、本質と現象形態との区別の認識がきわめて重要になる。

「労働力の価値および価格を労賃の形態に――また労働そのものの価値および価格に――転化させることの決定的重要性がいまや理解される。現実的関係を見えなくさせ、まさにその関係の逆を示すこの現象形態は、労働者および資本家のもつあらゆる法律観念、資本主義的生産関係のあらゆる神秘化、この生産様式のあらゆる自由の幻想、俗流経済学のあらゆる弁護論的たわごとの、基礎である」（I. S.562. ④九二四）。

労賃が労働の価格に見える現象形態は、資本による労働の搾取をおおい隠すのである。ここからマルクスは言う。

「現象形態は、直接に自然発生的に普通の思考形態として再生産されるが、その隠れた背景は、科学によってはじめて発見されなければならない。古典派経済学は、真の事態にほぼふれてはいるが、しかしそれを意識的に定式化してはいない。古典派経済学は、そのブルジョア的な皮をまとっている限り、それはやれない」（I. S.564. ④九二八）。

ここには、科学的認識の重要性とともに、科学的認識にも階級性が関わることが論じられている。科学的認識もまた研究者の社会的立場や階級性を反映するのである。

(2) 資本・土地・労働の三位一体

次に、ブルジョア経済学におけるドグマである「資本・土地・労働の三位一体」を見ておきたい。賃金は「労賃」として現象し、資本の剰余価値は「利潤」として現象する。また、「利潤」は産業資本家や商業資本家という「機能資本家」が獲得する剰余価値である「企業者利得」と、貨幣資本家（銀行資本家など）が機能資本家に貸し付けた貨幣に対して、機能資本家から支払われる「利子」とに分かれる。この「利子」も結局、労働の搾取による剰余価値がもとになっている。しかし、資本家にもブルジョア経済学者にもこのことは理解されない。古典派経済学はその理論的解明の一歩手前で止まってしまった。

また、「地代」とは、地主が資本家に土地を貸し、資本家が獲得した剰余価値の一部を地主に支払うものである。このような「地代」においても、それが資本家の剰余価値の一部であることや、剰余価値が労働者の搾取にもとづくことは、地主にもブルジョア経済学者にも分からない。

そうすると、あたかも資本が利潤を生み、土地が地代を生み、労働が労賃を生むように見える。このことについてマルクスは次のように言う。

「資本－利潤（企業者利得プラス利子）、土地－地代、労働－労賃、これは、社会的生産過程のいっさいの秘密を包含する三位一体的形態である」（Ⅲ, S.822, ⑬一四二四）。

このような「経済学的三位一体」においては、資本・土地・労働が、社会的な関係とは見られず、「物（Ding）」として見られる。そして「物」としての資本・土地・労働が、利潤・地代・労賃という収入の源泉であるととらえられる。マルクスは、このことを「経済的諸関係の疎外された現象形態であり、「完全な矛盾である現象形態」（Ⅲ, S.825, ⑬一四三〇）であると言う。ここから次のように言われる。

「もしも事物の現象形態と本質とが直接に一致するならば、あらゆる科学は余計なものであろう」（Ⅲ, S.822, ⑬一四二四）。

この言葉は、先に見た、賃金の現象形態と本質についての議論と同様である。しかし、「労賃」と「経済学的三位一体」とには重大な相違点がある。マルクスは、「労賃」は「本質的関係の現象形態」であると言う。賃金が「労賃」に見えるとしても、その現象形態には「存在理由（raisons d'être）」があり、しかもそれは本質を解明する手掛かりとなるものである。それに対して、「経済学的三位一体」は、マルクスが「疎外された現象形態」とか「完全な矛盾である現象形態」と言っているように、虚偽のイデオロギーとなっている現象形態である。この「疎外された現象形態」は、「労賃」が賃金の本質を覆い隠すことから出発して、資本の利潤の本質も地代の本質も覆い隠し、本質を歪めるのである。したがって、同じ現象形態であっても、本質が現象する「本質的関係の現象形態」と、本質を歪め覆い隠す「疎外された現象形態」とを区別しなければならない。

そして「経済学的三位一体」は、資本や土地に対する「物神崇拝」でもある。

マルクスによれば、資本家は資本（物件 Sache）の人格化であり、労働者（人格 Person）は労働力を商品（物件）として売買する。また労働者は労働力商品（物件）の販売者（人格）でもある。地主は、資本主義的生産関係のなかでの土地（物件）の人格化である。ここには、「物件の人格化と人格の物件化」がある。これは、資本主義社会のなかで、人格の社会的関係が物件の社会的関係となる、必然的で客観的な現象形態である。

しかし、「経済学的三位一体」は、あたかも「物」が社会的関係をもったり、「物」が収入の源泉になるかのような、資本主義的生産様式の「神秘化」（Ⅲ, S.838, ⑬一四五二）がおこっている。またそれは、「偽りの外観であり欺瞞」（Ⅲ, S.838, ⑬一四五三）である。それは、貨幣物神、資本物神、土地物神の姿をとるのである。その真の姿を暴くのが科学の役割である。また、それを消滅させるものは、資本主義的生産様式の変革である。

以上のような本質と現象との関係を明らかにすることも、意識と反映の活動の重要な役割なのである。

注

（1）ヘーゲル『大論理学』武市健人訳、岩波書店、上一、三四頁。なお、ヘーゲル論理学の理解については、拙著『ヘーゲル論理学と矛盾・主体・自由』ミネルヴァ書房、二〇一六年、参照。

（2）プラトン『ティマイオス』種山恭子訳、『プラトン全集』第一二巻、岩波書店、三〇頁以下、参照。なお、「制作神」という訳語は、納富信留『プラトンの哲学』岩波新書、二〇一五年、一七八頁による。

（3）見田石介氏は、マルクスの「弁証法的方法」を、「分析的方法を基礎とした弁証法的方法」であるととらえ、「弁証法的な分析的方法」とも述べた（『見田石介著作集』第一巻「ヘーゲル論理学と社会科学」、一九七六年、二五一頁など）。この提起は、弁証法も分析を基礎とすることを明確にする上で重要である。そのさい、見田氏は、「分析的方法」は「弁証法的方法」の「土台」であるとも言う（同、二五五頁）。このような主張について、方法論的二元論として理解される場合がある。それは、「分析的方法」は「弁証法的方法」の基礎であり土台であるが、両者は区別されるものとして理解されるからである。しかし、見田氏はマルクスの方法を「古典的な分析的方法よりももっと徹底した分析を基礎とした弁証法的方法」（同）と言っているように、分析を含んだ「弁証法的方法」を考えていた。この点を明確にするために、私は、「分析的方法」は「弁証法的方法」の一契機であるととらえたい。そして、「分析的方法」、「弁証法的矛盾の分析」、「矛盾を媒介とした発展の方法」という三契機が「弁証法的方法」をなすと考える。

第8章　弁証法と矛盾

はじめに

マルクスの弁証法にとって、矛盾は核心的な概念である。このことを明確にするために、本章では『資本論』における「弁証法と矛盾」の問題を論じたい。弁証法的矛盾については、一九七〇年代に多くの唯物論研究者が参加する仕方で「矛盾論争」が行われた(1)。その後、論争は下火になった。しかし、弁証法的論理学の「現実的矛盾」と形式論理学の「論理的矛盾」との関係は、今日でも問題になる。本章ではこの問題を、『資本論』に登場する矛盾の諸形態から改めて検討したいと思う。

一　『資本論』の方法と弁証法的矛盾

マルクスは『資本論』第一巻「第二版への後書き」において、ヘーゲルの弁証法との相違を述べながら、自らの弁証法について論じている。

「弁証法がヘーゲルの手でこうむった神秘化は、彼が弁証法の一般的な運動形態をはじめて包括的で意識的な仕方で叙述したことを、決してさまたげるものではない。弁証法はヘーゲルにあっては逆立ちしている。神秘的な外皮のなかに合理的な核心を発見するためには、それをひっくり返さなければならない」（I. S.27. ①二九）。

ここでマルクスは、ヘーゲルが「弁証法の一般的な運動形態」を包括的に展開したことを認めている。問題は、ヘーゲル弁証法の神秘的な外皮を取りさり、観念論的な弁証法をひっくり返して、唯物論的な弁証法に作りかえることである。しかも、ヘーゲルの弁証法においては、矛盾が中核的な概念をなすのである。

「ヘーゲル的矛盾」について、マルクスは『資本論』第一部第七編の注（41）の中で、ジョン・スチュアート・ミルへの批判として次のように述べている。

「すべての弁証法の噴出源であるヘーゲル的〝矛盾〟は彼〔ミル〕にはまったく無縁であるが、ありきたりの矛盾には彼もなじみが深い」（I. S.623. ④一〇二六）。

ここで、ミルがリカードの利潤論を抜粋しながら、他方ではシーニアの説も取り入れる仕方で形式論理的な矛盾を犯していることを、マルクスは「ありきたりの矛盾」と言う。そしてマルクスは、「すべての弁証法の噴出源」をなす「ヘーゲル的〝矛盾〟」はミルには縁がないと言う。こうしてマルクスは、弁証法の核心としての矛盾という思想をヘーゲルから受け継いでいることを示している。

マルクスはまた、「第二版への後書き」のなかで自らの唯物論的な弁証法について、「この弁証法は、現存するものの肯定的理解のうちに、同時にまた、その否定の理解、その必然的没落の理解を含み、どの生成した形態をも運動の流れのなかで、したがってまたその過ぎ去る側面からとらえ、なにものによっても威圧されることなく、その本質上、批判的であり革命的であるからである」（I. S.28, ①二九）と述べた。

現存するものの「肯定的理解」が同時にその「否定」を含み、現存するものの生成・発展・没落の必然性を示す。このような理解が可能になるのは、現存するものの弁証法的矛盾を把握するからである。マルクスは、先の言葉にすぐ続けて次のように言う。

「資本主義社会の矛盾に満ちた運動は、実際的なブルジョアには近代産業が通過する周期的循環の浮沈において最も痛切に感じられるのであって、この浮沈の頂点が――全般的恐慌である。この全般的恐慌は、……神聖プロイセン＝ドイツ新帝国の成り上がり者たちの頭にさえ弁証法をたたき込むことであろう」（I. S.28, ①二九）。

ここでは、「資本主義社会の矛盾に満ちた運動」とりわけ、全般的恐慌が、支配階級の頭にも弁証法をたたき込むとされている。すなわち、先の現状の肯定的理解を否定的理解に転換し、支配階級にも弁証法を分からせるのは「資本主義社会の矛盾に満ちた運動」なのである。つまり、マルクスの「批判的・革命的」な方法にとって決定的に重要なのは、弁証法的矛盾の把握である。

そして『資本論』第一部では、商品の交換過程からの貨幣の生成、貨幣の資本への転化、資本による労働の搾取、労働時間をめぐる階級闘争、大工業の矛盾、人間と自然との物質代謝の撹乱、資本主義蓄積における富と貧困、資本主義的蓄積の歴史的傾向など、主要なテーマのすべてにおいて弁証法的矛盾が論じられる。これらを順に見てゆきたい。

二　商品の交換過程における矛盾と貨幣の生成

商品の交換過程では次のような矛盾が提示される。

「どの商品所有者も、自分の欲求を満たす使用価値をもつ別の商品と引き替えにおいてのみ自分の商品を譲渡しようとする（veräußern wollen）。その限りで、交換は彼にとって、個人的過程でしかない。他面、彼は自分の商品を価値として実現しようとする（realisieren wollen）。すなわち、彼自身の商品が他の商品所有者にとって使用価値をもつかもたないかにかかわりなく、自分の気に入った、同じ価値をもつ他のどの商品においてでも価値として実現しようとする。その限りでは、交換は彼にとって一般的社会的過程である。だが、同じ過程が、すべての商品所有者にとって同時にもっぱら個人的であるとともに、もっぱら一般的社会的であるということはありえない」（I, S.101, ①一四七）。

商品の交換過程は、商品所有者にとって使用価値の獲得という点では「個人的過程」として意志され、かつ価値の実現という点では「一般的社会的過程」として意志される、という矛盾である。貨幣が存在しない状態では、この矛盾は解決できない。そこで、「もっぱら社会的行為だけが、ある特定の商品を一般的等価物にすることができる」（I, S.101, ①一四八）。こうして、特定の商品（金など）が貨幣となるのである。

この交換過程における矛盾をふり返って、マルクスはさらに次のように言う。

「すでに見たように、諸商品の交換は、矛盾し互いに排除し合う諸関係を含んでいる。商品の発展は、これらの矛盾（Widersprüche）を取り除く（aufheben）のではなく、これらの矛盾が運動しうる形態をつくり出す。これが、一般に、現実的矛盾（wirkliche Widersprüche）が自己を解決する方法である。たとえば、一つの物体が絶えず他の物体に落下し、しかも同時に絶えずそれから飛び去るというのは、一つの矛盾である。楕円は、この矛盾が自己を実現するとともに解決する運動形態の一つである」（I. S.118f. ①一七七）。

ここでは、交換過程の矛盾をふり返りながら、一般的な「現実的矛盾」の例として、物体の「落下」と「飛び去り」の矛盾と、その実現である「楕円」について述べられている。

そこで、商品の交換過程における矛盾の性格を検討したい。そのさい、かつての矛盾論争でも取り上げられたように、『経済学批判』の叙述が参考になる。『経済学批判』では交換過程における矛盾が次のように述べられる。

「同じ関係が、本質的に等しく、ただ量的にだけ異なる大きさとしての諸商品の関係でなければならず（sollen）、一般的労働時間の物質化したものとしての諸商品の等置でなければならず、それと同時にまた質的に異なる物としての、特殊な欲望に対する特殊な使用価値としての諸商品の関係、要するに、諸商品を現実の諸使用価値として区別する関係でなければならない。しかしこの等置と非等置とは互いに排除しあう。こうして、一方の解決が他方の解決を前提するところから、そこから問題の悪循環が生じるばかりでなく、ひとつの条件を満たすことが直ちにその反対の条件を満たすことと結びついていることから、矛盾しあう諸要求の全体（ein Ganzes widersprechender Forschungen）が現れる」（S.30. 四五‐四六）。

つまり、商品の交換過程は、量的に同じ価値の商品の「等置」でなければならず（sollen）、かつ質的に異なる商品の「非等置」でなければならないという矛盾であり、等置と非等置という相互に排除し合う二つの条件の間の「矛盾し合う諸要求の全体」である。これは、現実の交換過程の「当為（Sollen）」や「要求」としての矛盾である。それが『資本論』では、商品所有者の「意志」（Wollen）における矛盾として叙述されるのである。ここから、商品所有者の「社会的行為」によって貨幣が生み出されて、商品の販売と購売の過程が分離されて、先の矛盾が運動しうる形態ができあがるのである。

しかも交換関係における矛盾を、マルクスは『資本論』では物体の落下と飛び去りの矛盾と並べて、「現実的矛盾」と呼んだ。しかし、現実に貨幣を生みだしたり、現実の楕円軌道を生みだすという点で、同じ「現実的矛盾」であったとしても、一方の、交換過程の「当為」や「要求」、あるいは商品所有者の「意志」における矛盾と、他方の物体の落下と飛び去りの矛盾とでは、矛盾の成立する場面が異なる。前者は、実在の「当為」や「要求」などのように、まだ現実の可能性においてのみ存在する矛盾であり、またそれを反映した「意志」における矛盾である。後者の物体の落下と飛び去りとの矛盾は、実在における相互前提と相互排除によって新しい運動を産出する矛盾である。前者は、そのままでは解決できない形式論理的矛盾を含む。しかし後者は、実在の運動を推進する実在的な契機相互の矛盾であり、形式論理的矛盾は含まない。両者はその成立する場面と矛盾の性格が異なるのである。この問題は後で改めて検討したい。

三　資本の一般的定式の矛盾と労働の搾取

マルクスは、資本が貨幣（G）－商品（W）－貨幣（G′）という過程で、等価交換をしながら、剰余価値を生みだすことを、「資本の一般的定式の矛盾」と呼んだ。そしてこの矛盾について次のように言う。

「貨幣の資本への転化は、商品交換に内在する諸法則にもとづいて展開されるべきであり、したがって等価物どうしの交換が出発点をなす。いまのところまだ資本家の幼虫として現存するにすぎないわれわれの貨幣所有者は、商品をその価値どおりに買い、その価値どおりに売り、しかもなお過程の終わりには、彼が投げ入れたよりも多くの価値を引き出さなければならない。彼の蝶への成長は、流通部面の中で行われなければならず、しかも流通部面の中で行われてはならない。これが問題の条件である。〝ここがロドス島だ。ここで跳べ〟」（I. S.180f. ②二八三－二八四）。

この矛盾は、資本が行う等価交換と価値増殖との関係が、理論的に解明されていないために生じる認識上の矛盾である。この矛盾は、資本が労働力商品をその価値（労働力の再生産費）どおりに購入しながら、生産過程において労働力商品が自分の価値以上の価値を生産して、価値増殖した生産物が再び価値どおりに販売される、ということが解明されることによって解決される。

しかし、ここから、資本主義的生産過程では、労働力が自分の価値分を生産する「必要労働時間」のほかに、資本の剰余価値を生産する「剰余労働時間」が含まれていることが明らかにされる。つまり、資本が資本であるのは、労働者の労働を搾取するからであることが明らかになる。ここから、資本による労働の搾取という現実の矛盾が明らかになるのである。

四　労働時間をめぐる階級闘争

資本家が利潤を獲得するのは、労働者の「剰余労働時間」を支配できるからである。ここから、資本家は労働時間の無限の延長を要求する。他方で労働者にとって、労働時間を無限に延長することは、自分の自由な時間を奪われ、資本の奴隷になることである。労働者は労働時間の制限を要求する。マルクスはここに「アンチノミー」（二律背反）があると言う。

「資本家が労働時間をできる限り延長し、できることなら一日の労働時間を二日分の労働時間にしようとする場合には、彼は、買い手としての権利を主張する。他方、……労働者が労働時間を一定の標準的な大きさに制限しようとする場合には、彼は売り手としての権利を主張する。したがって、ここでは、どちらも等しく商品交換の法則によって確認された権利対権利という一つの二律背反（eine Antinomie）が生じる。同等な権利と権利とのあいだでは実力（Gewalt）がことを決する。こうして、資本主義的生産の歴史においては、労働時間の標準化は、労働時間の制限をめぐる闘争——総資本すなわち資本家階級と、総労働すなわち労働者階級とのあいだの一闘争——として現れる」（I, S.249, ②三九九）。

この闘争は、イギリスでは資本主義の成立以来、数百年にわたってたたかわれてきた。その成果が

「工場法」である。マルクスは、「工場法」をたたかい取ったイギリスの労働者を讃えて次のように言う。「イギリスの工場労働者たちは、単にイギリスの労働者階級ばかりでなく、近代的労働者階級一般のすばらしい闘士（Preisfechter）だったのであり、同じくまた彼らの理論家たちも資本の理論に最初に挑戦したものである」（I. S.317, ②五一九）。

マルクスは、労働時間をめぐる資本と労働とのアンチノミーや階級闘争を、資本主義社会における典型的な矛盾として論じているのである。そしてマルクスは、「工場立法の一般化は、生産過程の物質的諸条件および社会的結合とともに、生産過程の資本主義形態の諸矛盾と敵対を、それゆえ同時に、新しい社会の形成要素と古い社会の変革契機を成熟させる」（I. S.526, ③八六四）と言う。さらにこの点を見ていこう。

五　機械制大工業の矛盾

労働時間が制限されると、労働時間の延長による「絶対的剰余価値生産」には限界が生じる。そこで資本は、生産力を増大させて、労働力商品の生産費を引き下げて、労働時間のうちの「必要労働時間」の比率を削減して、「剰余労働時間」の比率を高める。このような「相対的剰余価値生産」のために、協業、マニュファクチュア、大工業へと資本主義的生産様式が発展した。大工業の特徴は機械の使用である。機械は同じ使用価値をもった商品を生産する労働時間を短縮する。つまり、機械は労働時間を短縮するための手段となりうる。しかし資本主義的な機械の使用は、むしろ労働時間の延長のための手段となる。

「機械は、労働時間のあらゆる社会慣習的および自然的な諸制限をくつがえすという、近代産業の歴史における注目すべき現象が生まれる。また、そこから、労働時間短縮のためのもっとも強力な手段が、労働者およびその家族の全生活時間を資本の価値増殖のために思いのままに使える労働時間に転化するもっとも確実な手段に急変するという経済学的逆説（das ökonomische Paradoxon）も生まれる」（I. S.430. ③七〇五）。

この逆説（パラドックス）は、資本主義的大工業の矛盾の一つである。しかし大工業の矛盾はこれだけにとどまらない。マルクスは大工業の「絶対的矛盾」を次のように論じる。

「近代的工業の技術的基盤は革命的である。……近代的工業は、……社会の内部における分業も絶えず変革し、大量の資本および大量の労働者をある生産部門から他の生産部門へ間断なく投げ入れる。それゆえ、大工業の本性は、労働の転換、機能の流動、労働者の全面的可動性を条件づける。他方、大工業は、その資本主義的形態においては、古い分業をその骨化した分立性とともに再生産する。すでに見たように、この絶対的矛盾が労働者の生活状態のいっさいの平穏、堅固、および安全をなくしてしまい、労働者の手から労働手段とともに絶えず生活手段をたたき落とそうとしており、そして、労働者の部分機能とともに彼自身を過剰なものにしようとしている。さらに、この矛盾は、労働者階級の絶え間ない犠牲《いけにえ》の祭典、諸労働力の際限のない浪費、および社会的無政府性の荒廃状態のなかで、暴れ回る。これは、否定的側面である」（I. S.511. ③八三七 - 八三八）。

大工業の技術的基礎における革命性と、その資本主義的形態における古い分業の固定という「絶対的矛盾」のために、労働者階級が使い捨てられ、犠牲にされるのである。しかし、労働者の教育を行わず、労働者の使い捨てを続けるだけでは大工業にふさわしい労働力が確保できず、資本そのものが破局（カタストロフィー）に陥る。

「しかし、労働の転換がいまや、ただ圧倒的な自然法則として、またいたるところで障害に突きあたる自然法則の盲目的に破壊的な作用をともないながら実現されるならば、大工業は、労働の転換、それゆえ労働者の可能な限りの多面性を一般的な社会的生産法則として承認し、そしてこの法則の正常な実現に諸関係を適合させることを、自己の破局（Katastrophen）そのものを通じて、死活の問題とする。大工業は、資本の変転する搾取欲求のために予備として保有され、思いのままに使用可能な窮乏した労働人口という奇怪事の代わりに、変転する労働需要のための人間の絶対的な使用可能性をもってくることを――すなわち一つの社会的な細部機能の単なる担い手にすぎない部分的個人の代わりに、さまざまな社会的機能をかわるがわる行うような活動様式をもった、全体的（total）に発達した個人をもってくることを、死活問題とする」（I, S.512, ③八三八）。

ここから、資本の側からも、労働の転換に対応できる多面的な能力をもった労働力の養成が、つまり労働者とその子どもたちの教育が死活問題になるのである。しかしもちろん、資本はすべての人間の全体的発達を保障するのではなく、資本に役立つ限りでの有能な限られた「人材」を求めるにすぎない。資本主義社会における教育では、今日にいたるまで、ここに依然として矛盾がある。

六　人間と自然との物質代謝の撹乱

資本主義生産様式において、重大な矛盾の一つは自然環境破壊である。すでにマルクスは、「人間と自然との物質代謝」の「撹乱」という表現で、自然破壊の問題を論じた。「大工業と農業」を論じる中でマルクスは次のように言う。

「資本主義的生産は、それが大中心地に堆積させる都市人口がますます優勢になるに従って、一方では、社会の歴史的原動力を蓄積するが、他方では、人間と土地とのあいだの物質代謝を、すなわち、人間により食料および衣料の形態で消費された土地成分の土地への回帰を、したがって持続的な土地豊度の永久的自然条件を、撹乱する（stören）」（I, S.528, ③八六七‐八六八）。

ここでは、資本主義的農業が問題にされているので、「食料および衣料の形態で消費される土地成分」と「土地豊度」の「撹乱」が論じられている。しかし、その後の資本主義的生産の発展は、森林・大気・土壌・河川・海洋・気候などあらゆる自然条件を「撹乱」しているのである。

マルクスは「人間と自然との物質代謝」の「撹乱」は、労働からの「略奪」であるとともに自然からの「略奪」であり、資本主義的生産は、富の源泉である労働力とともに自然を「破壊」すると言う。

「資本主義的農業のあらゆる進歩は、単に労働者から略奪する技術における進歩であるだけでなく、同時に土地から略奪する技術における進歩であり、一定期間にわたって、土地の豊度を増大させるあらゆる進歩は、同時に、この豊度の持続的源泉を破壊するための進歩でもある。……資本主義的生産は、すべての富の源泉すなわち土地および労働力を同時に破壊する（untergraben）ことによってのみ社会的生産過程の技術および結合を発展させる」（I, S.529f. ③八六八－八六九）。

これはまさに資本主義的生産の矛盾の一つである。そして、このような、人間と自然との物質代謝の撹乱は、その合理的な再建がせまられる。この問題は二〇世紀以降いっそう重大になっているのである。

七　資本主義的蓄積の一般的法則——富の蓄積と貧困の蓄積

資本主義的生産様式における矛盾の典型は、富と貧困との矛盾である。この問題はすでにヘーゲルが市民社会の矛盾として指摘し、さまざまな社会主義思想においても論じられてきた。マルクスは、この矛盾を「資本主義蓄積の一般的法則」として明らかにした。「資本主義的蓄積」とは、単に資本が増大するというだけでない。それは労働の搾取によって増大した資本がさらに搾取や収奪を拡大していく資本の運動を意味する。マルクスは、その状況は、「大工業」の現実から明瞭であると言う。

「資本主義制度の内部では、労働の社会的生産力を高めるいっさいの方法は、個人的労働者の犠牲として行われる。生産を発展させるいっさいの手段は、生産者の支配と搾取との手段に転化し、労働者を部分人間へと不具化させ、彼を機械の付属物へとおとしめ、彼の労働苦によって労働の内容を破壊し、科学が自立的力能として労働過程に合体される程度に応じて、労働過程の精神的力能を労働者から疎外する（entfremden）。またこれらの手段は彼の労働条件をねじまげ、労働過程中ではきわめて卑劣で憎むべき専制支配のもとに彼を服従させ、彼の生活時間を労働時間に転化させ、彼の妻子を資本のジャガノートの車輪のもとに投げ入れる」（I, S.674. ④一一〇八）。

ここから、さらに資本主義的蓄積の本質が次のように述べられる。

「資本が蓄積されるにつれて、労働者の報酬がどうであろうと――高かろうと低かろうと――労働者の状態は悪化せざるをえないということになる。最後に、相対的過剰人口または産業予備軍を蓄積の範囲と活力とに絶えず均衡させる法則は、ヘファイストスの楔がプロメテウスを岩に縛りつけたよりもいっそう固く、労働者を資本に縛り付ける。この法則は、資本の蓄積に照応する貧困の蓄積を条件づける。したがって、一方の極における富の蓄積は、同時に、その対極における、すなわち自分自身の生産物を資本として生産する階級における、貧困、労働苦、奴隷状態、無知、野蛮化、および道徳的退廃の蓄積である」（I, S.675. ④一一〇八）。

このように、マルクスにとって、労働者の貧困化とは単に経済的に貧しくなるという意味ではない。それは、資本の側における「富の蓄積」に対応する労働者の側での「貧困、労働苦、奴隷状態、無知、野蛮化、および道徳的退廃の蓄積」なのである。それは、労働者とその家族が人間らしさを失うという人間疎外の問題でもある。それは資本主義の矛盾の深刻な現れである。しかし、この矛盾はそれだけにはとどまらない。「資本主義的蓄積」は資本主義を変革する運動をも引き起こす。これが「資本主義的蓄積の歴史的傾向」である。

八　資本主義的蓄積の歴史的傾向――収奪者の収奪

マルクスは、労働者の搾取による資本の「集積」だけでなく、資本が資本を収奪する「集中」を含む資本主義的蓄積の過程を次のように論じている。

「この集中、すなわち少数の資本家による多数の資本家の収奪と相ならんで、ますます増大する規模での労働過程の協業的形態、科学の意識的な技術的応用、土地の計画的利用・搾取（Ausbeutung）、共同的にのみ使用される労働手段への転化、結合された（kombiniert）社会的な労働の生産手段として使用されることによる、すべての生産手段の節約、世界市場の網のなかへのすべての国民の編入、したがってまた資本主義体制の国際的性格が発展する」（I, S.790. ④一三〇六）。

この資本主義的蓄積の過程は、社会的生産力の増大や生産の社会化だけを言ったものではない。労働過程での協業は資本の専制支配のもとで行われ、科学の技術的応用はあくまでも「資本の生産力」の増大のためであり、土地の計画的利用は同時に土地の搾取であり、労働者の「結合」はあくまでも「資本の生産力」のためのものであり、資本による支配を含む。資本による生産手段の節約は労働災害や環境破壊をも引き起こす。そして世界市場の形成は資本による世界の支配と結びついている。すなわち、そのすべてが資本主義的生産力と資本主義的生産関係の矛盾を含んでいるのである。

その矛盾は階級闘争の発展となり、資本主義の変革へと向かわざるをえない。

「この転化過程のいっさいの利益を横奪し、独占する大資本家の数が絶えず減少していくにつれて、貧困、抑圧、堕落、搾取の総量は増大するが、しかしまた、絶えず膨張するところの、資本主義的生産過程そのものの機構によって訓練され、連合し（vereint）、組織される労働者階級の反抗もまた増大する」（I, S.790f. ④一三〇六）。

ここでの労働者の「連合（Vereinigung）」は先に見た資本による「結合（Kombination）」を条件として、労働者が自発的・自覚的に団結することを意味する。それが資本に対する反抗の力となるのである。そのような闘争が向かう先をマルクスは次のように言う。

「資本独占はそれとともにまたそのもとで開花したこの生産様式の桎梏となる。生産手段の集中と労働の社会化とは、それらの資本主義的な外皮とは調和しえなくなる一点に到達する。この外皮は粉砕される。資本主義的私的所有の弔鐘がなる。収奪者が収奪される」（I, S.791. ④一三〇六）。

以上のように、資本独占のもとで行われる「生産手段の集中と労働の社会化」が、人間と自然の破壊を引き起こしながらも、労働者階級の闘争を発展させ、「資本主義的私的所有」の廃棄に向かわせるのである（資本主義社会の矛盾のより詳しい考察は、本書、第12章で行う）。

九　結論——弁証法的矛盾と形式論理的矛盾

以上のように、マルクスの弁証法は弁証法的矛盾を核心とするものであることは明らかであろう。マルクスは、弁証法的矛盾を、「敵対」、「抗争」、「闘争」、「アンチノミー」、「パラドックス」など多様な仕方で論じている。それらはいずれも弁証法的矛盾の具体的な姿を示している。

(1) 弁証法的矛盾とは

では、弁証法的矛盾の一般的な規定をどうとらえるべきであろうか。それは次のように言うことができる。すなわち、弁証法的矛盾とは、現実の事物やそれを意識する認識や実践的な意志において、その契機（不可欠な構成要素）が相互に前提しあいながら、相互に排除しあい、そこから当の事物や認識や実践において自己否定が生じ、これが事物そのものや認識や実践の運動と発展の原動力になる、ということである。要約して言えば、①実在と意識における諸契機の相互前提と相互排除の中で、②当の実在や意識の自己否定がおこり、③これが運動と発展の原動力になる、ということである。ここで、①のみの関係であれば、それは「対立」であり、①、②、③が合わさって「矛盾」となる。

ここで重要なことは、この弁証法的矛盾を形式論理学における矛盾律を基準としてとらえるべきではないということである。アリストテレスは『形而上学』[2]において、矛盾律を「同じもの（述語）が、同時に同じ関係において、同じもの（主語）に属しかつ属さないことは不可能である」（一二三頁）と定式化した。ここで禁止される矛盾（形式論理的矛盾）とは、「ＳはＰである」とともに同時に同じ関係において「ＳはＰでない」と主張することである。ここで、Ａ（ＳはＰである）とＢ（ＳはＰでない）とは、相互前提の関係である必要はない。例えば「丸い四角」という形式論理的矛盾においては、Ａ（それは丸い）とＢ（それは四角である＝丸くない）とはなんら相互前提の関係にはない。ＡとＢとは相互に否定し合うだけである。ここから、ＡかつＢ（＝not A）という主張は不合理なものとして否定される。

弁証法的矛盾を、矛盾律が禁止する形式論理的矛盾であると主張する人の中には、形式論理的矛盾でなければ「矛盾」とは言えないと主張する人がある。しかしその場合、形式論理的矛盾が「矛盾」の基準になっているのではないだろうか。それでは、弁証法は形式論理学を超克しているといっても、矛盾律が基準となっている限りで、形式論理学を少しも超克していないのではないだろうか。弁証法的矛盾を主張したヘーゲルやマルクスは、現実の弁証法的矛盾を分析して、その構造を論じているのであって、形式論理的矛盾を基準にしているのではない。マルクスは、先にも見たように、矛盾律を破るような矛盾を「ありふれた矛盾」と呼び、弁証法的矛盾を「すべての運動の噴出源となっているヘーゲル的〝矛盾〟」というのである。

(2) 弁証法的矛盾と形式論理的矛盾

では、弁証法的矛盾と形式論理的矛盾とはどのように関係するであろうか。私は、実在の運動と発展の原動力となっている実在する事物の矛盾(資本と賃労働との矛盾、資本主義的大工業の矛盾、資本主義的生産による自然破壊、資本主義的蓄積の矛盾など)は、形式論理的矛盾ではないと考える。この場合、これらの弁証法的矛盾は、①実在の諸契機の相互前提と相互排除を含み、②当の実在の現状の自己否定となり、③それが運動と発展の原動力になっている。しかしここで、それらの実在における矛盾の諸契機(AとB)は、同時に同じ関係において、A(SはPである)かつB(= not A、SはPでない)のような形式論理的矛盾の関係にはなっていない。

資本と賃労働とは相互前提の仕方で両立しながら、資本は労働を搾取し長時間労働を押しつける。ここから両者の闘争が発展するのである。大工業は資本主義のもとで発展し、資本主義は大工業を不可欠のものとするが、しかし資本主義は大工業の本性と矛盾する。資本主義的生産は自然なしにはありえないが、しかし資本主義的生産は自然を破壊し、その合理的な解決が求められる。資本主義的蓄積は資本の富と労働者の貧困を拡大するが、ここで富の拡大と貧困の拡大とは不可分であり、両者が矛盾する。資本主義は以上のような矛盾をもち、同時に労働者階級の成長によって、その変革がせまられるのである。

これらに対して、実在の「当為」や「要求」における弁証法的矛盾（交換過程における矛盾）やそれを反映した「意志」における矛盾（商品所有者の意志における矛盾）や、認識上の弁証法的矛盾（資本の一般的定式の矛盾など）は、弁証法的矛盾の特徴である先の①、②、③を備えたものであるが、同時にそれらは、諸契機（AとB）とが同時に同じ関係において、AかつB（＝not A）となっている形式論理的矛盾である。

ただし、この実在の「当為」や「要求」における弁証法的矛盾は、もう少し説明が必要であると思われる。そこで次のような例を考えてみよう。現代資本主義において、「資本の生産力」は原子力発電の維持・増大を要求する。他方で「資本の生産力」への社会的規制の要求は、原発のリスクから原発からの脱却を要求する。ここで、資本主義のもとでともに要求される「原発の維持・拡大」の可能性と「原発からの脱却」の可能性とは、形式論理的矛盾をなす。しかし、これはアリストテレスも主張したように、実在の「可能態」における矛盾である。アリストテレスの矛盾律はこのような可能態における矛盾を禁止するものではない。

アリストテレスは、「相反する事物が同一のものから生成する」ということから、この「同一のもの」においては「同じものが同時に存在しまた存在しないということもありうる」と言う。しかしこでアリストテレスは、「可能態」と「現実態」とを区別する。「可能態においては同じものが同時に相反する二つのもののどちらでもあるが、完全現実態においてはそうではない」（一三八頁）。つまり、同一のもののなかに相反するものが存在することは不可能なこと、あるいは、同じものが存在すると同時に存在しないことは不可能なのは、現実態においてであって、可能態においてではない。可能態においては矛盾律が禁じるような矛盾が存在しうるのである。

次に、実在の要求を反映した「意志」における弁証法的矛盾は、交換過程における矛盾のように、商品所有者の意志における矛盾として、相互に排除しあう関係となる。それは形式論理的矛盾の形式をとる。しかしそれが単なる形式論理的矛盾と異なるのは、そのような矛盾が、人間の実践の原動力となり、貨幣などの新しい存在を生みだすことである。したがってそれは弁証法的矛盾なのである。

また、認識上の弁証法的矛盾も、形式論理的矛盾をなす。資本の一般的定式の矛盾は、認識上の弁証法的矛盾であり、かつ形式論理的矛盾である。ここでは、労働力商品の特殊性の発見によって、認識上の形式論理的矛盾が解決される。同時にそれは資本による労働の搾取の解明でもある。こうして、資本の本質についての概念的把握が行われるのである。

以上のように、弁証法的矛盾の独自性を明確にしてこそ、実在における「現実の矛盾」は「形式論理的矛盾」であるかどうかの論争も、より積極的な方向で解決できると、私は考える。

以上のことをまとめると、次の表のように整理できる。

実在の現実性における弁証法的矛盾　――　形式論理的矛盾ではなく、矛盾律に反しない。 （資本と賃労働など）
実在の可能性における弁証法的矛盾　――　形式論理的矛盾の形式をとるが、矛盾律には反しない。 （交換過程の実在の要求など）
認識や意志における弁証法的矛盾　――　形式論理的矛盾であり、矛盾律に反する。 （資本の一般的定式の矛盾など）

注

（１）拙著『弁証法的矛盾の論理構造』文理閣、一九九二年、参照。
（２）アリストテレス『形而上学』上巻、出隆訳、岩波文庫。引用では訳書の頁数のみを記す。

第9章　自由、平等、協同

はじめに

フランス革命において「自由、平等、友愛」というスローガンが掲げられたように、近代社会において、自由、平等、友愛がその代表的な価値として登場した。しかし、マルクスは、近代資本主義社会における「自由、平等、友愛」が、いかに現実の「不自由、不平等、敵対」に転化しているかを明らかにした。同時に彼は、近代資本主義社会はその矛盾の中からその変革の諸条件をつくりだしていること、そして資本主義社会の変革によってこそ、人間の真の「自由（Freiheit）、平等（Gleichheit）、協同（Assoziation）」を実現できることを主張した。マルクスにとって、自由、平等、協同が相互に結びついてこそ、その意義をもつものと考えられる。資本主義社会では、経済的な「自由」が「平等」や「友愛」を犠牲にして主張され、階級支配や厳しい競争によって、人間の「不平等」や人間相互の「敵対」が現実の姿になっている。マルクスは、諸個人の自由な発達は、貧富の格差の増大などに反対し、さらに階級の廃棄による平等の実現と結びつくこと、そしてそのような自由や平等は、諸個人の「協同」や「連合ないし団結（Vereinigung）」によってこそ実現されると考える。(1) 本章では、このようなマルクスにおける自由、平等、協同の思想について見てみたい。

一　人格的自由と共同社会

(1)『ドイツ・イデオロギー』における人格的自由

まず、マルクスがエンゲルスとともに史的唯物論の理論を確立した『ドイツ・イデオロギー』での議論から見ていこう。マルクスらは、人格的自由と共同社会とのかかわりを次のように述べている。

「共同社会（Gemeinschaft）においてはじめて、各個人にとって、その素質をあらゆる方面に発達させる（ausbilden）ための手段が存在するのであり、したがって、共同社会においてはじめて、人格的自由が可能になる。共同社会のこれまでの代用物、すなわち国家などにおいては、人格的自由は、支配階級の諸関係の中で発達した諸個人にとってだけ、そして、彼らがこの階級の諸個人であった限りでだけ、存在した。これまで諸個人がそこへと連合した外見上の共同社会は、つねに彼らに対して自立していたし、また同時に、それはある階級の他の階級に対する連合（Vereinigung）であったので、被支配階級にとってはまったくの幻想的な共同社会であっただけではなく、新たな桎梏であった。真の共同社会においては、諸個人は、彼らの協同（Assoziation）の中で、また協同をとおして、同時に彼らの自由を獲得する」（S.95f. 八五）。

ここでマルクスらが言う「人格的自由」とは、各個人がその素質をあらゆる方面に発達させうることである。それは、人間の「自己実現」である。しかし階級社会では、私的所有のもとで精神的労働と肉体的労働との分業が固定化され、人格的自由はわずかに支配階級の中で発達した諸個人に存在したにすぎない。

しかも「一定の諸条件の範囲で妨げられずに偶然性を楽しんでもよいというこの権利が、これまで人格的自由とよばれた。――これらの存在条件とは、もちろん、そのときどきの生産力と交通形態でしかない」(S.100. 八九)と言われるように、支配階級の人格的自由も、生産力や交通形態という諸条件に依存した偶然性の享受にすぎないのである。それに対して、階級支配のための幻想的な共同社会を変革して、分業にもとづく階級支配を廃止して、真の共同体を形成し、諸個人の協同をとおしてこそ、真の人格的自由が実現される、というのである。

このような人格的自由の実現は、階級支配のための連合や幻想的共同体ではなく、階級の廃止による真の共同体における諸個人の「協同」によってこそ達成されるとされる。ここでは、「平等」という言葉はないが、人格的自由の実現が「協同」とともに、階級の廃止という意味での「平等」と結びつけられている。こうして、マルクスにおいては、自由・平等・協同が相互に関連するのである。

さらに、このような真の共同体や諸個人の協同を実現する共産主義の運動について、マルクスらは次のように述べている。

「共産主義がこれまでのすべての運動から区別されるのは、それが、これまでのすべての生産関係や交通関係の基礎をくつがえし、すべての自然成長的な前提を、はじめて意識的にこれまでの人間たちの所産として取り扱い、それらの前提の自然成長性をはぎとり、そして、連合した(vereinigit)諸個人の力に服させる点においてである。それゆえ、共産主義の樹立は、本質的に経済的であり、この連合（Vereinigung）の諸条件を物質的につくり出すことであって、それは、現存の諸条件を連合の諸条件とするのである」（S.101. 八九）。

このように、マルクスらの共産主義は、「自由、平等、友愛」の理想を描くことではなく、私的所有に基づく従来のすべての生産諸関係や交通諸関係の基礎をくつがえし、現存の諸条件から出発して、これを諸個人の自由で平等な連合の諸条件につくり変える運動だというのである。

（2）『共産党宣言』における自由・平等・友愛

以上のように論じられた、自由、平等、協同について、マルクス、エンゲルスは『共産党宣言』でも明確に論じている。

この著作では、近代社会におけるブルジョアジーとプロレタリアートへの階級の分裂、近代ブルジョア社会における生産力の飛躍的な増大と資本主義の国際化、この膨大な生産力を統御できないことに起因する経済恐慌の周期的勃発、ブルジョア社会の発展によるプロレタリアートの団結の条件の形成、などを論じ、「ブルジョアジーの没落およびプロレタリアートの勝利はともに避けられない」（S.474. 七〇）と主張される。

そして共産主義革命ないし労働者革命の第一歩は、「プロレタリアートを支配階級に高めること、民主主義をたたかいとること」であり、ここでのプロレタリアートの国家による「所有権およびブルジョア的生産関係に対する専制的な介入」が、さしあたり次のような諸方策によって行われるとされる。すなわち、①土地所有の収奪および地代の国家支出への使用、②強度の累進税、③相続権の廃止、④すべての亡命者および反逆者の財産の没収、⑤国家資本および排他的独占をもつ国民銀行による、信用の国家の手への集中、⑥すべての運輸制度の国家の手への集中、⑦国民工場、生産用具の増加、共同の計画による耕地の開墾および改良、⑧万人に対する同等の労働義務、とくに耕地のための産業の創設、⑨農業および工業の経営の結合、都市と農村の対立の漸次的除去をめざすこと、⑩すべての児童の公的かつ無償の教育、今日の形態での児童の工場労働の除去、教育と物質的生産との結合、などである（S.481. 八五－八六）。

これらのうちのいくつかは、その後の資本主義国で、労働者階級の闘いの成果として、あるいは資本主義国家による社会的矛盾の緩和策として、部分的に実施されているものもある。しかも、強度の累進税、労働や産業の創設、すべての児童の公的で無償の教育などは、階級の廃止以前の段階からも、社会的・経済的な不平等を緩和し、平等を漸進的に実現するものとして重要な意味をもつものである。

そしてマルクスらは、共産主義革命ないし労働者革命の発展の過程で、真の自由、平等、協同が実現することを次のように言う。

「発展の過程で、階級の差異が消滅し、すべての生産が協同した（assoziirt）諸個人の手に集中されると、公的権力は政治的性格を失う。本来の意味での政治権力は、一つの階級が他の階級を抑圧するための組織された強力である。プロレタリアートが、ブルジョアジーに対する闘争において、必然的にみずからを階級へと連合し（vereinen）、革命によってみずからを支配階級とし、そして支配階級として強制力によって古い生産関係を廃止するときには、プロレタリアートは、この生産関係とともに、階級対立の、諸階級そのものの存在諸条件を、したがってまた階級としてのそれ自身の支配を廃止する。階級および階級対立をもつ古いブルジョア社会の代わりに、各人の自由な発達が万人の自由な発達の条件となる協同社会（Assoziation）が現れる」（S.482, 八六）。

以上のように、マルクスらは、共産主義社会を「各人の自由な発達」と「万人の自由な発達」が相互に結びつく「協同社会」として、まさに真の自由、平等、協同の実現として描いた。

マルクスはその後の経済学批判の研究をとおして、その現実的な条件を究明してゆく。そこで次に、『経済学批判要綱』におけるマルクスの自由、平等、協同論を見てゆきたい。

二　人類史の三段階

マルクスは『経済学批判要綱』において、人格と物件との関係の視点から人類史の三段階を次のように描いた。

「人格的な依存関係（最初はまったく自然生的）は最初の社会諸形態であり、この諸形態においては人間的生産性は狭小な範囲においてしか、また孤立した地点においてしか展開されない。物件的依存性のうえにきずかれた人格的独立性は第二の大きな形態であり、この形態において初めて、一般的社会的物質代謝、普遍的連関、全面的欲求、普遍的力能といったものの一つの体系が形成される。諸個人の普遍的な発展のうえにきずかれた、また諸個人の共同的、社会的生産性を諸個人の社会的力能として服属させることのうえにきずかれた自由な個性は、第三の段階である。第二段階は第三段階の条件をつくりだす」（II/1.1. S.90f. ①一三八）。

マルクスはこのように、⑴近代以前の社会における「人格的依存性」ないし人格的従属、⑵近代ブルジョア社会における「物件的依存性のうえにきずかれた人格的独立性」、⑶将来の共産主義社会における「諸個人の普遍的発展」と「諸個人の共同的、社会的生産性」のうえにきずかれた「自由な個性」という三段階をとらえることによって、第二段階の歴史的意義と、第三段階への展望を述べたのである。

このことは、人間の自由、平等、協同の歴史的発展を考えるうえでも重要である。近代ブルジョア社会は商品、貨幣、資本の社会的関係とその物件的な力によって、前近代的な共同体や家父長的関係、封建制度、ギルド制度などの「人格的依存性」ないし人格的従属の関係を突き崩した。そして諸個人は商品や貨幣や資本の所有者である限りで、すなわち「物件的依存性」のうえで、「人格的独立性」をきずきあげた。こうして近代的な自由と平等の基礎ができる。それは、私的な物質的利害と結びつく限りでの共同なのである。

しかし近代ブルジョア社会は、自然と人間との物質代謝を一般的社会的なものとし、諸個人の普遍的連関をつくりだし、欲求を全面化し、それを満たす力能を普遍化する。このような近代ブルジョア社会は、将来の共産主義のための諸条件をつくりだすのである。

そして商品、貨幣、資本という物件への依存や従属ではなく、諸個人が普遍的発展を遂げ、また諸個人の共同的、社会的生産性を諸個人の社会的力能として服属させることによって、「自由な個性」が発展する、とされる。ここでは諸個人の自由な発展、そのような諸個人の平等性、そしてそれを支える協同性の発展が考えられていると言えよう。

なお、「自由な個性」の発展と関わって、物件としての富に対して人間的諸力としての富とを対置した次のような議論も注目される。

「富とは一面では物件であって、人間が主体として相対するもろもろの物件、物質的生産物の形で現実化されている。……しかし実際には、偏狭なブルジョア的形態を剥ぎ取られてみれば、富とは普遍的な交換によってつくりだされる諸個人の諸欲求、諸能力、諸享楽、生産諸力、等々の普遍性でなくてなんであろうか？　富とは、自然諸力に対する、すなわち、いわゆる自然がもつ諸力ならびに人間自身の自然がもつ諸力に対する、人間の支配の十全な発展でなくてなんであろうか？　富とは先行の歴史的発展以外にはなにも前提しないで、人間の創造的諸素質を絶対的に表出することでなくてなんであろうか？　そしてこの歴史的発展は、発展のこのような総体性を、すなわち、既存の尺度では測れないような、あらゆる人間的諸力そのものの総体性を、その自己目的にしているのではないか？」（II/1.2. S.392. ②一三七－一三八）。

ここでは、マルクスにおける人間の自己実現としての自由のイメージがよく表現されている。また人間の誰もが、既存の尺度では測れないような人間的諸力の発展を自己目的にしうるということ、他人との比較ではなくて、むしろ誰もが自分自身の総体性を生産しうるということに、人間の真の平等があると言えよう。

そこで次に、このような壮大な歴史的展望のもとで、近代ブルジョア社会における自由、平等、共同のあり方とその根拠について、より詳しく見てみよう。

三　近代ブルジョア社会における自由、平等、共同

(1) 商品交換関係における自由、平等、共同的利益

マルクスは『経済学批判要綱』において、商品交換関係における自由、平等、共同利益について論じる。まず、商品交換者の相互の関係は「平等」である。商品を交換する主体の「経済的規定」は商品交換者ということである。「主体はどちらも交換者である。すなわち、どちらも相手が彼に対してもっているのと同じ社会的関連を相手に対してもっている。それゆえ交換の主体として、彼らの関連は平等（Gleichheit）である」（II/1.1. S.165, ①二七六）。

そしてこのような商品交換は「自由意志」による取引である。「商品所有者はその意志が自分たちの商品にしみこんでいる人格として、相互に承認しあう。したがってさしあたりここに、人格という法的契機、またそこに含まれる限りでの自由（Freiheit）という法的契機がはいってくる」（II/1.1. S.167. ①二七九）。

さらに、商品交換者は相互に自分の利己的利益をめざして交換を行う。商品交換には、交換者の「共同的利益（das gemeinschaftliche Interesse）」がある。それは「一般的利益」であるが、「一般的利益とは、利己的利益の一般性にすぎない」（II/1.1. S.168, ①二八〇）。この共同的利益は、「友愛」や「協同」ではなく、利己的利益の一般性にすぎないのである。

以上から、商品交換関係における自由、平等が次のようにまとめられる。

「経済的な形態すなわち交換が、あらゆる面からみて諸主体の平等を定立するとすれば、交換をうながす内容、すなわち個人的でもあれば物件的でもある素材は、自由を定立する。したがって平等と自由が、交換価値に基づく交換で重んじられるだけではなく、交換価値の交換があらゆる平等と自由の生産的で実在的な土台である。これらの平等と自由は純粋な理念としてはこの交換の観念化された表現にすぎないし、法律的、政治的、社会的な諸連関において展開されたものとしては、この土台が別の位相で現れたものにすぎない。……この自由と平等は、古代世界においても中世においてもまだ実現されていなかった生産関係を前提としている」（ibid. 同）。

近代市民社会において、自由・平等などは神から与えられた「自然権」であり、人間が生まれながらにもっている「天賦の人権」であると主張された。マルクスは、このようなイデオロギーの根拠、およびそれが法律的、政治的、社会的な諸連関において展開されることの根拠が、現実の商品交換関係における自由と平等にあることを明らかにしたのである。

しかし、このような商品交換の「表面」で現れる自由と平等は、ブルジョア社会においてはあくまでも「仮象ないし外観（Schein）」にすぎない。その「深部」においては、すなわち資本と賃労働との対立のもとでは、「外観上の自由や平等は消滅する」（II/1.1. S.171. ①二八五）。

『資本論』では、『経済学批判要綱』における議論がさらに展開される。『資本論』では、次のように述べられる。

「労働力の売買がその枠内で行われる流通または商品交換の場面は、実際、天賦の人権の真の楽園であった。ここで支配しているのは自由、平等、所有、およびベンサムだけである」（I.S.189. ②

三〇〇)。

これは、マルクスが『経済学批判要綱』において、自由・平等の人権という近代的観念は、商品交換関係に経済的基礎をもっていることを明らかにしたことを踏まえている。同時に、ブルジョア社会における中心的権利である「所有」が加わり、また「共同的利益」が「ベンサム」と表現されている。この「自由、平等、所有、ベンサム」のうち、まず、自由、平等、所有は次のように説明される。

「自由! というのは、一商品たとえば労働力の買い手と売り手は、彼らの自由意志によって規定されているだけだからである。彼らは、自由で法律上対等な人格として契約する。……平等! というのは、彼らは商品所有者としてのみ互いに関連し合い、等価物と等価物を交換するからである。所有! というのは自分のものを思いのままに処分する(verfügen)だけだからである」(I.S.189, ②三〇〇-三〇一)。つまり、商品流通の部面では、まさに、自由・平等・所有という原則が貫かれているのである。

そしてマルクスは、「ベンサム」と言う理由を説明している。

「ベンサム! というのは、両当事者のどちらにとっても、問題なのは自分のことだけだからである。……そして、このようにだれもが自分自身のことだけを考えて、だれもが他人のことは考えないからこそ、すべての人が、事物の予定調和に従って、またまったく抜け目のない摂理のおかげで、彼らの相互の利得、共同の効用、全体の利益という事業をなしとげるだけである」(I.S.189, ②三〇一)。

ベンサム(一七四八-一八三二)は、イギリス等で大きな影響力をもった思想家である。彼は、快楽の増大と苦痛の削減が人間の幸福であると考え、個人の幸福の追求の総和が社会の幸福となると考えた。そして、そのことに有益な（功利のある）社会政策を実行するべきだという「功利主義（utilitarianism）」を主張した。彼は「最大多数の最大幸福」をスローガンにして、資本主義社会の改良を主張した。しかし、マルクスが指摘したように、個人の幸福の総和が社会の幸福であるというのは、「抜け目のない」予定調和にすぎない。また彼は、社会の「表面」における「共同的利益」を見ただけで、その「深部」にある労働現場の厳しい現実をとらえていない。

これに対して、マルクスは、生産の現場に入って、資本主義社会の「深部」を暴露する。そして、「表面」での自由や平等などが、いかに不自由や不平等に転化してしまうかを明らかにするのである。

（2）資本－賃労働関係における不自由、不平等、非所有、敵対

マルクスは『資本論』において、資本が賃労働を支配して、労働時間を延長することによる「絶対的剰余価値」の生産においても、協業・マニュファクチュア・大工業へと社会的生産力を高めることによって労働力の価値の比率を低下させて剰余価値の比率を高める「相対的剰余価値の生産」においても、不自由、不平等、非所有、利害対立（敵対）が進行することを論じる。そしてそれらを次のようにまとめている。

「資本主義制度の内部では、労働の社会的生産力を高めるいっさいの方法は、個人的労働者の犠牲として行われるのであり、生産を発展させるいっさいの手段は、生産者の支配と搾取との手段に転化し、労働者を部分人間へと不具化させ、彼を機械の付属物へとおとしめ、彼の労働苦によって労働の

内容を破壊し、科学が自立的力能として労働過程に合体される程度に応じて、労働過程の精神的力能を労働者から疎外するのであり、またこれらの方法・手段は彼の労働条件をねじまげ、労働過程中ではきわめて卑劣で憎むべき専制支配のもとに彼を服従させる」（I.S.674. ④一一〇八）。

ここには、社会的生産力の増大と個人的労働者の犠牲、労働者の部分人間化、労働苦、精神的力能の疎外、資本の専制支配という、不自由、不平等、敵対の現実が論じられている。

また、マルクスは、「資本主義的蓄積の法則」を論じて次のように言う。

「資本主義的蓄積の法則は、資本の蓄積に照応する貧困の蓄積を条件づける。したがって、一方の極における富の蓄積は、同時に、その対極における、すなわち自分自身の生産物を資本として生産する階級における、貧困、労働苦、奴隷状態、無知、野蛮化、および道徳的退廃の蓄積である」（I. S.675. ④一一〇八）。

これは、一方での所有と、他方での非所有が極まった状態であり、不平等の極端な増大である。それは、資本と賃労働との敵対の関係でもある。

四　所有法則の転換

マルクスは、商品交換における「自由、平等、所有、共同利害」が、資本主義的生産における「不自由、不平等、非所有、敵対」に転化する問題を、商品交換における所有法則が、資本主義的生産における取得法則に転換する問題としても考察した。マルクスはすでに『経済学批判要綱』において、

「所有権の弁証法的転回」（II/1.2. S.366, ②九七）として論じた。この問題は『資本論』では、将来社会における「個人的所有の再建」（本書、二八三－二八四頁、参照）を見通した議論がされている。マルクスは次のように言う。

「商品生産および商品流通に基づく取得の法則または私的所有の法則は、明らかに、それ独自の内在的で不可避な弁証法によって、その直接の対立物に転換する」（I. S.609, ④一〇〇〇）。

この「弁証法」は次のように展開される。

商品生産および商品流通の法則によれば、資本家は貨幣所有者であり、労働者は労働力という商品の所有者であり、法律的には、資本家も労働者も自分の所有物に対して「自由な処分権（freie Verfügung）」をもっている。そして、彼らは貨幣と労働力とを価値どおりに等価で交換し、お互いに欲しいものを手に入れる。これが商品生産ないし商品流通における取得法則ないし私有法則である。

しかし、このような、自由で対等な交換という法則が、他人の不払い労働の取得と、不払い労働の絶えざる支配という、不平等で不自由な取得の法則ないし私的所有に転換するのである。マルクスはこの転換をさらに説明する。

「資本家と労働者とのあいだの交換関係は、流通過程に属する外観にすぎないものとなり、内容そのものとは無縁な、内容を神秘化するにすぎない単なる形式になる。労働力の不断の売買は形式である。内容は、資本家が絶えず等価なしに取得し、すでに対象化された他人の労働の一部分を、より大きな分量の生きた他人の労働と絶えず繰り返し取り替えるということである」（I.S.609, ④一〇〇〇－一〇〇一）。

こうして、流通過程の「外観」や「形式」と、その「内容」はまったく反対のものになっている。等価交換という「外観」や「形式」は、他人の不払労働の絶えざる支配という「内容」をおおい隠すのである。ここからマルクスは次のように述べる。

「所有権（Eigentumsrecht）は、最初は、自分の労働にもとづくものとしてわれわれに現れた。少なくとも、この仮定が妥当しなければならなかった。なぜなら、平等な権利をもつ商品所有者だけが相対するのであって、他人の商品を取得するための手段は自分の商品を譲渡することだけであり、そして自分の商品はただ労働によってのみ生産されうるものだからである。所有は、いまや、資本家の側では他人の不払い労働またはその生産物を取得する権利として現れ、労働者の側では自分自身の生産物を取得することの不可能性として現れる。所有と労働との分離は、外観上は両者の同一性から出発した一法則の必然的帰結となる。」（I. S.609f. ④一〇〇一）。

これが、近代的な所有権の本質である。所有権とは、物件を所有する権利であり、最初は自分の労働の生産物を所有すると仮定された。しかし所有権は、生産手段を所有する者にとっては、他人の不払い労働とその生産物を取得する権利として現れる。他方で、同じ所有権が、生産手段を所有しない者にとっては、自分の労働が他人によって支配され、自分の労働の生産物が他人の所有物になるものとして現れる。つまり、所有権は資本主義的取得の権利となるのである。

ここから、マルクスは次のように言う。「資本主義的取得様式は、商品生産の本来の法則とどんなに矛盾するように見えるにしても、それは決してこれらの法則の侵害から生じるのではなく、むしろ反対にその適用から生じるのである」（I. S.610. ④一〇〇一）。

商品生産の所有法則によれば、商品交換によって手に入れた物件は自由に処分できる。資本家は労働者と賃金や労働時間を取り決めた契約によって労働力を購入して、この労働力を自由に処分する。これは、商品生産および商品交換の法則である。しかし、資本家はこの法則に従って行動することによって、労働力の自由な処分によって、労働者の不払い労働による剰余価値を手に入れるのである。これが、資本主義的取得の法則である。後者の法則は前者の法則をなんら侵害するものでなく、その適用にすぎない。しかし、商品生産の法則は「自分の労働の成果への所有権」を前提していたが、資本主義的取得の法則は「他人の労働の成果への所有権」を結果するのである。

この点で、マルクスは「貨幣の資本への最初の転化は、商品生産の経済法則とそこから派生する所有権にもっとも厳密に一致して行われる」（I, S.611, ④一〇〇三）と言う。ここからマルクスは、次のように言う。「商品生産がその自身の内在的法則によって資本主義的生産に成長していくのと同じ程度で、商品生産の所有法則は資本主義的取得の法則に転換するのである」（I, S.613, ④一〇〇六）。

こうして、商品生産の所有法則（自分の労働にもとづく所有権、自由で対等な交換）は、資本主義的取得法則（他人の不払い労働の取得、他人の不払い労働の生産物の所有）に必然的に転換するのである。つまり、商品生産と商品交換における「自由、平等、所有、共同的利益」は、資本主義的生産における「不自由、不平等、非所有、利害対立」に転化するのである。

五　工場法は労働者の「マグナ・カルタ」

これに対して、資本主義的生産における不自由、不平等などを克服しようとする運動も起こる。その典型が、一九世紀のイギリスの労働者がたたかいとった「工場法」である。マルクスはこれを高く評価した。この点を見てみよう。

マルクスは、労働市場での労働力商品の「自由な」売買をふり返りながら、次のように述べている。「市場では、労働者は、『労働力』商品の所有者として、他の商品所有者と向き合ったのであり、商品所有者が商品所有者と向き合ったのである。労働者が自分の労働力を資本家に売るときに結んだ契約は、彼が自分自身を自由に処分する（frei über sich selbst verfügen）ものであることを、はっきりと証明した」（I. S.319. ②五二四‐五二五）。しかしその取引が終わった後になって、労働者は「なんら自由な行為者（freier Agent）ではなかった」と分かるのである。

労働力商品の売買における、自由・平等・所有・共同的利益の「天賦の人権の真の楽園」は、労働力商品の売り手である労働者にとっては、不自由・不平等・非所有・不利益であり、労働苦と奴隷状態であり、健康と生命が奪われる「地獄」に変わったのである。

そこで、労働者たちは労働時間を制限するためにたたかい、「工場法」を獲得した。このことをマルクスは次のように言う。

「労働者たちは頭を寄せて結集して、階級として一つの国法〔工場法〕を、資本との自由意志契約によって自分たちと同族を売って、死と奴隷状態とにおとしいれることをみずから阻止する超強力な社会的防御手段を、力で獲得しなければならない。〝譲ることのできない人権〟のはでな目録に代わって、法律によって制限された労働時間というつつましいマグナ・カルタ（Magna Charta）が登場する。それは『労働者が販売する時間がいつ終わり、彼ら自身のものになる時間がいつ始まるかを、ついに明確にする』。なんと大きく変わったことか！」（I. S.320, ②五二五）。

ここで、「譲ることのできない人権」のはでな目録とは、「天賦の人権」をうたったフランス人権宣言などの近代の人権宣言をさす。しかし、これらの人権宣言は、資本家の搾取の権利は実現しても、労働者の権利を守ってくれない。それに代わって登場したのが、工場法である。マルクスは、工場法を「マグナ・カルタ」（大憲章）にたとえた。「マグナ・カルタ」とは、一二一五年にイギリスの貴族たちが王の専制的権力を制限した歴史的文書である。(2) イギリスではこれが近代の「人権宣言」の源流となり、「立憲主義」の基礎となった。マルクスは、工場法を「マグナ・カルタ」にたとえることによって、それが労働者の人権の確立の出発点となることを述べているのである。「工場法」は労働時間の制限とともに、工場で働く子どもの学校教育、工場の安全管理を工場主に義務づけ、それを監視する工場監督官をおいたのである。それは、一八世紀の「人権宣言」にある、人身の自由、言論・思想の自由、信教の自由、所有権などの「自由権」に対して、国家が国民に保障する「社会権」の出発点でもある。マルクスの思想には、「自由権」を超えて「社会権」への確立にいたる人権論の発展があると言える。

さらにマルクスは、注で、工場監督官の次の言葉を引用している。「それら」（工場法）「は労働者たちを自分自身の時間の主人にすることによって、彼らがいつかは政治的な力をもつにいたることを可能にする精神的エネルギーを彼らに与えた」（I, S.320. ②五二六）。労働者が「自分の時間の主人」になることは、そこから「精神的エネルギー」を得て、いつかは「政治的な力」をもつにいたるというのである。この言葉は、工場法の獲得の運動とともに展開された、チャーチスト運動をまの当たりに見た工場監督官の予測である。

こうして、労働時間の制限による自由時間の獲得は、労働者階級の健康回復だけでなく、労働運動や政治活動、そして精神的発達にとっても不可欠である。人間の自由にとっての自由時間の意義を強調したことは、マルクスの功績の一つである。

このような『資本論』やその執筆時期の自由時間をめぐる議論は、すでに『経済学批判要綱』において準備されていた。マルクスは、チャールズ・ウェントワス・ディクルが「富とは、自由に処分できる時間である」と言ったこと（②四九一、注（14）参照）に基づいて、次のように言う。

「富とは、剰余労働時間（実在的な富）への指揮権ではなく、各々の個人と社会のために、直接的生産に使用される時間以外の、自由に処分できる時間（disposable time）である」（II/1.2. S. 582. ②四九一）。

そして「自由な時間とは、すべて、自由な発展のための時間なのであるから、資本家は労働者によってつくりだされた、社会のための自由な時間、すなわち文明を横領するのである」（II/1.2. S. 519. ②三八〇）。このような自由時間をめぐる対立についてマルクスは次のように述べている。

「資本の傾向はつねに、一方では、自由に処分できる時間を創造することであるが、他方では、それを剰余価値に転化することである」（II/1.2. S. 584f. ②四九四）。

ここに、資本の歴史的意義とその矛盾がある。このような矛盾を克服して、社会主義・共産主義の社会を形成できれば、人間の自由、平等、協同は飛躍的に発展する（この問題は、資本主義の矛盾と将来社会論として、本書第12章で論じる）。

六　労働組合と自由、平等、協同

マルクスは「国際労働者協会（die Internationale Arbeiter-Assoziation）」の創立に参加し、「創立宣言」（一八六三年）などを起草するとともに、国際労働者協会において様々な演説や指示を行っている。マルクスは「創立宣言」で次のように言う。「成功の一つの要素を労働者階級はもっている――人数である。だが、人数がものをいうのは、結合（Kombination）が労働者階級を団結させ（vereinen）、知識が労働者階級を導く場合だけである」（Bd.16, S.12 ⑯一〇）。

ここで、「結合」とは資本が生産力を高めて労働者の搾取を増大させるために行う労働者の結合である。それに対して、「団結」は労働者自身による自覚的な結びつきである。「結合」と「団結」のこの区別は『資本論』でも行われている。資本による「結合」だけでは労働者は闘えない。それはむしろ労働者の選別や分断もともなう。労働者はそれに抗して「団結」しなければならないのである。まず、ここに「協同」の意義がある。

そしてマルクスの「個々の問題についての暫定中央評議会代議員への指示」（一八六七年）から、労働者の自由、平等、協同に関わるいくつかの議論を見ておこう。

(1) 自由時間獲得の意義

マルクスは労働時間の制限の意義を次のように強調する。

「労働時間の制限は、それなしには、いっそう進んだ改善や解放の試みがすべて失敗に終わらざるをえない先決条件であると、われわれは宣言する。それは、労働者階級、すなわち各国民中の大多数者の、健康と身体的エネルギーを回復し、精神的発達、社会的交流、そして社会的活動および政治的活動を可能にするために必要である。われわれは、労働時間の法定の限度として八時間労働を提案する」(Bd.16, S.192, ⑯一九一)。

このように、労働時間の制限による自由時間の獲得は、労働者階級の健康回復、精神的発達、そして労働組合運動や政治的活動などにとって不可欠なのである。この議論が先に見たように、『資本論』でも強調されたのである。

(2) 協同組合労働の意義

マルクスはまた、「協同組合労働」(Kooperativarbeit) について次のように述べている。

「われわれは、協同組合運動が、階級対立に基礎をおく現在の社会を改造する諸原動力の一つであることを認める。この運動の大きな功績は、資本に対する労働の隷属に基づく、窮乏を生み出す現在の専制的制度を、自由で平等な生産者の協同 (die Assoziation von freien und gleichen Produzenten) という、共和的で福祉をもたらす制度によって置き換えることが可能だということを、実践的に証明する点にある」（Bd.16, S.195, ⑯一九四）。

しかし、協同組合運動だけでは資本主義社会の変革はできない。マルクスは先の言葉に続けて次のように言う。「社会的生産を自由な協同組合労働の一つの包括的な、調和のある制度に転化するためには、全般的な社会的変化、社会の全般的条件の変化が必要である。この変化は、社会の組織された力、すなわち国家権力を、資本家と地主の手から生産者自身の手に移す以外の方法では、けっして実現することはできない」（ibid. 同）。

また、協同組合が、普通のブルジョア的な株式会社に堕落する可能性もある。このことを防ぐためには、「協同組合に働くすべての労働者は、株主であってもなくても、平等の分け前を受け取らなければならない。たんに一時的な便法として、低い率の利子を受け取ることには、われわれも同意する」（Bd.16, S.196, ⑯一九五）とされる。

このように、「協同組合運動（Kooperativbewegung）」はまさに「協同（Assoziation）」の運動であるが、資本主義制度に代わる「自由で平等な生産者の協同」という新しい社会の可能性を示すものなのである。しかもこの運動は、国家権力を生産者の手に移す政治的な運動と結びつかなければならず、協同組合の経営そのものが「協同」の精神を発揮して労働者の平等な分配を原則とするものでなければならないのである。

（3）労働組合の過去、現在、未来

マルクスは同じ「指示」の中で、「労働組合。その過去、現在、未来」と題して労働組合の役割を論じた。まず「その過去」について次のように言う。

「資本は集積された社会的力であるのに、労働者が処理できるのは自分の労働力だけである。したがって、資本と労働との間の契約は決して公正な（gerecht）条件にもとづくものではありえない。……労働者のもつ唯一の社会的力は人数である。しかし人数の力は不団結（Uneinigkeit）によってくじかれる。労働者の不団結は労働者の間の避けられない競争によって生み出され、維持される」（Bd.16, S.196, ⑯一九五）。

ここから生まれたのが労働組合である。

「もともと、労働組合（Gewerksgenossenschften）は、この競争をなくするか、少なくとも制限して、せめて単なる奴隷よりはましな状態に労働者を引き上げるような契約条件をたたかいとるための、労働者の自発的な（spontan）試みから生まれた。だから、労働組合の直接の目的は、日常の要求を満たすことに、資本の絶え間ない侵害を防止するための手段に限られていた。一言でいえば賃金と労働時間の問題に限られていた」（ibid., 同）。

同時に労働組合は、労働者階級の組織化の中心となっている。

「労働組合は、みずからそれと自覚せずに、労働者階級の組織化の中心（Organisationszentren）となってきた。それはちょうど、中世の市役所や自治体（Gemeinden）がブルジョア階級の組織化の中心となったのと同じである。労働組合は、資本と労働の間のゲリラ戦にとって必要であるならば、賃労働と資本の支配という制度そのものを廃棄するための組織された力として、さらにいっそう重要である」（Bd.16, S.197, ⑯一九五‐一九六）。

こうして、労働組合は労働者階級の組織化の中心として、資本主義制度そのものを廃棄する運動をになう「組織された力」になりうるのである。ここから、マルクスはさらに、労働組合が「その現在」において、それが「その偉大な歴史的使命にいくらか目覚めつつあるように見える」として、さらに「その未来」について次のように言う。

「いまや労働組合は、その当初の目的以外に、労働者階級の完全な解放という広大な目的のために、労働者階級の組織化の中心として意識的に行動することを学ばねばならない。労働組合は、この方向を目指すあらゆる社会運動と政治運動を支援しなければならない。労働組合は、全労働者階級の闘士、代表として自認し、行動するのであれば、その外部の人々をその隊列に引き入れなければならない。労働組合は、特に不利な状況のために無力化されている農業労働者のような、賃金の最も低い業種の労働者の利益を注意深く配慮しなければならない。労働組合の努力は、狭い利己的なものではけっしてなく、抑圧された幾百万の大衆の解放を目標とするものだということを、全世界に確信させなければならない」（Bd.16, S.197f, ⑯一九六）。

このように、労働組合は労働者が自らの「自由（解放）、平等（反格差）、協同（団結）」を実現するための自発的で自覚的な組織として位置づけられる。労働者階級は、資本の支配を廃棄して自由（解放）を獲得していくためにも、労働者自身の間での競争をなくし、最も不利な労働条件におかれている労働者の利益を配慮するなど、労働者間の平等と団結を追求すべきこと、また労働組合以外のあらゆる社会運動や政治運動とも共同し連帯して、すべての抑圧された大衆の解放を目指すものでなければならないこと、が主張されている。

七　「人間と自然との物質代謝」と人間の自由

人間の自由を考えるうえで重要な視点の一つは、人間と自然との関係である。マルクスは、リービッヒから学んで「人間と自然との物質代謝」という視点を『資本論』で取り入れている。

まず、労働が次のように定義される。「労働とは、人間が自然とのその物質代謝を自分自身の行為によって媒介し、規制し、制御する一過程である」（I, S.192, ②三〇四）。人間の生活は、自然とのあいだで物質をやりとりする（物質の摂取・加工・消費・廃棄する）過程であり、人間はその活動を労働によって目的意識的に規制し、制御するのである。

しかも労働の過程は、自然物を労働対象や労働手段にするものであり、労働そのものが自然の必然性に従うのである。マルクスは次のように言う。「人間は、彼の生産において、自然と同じように振舞うことができるだけである。すなわち、素材の形態を変えることができるだけである。それだけではない。形態を変える労働そのものにおいても、人間は絶えず自然力に支えられている」（I, S.57f. ①七三）。

さらに、マルクスによれば、「労働の生産力」は、労働の熟練や生産過程の社会的結合などだけでなく、「自然的諸関係」によって規定される。例えば、豊作・凶作を左右する気象条件や鉱山の豊かさなどである。富の源泉は労働と自然であるが、それは、自然の根源性を前提としたものである。労働は人間の目的意識的な活動である。しかしその目的意識性は自然の根源性と自然の必然性を前提としたものである。したがって、労働における人間の自由は、「人間と自然との物質代謝」を合理的に制御することにあるのである。

しかし資本主義的生産は、この「人間と自然との物質代謝」を撹乱する。「資本主義的生産は、それが大中心地に堆積させる都市人口がますます優勢になるに従って、一方では、社会の歴史的原動力を蓄積するが、他方では、人間と土地とのあいだの物質代謝を、すなわち、人間により食料および衣料の形態で消費された土地成分の土地への回帰を、したがって持続的な土地豊度の永久の自然条件を、撹乱する」（I. S.528. ③八六七－八六八）。

大工業の発展によって、資本主義的生産は、「人間と土地とのあいだの物質代謝」を撹乱し、食料や衣料の仕方で消費された土地成分を土地から奪ってしまい、したがって土地の豊度を奪ってしまう。そこで、その解決がせまられる。

「資本主義的生産は同時に、あの物質代謝の単に自然発生的に生じた状態を破壊することを通じて、その物質代謝を、社会的生産を規制する法則として、また十分な人間的発達に適した形態において、体系的に再建することを強制する」（I. S.528. ③八六八）。

資本主義的生産においても、人間と土地との物質代謝が撹乱され破壊され続けると、人間の生存も生産活動も保障できない。そこで、資本主義的生産は、物質代謝の再建を強制される。それは、人間と土地との物質代謝を、社会的生産を規制する法則として確立し、この法則にのっとって、しかも、人間らしい発達に適した形態で再建することである。しかしこの要求は、資本主義的生産の法則と衝突する。資本主義的生産は、自然と土地との物質代謝の「体系的な再建」という点でも、変革を迫られるのである。この点は、今日の環境問題を考えるうえでもきわめて重要である。

以上の点を踏まえて、『資本論』第三巻における「必然性の国」と「自由の国」の議論では、労働時間である「必然性の国」における自由が次のようにとらえられている。

「この領域〔必然性の国〕における自由は、ただ、社会化された人間、協同化した（assoziiert）生産者たちが、盲目的な力によって支配されるものとしての、人間と自然との物質代謝によって支配されることをやめて、この物質代謝を合理的に規制し（rationell regeln）、自分たちの共同の制御（gemeischaftliche Kontrolle）のもとにおくということ、つまり、力の最小の消費によって、自分たちの人間的本性（menschliche Natur）にもっともふさわしく、最も適合した諸条件のもとで、この物質代謝を行うこと、この点にだけありうる」（Ⅲ, S.828, ⑬一四三四－一四三五）。

ここでは、「必然性の国」では、社会化された人間、協同化した人間が、人間と自然との物質代謝を、合理的に規制し、共同の制御のもとにおいて、力の最小の消費で人間的本性（人間的自然）にもっともふさわしい条件の下で物質代謝を行うこと、ここに、人間の自由があるとされる。このような視点をマルクスの自由論の基礎におかなければならないであろう。

八　まとめ――マルクスにおける自由・平等・協同

以上からマルクスの「自由・平等・協同」論を次のようにまとめることができるであろう。

第一に、人間の自由とは、各個人の素質をあらゆる方面に発展させることができることである。つまり、自由とは個人の自己実現であり、これが「人格的自由」と呼ばれる。そのような人格的自由の実現のためには社会的な「協同」が不可欠である。近代市民革命では「友愛」がスローガンに掲げられ、ブルジョアジー・農民・労働者らが絶対王政とたたかった。そして、「人権宣言」が発表されて、封建的な身分制を否定する「平等」と市民の「自由」が主張された。市民の自由とは、言論・出版・思想・信仰などの精神的自由、身体的自由、所有権と経済活動の自由、政治活動の自由などである。また、マルクスはこのような自由・平等・友愛の根拠は、近代市民社会の形成期に発展した商品交換における「自由・平等・共同的利益」にあると主張した。

第二に、資本主義的な「自由・平等・友愛」だけでは、労働者にとっての「自由・平等・共同的利益」の実現にはならない。それはむしろ「不自由、不平等、敵対」に転化する。そこで、「工場法」による労働時間の制限や、働く子どもの教育や工場の安全管理が必要となる。労働時間の制限は労働者に自由時間を保障し、健康の回復、労働運動や政治活動を行う時間を保障し、また精神的発達をとげる条件となる。それは、労働者が「自分自身の時間の主人」となって、「主体」をとりもどすことである。

こうして、労働者の「人格的自由」の実現のためには、労働者の団結という「協同」の力によって、「自由権」とともに「社会権」、「参政権」を含む「社会的自由」が必要なのである。それは、富と貧困の格差を制限するという意味での「平等」の前進にもなる。

第三に、さらに、「人格的自由」の実現のためには、労働における「人間と自然との物質代謝」の合理的な規制と共同的な制御が必要である。また、社会の経済・政治・行政などを民主主義的に制御することも必要である。こうして、「人間と自然との物質代謝」および「社会的諸関係」の合理的・共同的制御が、「人格的自由」にとって不可欠なのである。

第四に、「人格的自由」の本格的な発展や、階級の廃止としての「平等」、および各人の自由な発達が万人の自由な発達の条件である「協同社会」の実現は、共産主義社会の課題となるのである。

注

（1）マルクスにおける「協同（Assoziation）」を考える上で、田畑稔『マルクスとアソシエーション』（新泉社、一九九四年）は重要な文献である。特に、資本による労働者の「コンビネーション」（Kombination）と労働者自身の自発的な「アソシエーション」（Assoziation）との区別を明確にしている。ただし、田畑氏は、„Vereinigung"を『ドイツ・イデオロギー』では„Assoziation"と同様に重視しているが、他の著作ではそうではない。しかし私は、マルクスの他の著作においても、それらは同じく重要であると考える。

また、石井伸男「『自由、平等、友愛』と協同社会主義」（後藤道夫編『新たな社会への基礎イメージ』大月書店、一九九五年、所収）は、マルクスの社会主義構想は、アソシエーションを基礎として、「自由、平等、友愛」という三位一体の理念を継承するものであることを論じている。この指摘は重要である。しかし石井論文では、マルクスが資本主義的な「自由、平等、友愛」の矛盾を徹底的に批判して、これに対して、マルクス自身の「自由、平等、協同」の思想を対置したという点は必ずしも明確ではない。本章の課題はこのマルクスの主張を明らかにすることである。

さらに、マルクスの平等論について、マルクスは社会的な特権や抑圧に対する反対者であっても、平等主義者ではなく、むしろ平等理念への反対者であった、という議論もある（Cf. Allen Wood, Marx and Equality, in : John Mepham & D-H.Ruben (ed.), *Issues in Marxist Philosophy*, Vol.4, Harvester Press, 1981)。本章および本書第12章第四節はこのような議論への批判でもある。

（2）高木八尺・末延三次・宮沢俊義編『人権宣言集』岩波文庫、参照。

第10章　家族と市民社会

はじめに

エンゲルスの『家族・私有財産・国家の起源』は有名である。しかしマルクスには家族論の著作はない。マルクスは、人間社会とその歴史を科学的に解明する理論として、史的唯物論を提唱した。では、「家族」は史的唯物論の基礎理論の中でいったいどのように位置づけられているのであろうか。また、マルクスは『資本論』で資本主義経済のしくみについて詳しい研究を行った。では、その中で、家族の問題はどのように論じられているのであろうか。この点について、フェミニズムの一部からは、「マルクスは、家族の分析を『安んじて』放棄した」という批判もある。この批判ははたして正しいであろうか。本章ではこれらの問題について考えたいと思う。

そのために、まず第一に、ヘーゲル『法の哲学』における家族と市民社会の問題を取り上げたい。というのは、ヘーゲルの議論の中で近代家族の理論が典型的に示されているからである。また、それはマルクスの家族論を検討するうえでもふまえておくべき議論だからである。第二に、マルクスが史的唯物論について論じた著作の中で、彼が家族をどのように位置づけたかを明らかにしたい。ここでは家族と市民社会との関係が焦点になる。さらに第三に、マルクスは『資本論』の中で、資本主義的生産様式のもとでの家族の問題をどのように論じたかを見てみたい。この点についても、『資本論』を丹念に読めば、さまざまな論点が浮かび上がってくるであろう。このような視点から、マルクスにおける「家族と市民社会」について考えたいと思う。

一　ヘーゲルにおける家族と市民社会

ヘーゲルは『法の哲学』（一八二一年）[1]において、「抽象法」、「道徳」、「人倫」からなる実践哲学の体系を論じた。この中の「人倫」では、家族・市民社会・国家という社会制度の中での人間の主体的な生き方がテーマとなる。ここでは、家族と市民社会との関係を中心に見ておきたい。

(1) ヘーゲルの家族論

ヘーゲルによれば、家族は、人間の社会的結合のもっとも直接的なあり方であり、「愛」を原理としている（§一五八）。愛とは、自己と他者とが一体であると感じる感情であり、また一体であろうとする感情である。そして家族は「婚姻」によって成立する。婚姻の主観的な出発点は、恋愛であったり両親のはからいであったりするが、しかし婚姻の客観的な出発点は、「両人格の自由な同意であり、しかも自然的で個別的な人格性を一体性の中で放棄して、一人格をなそうとすることへの同意」（§一六二）である。これは、婚姻が両性の合意にもとづいて成立するという近代的な思想である。そしてヘーゲルは、愛と信頼、共同にもとづく一体性にこそ、「自由」（Befreiung）があるという。

また、このような婚姻の概念にもとづけば、婚姻は本質的に「一夫一婦制」でなければならない。なぜなら、婚姻はもともと個別的な人格相互の関係なのであり、婚姻の真実性と精神性は「人格性の分離されない相互的な献身からのみ生じる」（§一六七）からである。つまり、両人格が相互に結合し相互に献身しあう婚姻形態は、一夫一婦制なのである。そして、もしも婚姻を成立させている条件がなくなれば、婚姻は解消され、法的にも承認されて離婚に至る（§一七六）。ここにも、ヘーゲルの婚姻論の近代性がある。

しかし、ヘーゲルは、男女の性的役割分担を明確に主張する。「男性は対外関係においてたくましく活躍するものであり、女性は受動的・感情的で主観的なものである」（§一六六）。だから夫は、国家、学問、外での労働、戦いにおいて役割をはたし、妻は家族の中で役割をはたす。ヘーゲルは講義の中では「女性が政治の頂点に立てば、国家が危険に陥る」（§一六六、追加）とも言う。

また、家族は、共同の財産として「資産」をもつ。そのさい、法的人格としての家族を代表するのは、「家族の長」（Haupt der Familie）としての夫である。夫は外に出て所得を手に入れ、家族の資産を配分し管理する役目がある（§一七一）。

さらに、家族の重要な役割は、子どもの教育である。「子どもは共同の家族資産で扶養され教育される権利をもっている」（§一七四）。子どもの教育には二つの役割がある。それは、まず、子どもが愛と信頼と従順のうちで育っていくようにする役割がある。これは、子どもに倫理的な共同性を身につけさせることである。次に、教育には、子どもの自立性と自由な人格性を育てる役割がある。これは子どもに独立して生活する力を身につけさせることである。そして、子どもは家族から独立して、家族を離れていく。このように、ヘーゲルは、夫婦と子どもからなる小家族を基本に考えているのである。

(2) ヘーゲルにおける家族、市民社会、国家

次に、「市民社会」は多数の家族からなる。各家族はそれぞれ「独立の具体的人格」としてふるまう(§一八二)。市民社会を構成するものは、特殊な利害関係をもった具体的人格である。つまり市民社会では、家族を代表する男性が「具体的人格」として想定されている。そして、各人格は「欲求のかたまり」として、利己的利益を追求する(§一八二)。各人格は欲求を満たすために労働し、労働の成果を交換し、消費する。また、そのための経済的な仕組みをつくりあげていく。こうして市民社会は「欲求の体系」をなすのである。「欲求の体系」の中で、各個人は厳しい労働をとおして教育され、陶冶される。

同時にまた、市民社会は、各人格の生計と福祉を人格相互の依存関係の中で保障する仕組みをつくりあげる。その意味で、市民社会は「全面的依存の体系」でもある(§一八三)。それは、諸個人の権利を保障し、争いを調停する「司法」や、公益事業、教育、貧困対策などを行う「内務行政」によって具体化される。また、商工業者は、「職業団体」(Korporation)を組織して、相互の共通の利益をはかり、成員の能力形成などを行う。

しかし、市民社会の中では、富と貧困との矛盾が現れる。市民社会では莫大な富が築かれる。しか

し他方で、分業が進み、一面的な労働も増大する。そして「このような労働に縛り付けられた階級の従属と窮乏が増大する」（§二四三）。さらに、失業者や浮浪者があふれるようになる。彼らが、権利感情、遵法感情、そして自分の労働によって生活を維持する誇りまで失うと、彼らは「賤民」となる（§二四四）。こうして「市民社会は富の過剰にもかかわらず、十分には富んでいないことが、すなわち貧困の過剰と賤民の出現を防止するほどに十分な資産をもっていないことが暴露されるのである」（§二四五）。ヘーゲルは、市民社会の中ではこのような矛盾は解決できないと考える。

そこで、ヘーゲルが期待をかけるのは、「国家」である。ヘーゲルは「国家」によって、家族のうちにあった共同性と一体性を社会の中にとりもどして、市民社会の分裂状態を解決しようとする。そのさい、市民社会の中で重要な役割をはたすと考えられるのは、商工業市民たちがつくる「職業団体」である。「婚姻の神聖と職業団体における誇りは、市民社会の無秩序がそれを軸として〔国家へと〕回転する二つの契機である」（§二五五）。

ヘーゲルが具体的な自由の実現を可能にするものとして描いた「国家」は、「立憲君主制」の国家である。それは、世襲制の君主（君主権）、行政機関（統治権）、市民社会の代表が参加する議会（立法権）の権限を定め、それらの一体性によって国家の主権を発揮するというものである。このような国家の構想は、ナポレオン没落後のウィーン体制のもとで絶対君主制の復活がとなえられていた当時の政治状況の中では、進歩的な意味をもつものであった。しかしながら、このような国家によって、市民社会の矛盾の解決や人間的自由の実現をはかることはとうてい不可能である。若いマルクスは、このようなヘーゲルの国家論を厳しく批判するとともに、市民社会の矛盾の根源である資本主義経済の研究に向かったのである。

(3) ヘーゲルの家族論の意義と問題点

以上から、ヘーゲルの家族論の意義と問題点を整理しておきたい。

第一に、ヘーゲルの家族論は、近代的家族の思想を的確に表現したものである。一九世紀初めのドイツでは、旧来の家父長的な「家(Haus)」制度がくずれ、近代的な「家族(Familie)」制度が成立しつつあった。「家」制度では、家父長が妻と子どもと奉公人を従え、一族の土地や財産などの資産を管理している。婚姻はあくまでも「家」を保持するためのものであり、性愛とは別のものとされた。そして、「家」が封建社会の経済的・政治的な制度の基礎となり、諸身分を構成し、国家を構成するものとされた。そのような「家」制度は、それが基礎となっていた封建的領主制や封建的国家体制とともにくずれていった。それに対して、新興階級であるブルジョアジーや教養階級を中心に新しい「家族」制度が成立した。それは、「プロイセン一般ラント法」などによっても制度化された。これが、まさにヘーゲルの描いた「家族」であった。(2)

第二に、ヘーゲルの家族は、両性の同意による婚姻、一夫一婦制、夫婦と子どもからなる小家族、男女の性的役割分担、子どもの教育権、離婚の権利など、近代家族の特徴をそなえている。しかし、近代家族だからといって、男女が平等になったわけではない。ヘーゲルの議論によれば、家族を代表し、家族の資産を管理するのは、男性である。ここにすでに男女の差別がある。また男女の性的役割分担において、社会的な労働にたずさわって収入を得るのは男性である。女性は、子どもを産み育て、家族の世話をする仕事に閉じこめられて、経済・政治・文化・学問などの社会的活動から排除されてしまう。ここにいっそう重大な男女差別がある。ヘーゲルは、男性と女性の資質や能力には生まれながらの差異があるかのように言う。しかし、男女の資質や能力に差異があったとしても、それは社会的活動への参加の有無や程度の差異の結果とも考えられる。男女の資質や能力の差異を理由として女性の社会参加を排除すれば、女性差別はいっそう広がってしまうであろう。

第三に、家族を代表し、「家族の長」として市民社会に参加するのは男性である。そのことは、女性は市民社会のさまざまな活動の場から排除されるということである。ヘーゲルが重視する「職業団体」も女性を排除したものであろう。また、ヘーゲルは、市民社会の厳しい労働が人間を教育し、陶冶すると言う。このことは、女性にはそのような市民としての陶冶の場が保障されないということである。そのような陶冶の場を与えないで、女性の社会的能力は低いと言うのは明らかに偏見であろう。

また、市民社会と国家との関係では、参政権の問題がある。女性が市民社会の構成員とならないということは、国家の政治にも参加できないということである。しかもヘーゲルは、市民社会の代表が議会に参加するべきだと考えたが、それは「職業団体」の代表制などであって、選挙制度の主張ではなかった。その意味でも、女性の政治参加には重大な障害がおかれていたと言うべきであろう。

以上のように、ヘーゲルにおける家族と市民社会は、確かに近代的ではあったが、まさに近代的な男女の役割分担と女性差別を含んだ体系でもあったのである。

二　マルクスの史的唯物論における家族と市民社会

では、マルクスは、史的唯物論の中で家族をどのように位置づけたのであろうか。ここでは、マルクスが史的唯物論を定式化したいくつかの著作から、家族の議論を見ていこう。

(1)『ドイツ・イデオロギー』における家族と市民社会

マルクスとエンゲルスは共同で『ドイツ・イデオロギー』を執筆し、その中で史的唯物論をつくりあげた。ここでは、現実的に活動している人間、人間の現実的な生活過程から出発して、人間社会とその歴史を考察する。第一の歴史的行為は、衣食住の欲求を充足するための諸手段の生産であり、物質的生活そのものの生産である。第二のものは、充足された欲求にとどまらないで、新しい欲求を産出することである。第三の関係は、「自分たちの生命を日々新しくつくる人間たちが、他の人間をつくり繁殖しはじめるということである――夫の妻との、両親と子どもとの関係、家族」である（S.28. 三六）。第四は、人間相互の社会関係と協働の関係である。労働における協働の様式は「生産力」ともなる。こうして、「本源的な歴史的関係の四つの契機」が取り出され、ここからさらに人間の意識や言語による「交通（Verkehr）」などが論じられるのである。「交通」とは、人間の相互の行為とその関係を意味する。

そして、「すべてのこれまでの歴史的段階に存在した生産力によって条件づけられ、またそれをふたたび条件づける交通形態は、市民社会であり、それは、……単一家族と複合家族、いわゆる部族制をその前提と基礎として」いる（S.39, 四六）。そして「この市民社会があらゆる歴史の真のかまどであり舞台である」（S.39, 四六－四七）。だが、市民社会が階級に分裂し、階級対立を含んでいるもとでは、国家は「幻想的な共同性」（S.34, 四三）を示すにすぎないのである。

このように、マルクスらは、本源的な歴史的関係の中に、「物質的な生活手段の生産」とともに「人間の生産」、「家族」を含めてとらえている。これは後に、エンゲルスが『家族・私有財産・国家の起源』で、「二種類の生産」を論じたこと、すなわち、「一方では生活手段の生産、つまり衣食住の用品の生産とそれに必要な道具の生産」と、「他方では人間自体の生産、つまり種の繁殖」を論じたことに対応する。(3)

さらに、市民社会の基礎と前提として、家族の諸形態がとらえられている。ただし、この段階では、マルクスらは家族や部族の歴史について十分な研究はできていなかった。また彼らは、ヘーゲルのように「家族、市民社会、国家」という明確な三段階の社会構成の考え方はとっていない。むしろ、市民社会は家族を含み、国家は市民社会の階級対立によって規定される。その意味で、市民社会こそが「歴史の真のかまど」とされたのである。

このことは、『ドイツ・イデオロギー』執筆の少し後にマルクスが書いた「アンネンコフへの手紙」（一八四六年十二月二八日付）でも明瞭に見ることができる。マルクスは次のように言う。

「社会の形態はどうであれ、社会とはいったい何でしょうか。人間の相互の行為の産物です。人間にはあれこれの社会形態を選択する自由があるでしょうか。けっしてありません。もしも人間の生産力の一定の発展状態を前提するならば、そこにはまたそのような交易と消費の形態があるでしょう。もしも生産、交易、消費の一定の発展を前提にするならば、そこにはそれに照応する社会的秩序が、それに照応する家族や諸身分や諸階級という組織が、一言でいえば、それに照応する市民社会（société civile）があるでしょう。このような市民社会を前提にするならば、そこにはこの市民社会の公的表現にほかならない政治的状態（état politique）があるでしょう」[4]。

ここでは、生産、交易、消費の一定の発展に照応する「社会的秩序、家族・諸身分・諸階級という組織」が、一言でいえば「市民社会」だと言われている。ここでも、マルクスは家族を市民社会の他の諸組織とともに、市民社会に含めて理解していることがわかる。

では、なぜマルクスは、ヘーゲルのように「家族」と「市民社会」とを区別しないのであろうか。それは、家族もまた、従来の歴史の中で、人間の生産だけでなく、家族ぐるみの農業生産や家内工業などにおいて、物質的生活手段の生産をも担ってきたからである。つまり、家族もまた生産活動における人間関係として「交通形態」という意味をもってきたのであり、したがって、家族形態も生産活動のあり方に照応してさまざまに変化してきたからである。その意味で、マルクスは、ヘーゲルのように近代のブルジョ家族を「家族」の典型として、物質的生産から切り離して、「市民社会」とは別個の社会形態とすることはできないと考えたのであろう。そして、マルクスが、「家族」を含めた「市民社会」を考えたことは、ヘーゲルのように「家族」における男女の性的役割分担を固定しないためにも重要であると思われる。この点は後に検討したい。

（2）『経済学批判』「序言」における市民社会と家族

マルクスが史的唯物論の「定式化」を行った『経済学批判』「序言」の中では、そもそも「家族」という概念は登場しない。従来から、一般に史的唯物論がこの「定式」から理解されることが多いこともあって、マルクスは史的唯物論の中で、人間自身の生産や家族には重要な意味をもたせていないと解釈されてきた。そのため、先に見たエンゲルスの「二種類の生産」の議論は、マルクスの史的唯物論の修正であるという批判が行われたこともある。しかし、『ドイツ・イデオロギー』などの議論をふまえれば、このような解釈や批判はけっして正しくないことが分かるであろう。では、「序言」のマルクスの言葉をどのように理解すればよいのであろうか。

マルクスは、彼の到達した結論によれば、「法的諸関係や国家諸形態」は「物質的な生活諸関係に根差しており、それらの物質的な生活諸関係の総体を、ヘーゲルは一八世紀のイギリス人やフランス人の先例にならって『市民社会』という名のもとに総括している」（S.8. 一三）と言う。そして「市民社会」の解剖は、経済学に求めなければならないと述べている。ここでマルクスは、ヘーゲルの「市民社会」を「物質的な生活諸関係（Lebensverhältnisse）の総体」と表現している。つまり、物質的な「生産諸関係（Produktionsverhältnesse）」ではなく、物質的な「生活諸関係」である。この表現は、先に見たように、多くの家族からなり、家族の代表たる家長を構成員とするヘーゲルの「市民社会」を意味しているであろう。つまり「市民社会」とは「家族」を含む「市民社会」である。このように理解すれば、マルクスは家族の問題を排除していると、頭から決めてかかる必要はないであろう。

では、マルクスが彼の「研究の導きの糸」として「定式化」した議論ではどうであろうか。マルクスは、まず、「人間は、彼らの生活の生産において」、物質的生産力の一定の発展段階に照応した生産関係をとり結ぶと言う。そして、生産諸関係の総体が社会の経済的構造を形成し、これが実在的土台となって、その上に法的・政治的上部構造がそびえ立ち、また、実在的土台には社会的意識諸形態が照応する。これに続けてマルクスは、「物質的生活の生産様式が、社会的、政治的、精神的生活過程一般を制約する」（S.8f., 一四）と言う。

これらの議論において、マルクスが冒頭で「人間生活の社会的生産」を言い、また「物質的生活の生産様式」や「社会的生活過程」と言っていることに注意するべきであろう。これらの言葉は『ドイツ・イデオロギー』での「現実的な生活過程」の思想を引き継ぐものである。また、「序言」の中で先の「市民社会」を説明した「物質的な生活諸関係の総体」とも結びつくものであろう。これらの概念の中に、生活手段・生産手段の生産や、資本と賃労働などの生産諸関係だけでなく、人間の生産や家族の生活を含めて考えることは、十分に可能であろう。実際、人間の再生産を無視した生産様式など、どの社会でも成り立たないのである。(5)

『経済学批判』「序言」の定式はきわめて簡潔なものであって、その理解にはマルクスの他の著作の議論をふまえる必要がある。そのような理解の仕方をすれば、史的唯物論の定式の中に「家族」の概念を含めて理解することは十分に可能であろう。しかし、それはあくまでも「家族」概念の位置づけにすぎない。マルクスが実際に家族についてどのように考えたかは、『資本論』の中から読みとるしかないであろう。これが次の課題である。

三　『資本論』における資本と労働者家族

マルクスは『資本論』第一巻初版の「序言」で、「私がこの著作で研究しなければならないのは、資本主義的生産様式と、これに照応する生産諸関係および交通諸関係である」（I. S.12. ①九）と述べている。マルクスはここで、資本主義的生産様式の発展が、生産における資本家と労働者との関係（生産諸関係）や、人間相互の社会的諸関係（交通諸関係）に、どのような影響を及ぼすかを研究すると言っている。そして、その生産諸関係や交通諸関係には、家族の問題も含まれることが予想される。ここでは、そのような視点から、『資本論』を見ていきたい。

（1）「単純再生産」における労働者の再生産

本章の「はじめに」で、フェミニズムの一部から「マルクスは家族の分析を『安んじて』放棄した」と批判されていることを紹介した。その論拠となったマルクスの言葉から見ていこう。それは次の言葉である。「労働者階級の不断の維持と再生産は、資本の再生産のための恒常的条件である。資本家はこの条件の実現を、安んじて労働者の自己維持本能と生殖本能にゆだねることができる」（I. S.598. ④九八一）。

この言葉を上野千鶴子氏は次のように理解する。「『本能』とは市場から独立した、市場が関与することも統制することもできないような変数のことである。労働力の再生産を、『本能』という定義できない不可知の変数に『委ねた』時、マルクスは、労働力再生産のための条件を、市場の〈外部〉へブラックボックスとして放逐し、それによって資本家同様、家族の分析を『安んじて』放棄した」(6)(上野、二〇頁)。

上野氏は「本能」という言葉だけにこだわって、マルクスがその言葉をどのような文脈で語ったかを論じていない。しかし、マルクスがその言葉を語った文脈を理解し、その前後の言葉を見るだけで、この解釈がいかに誤っているかが分かるであろう(7)。

マルクスが先の言葉を語ったのは『資本論』第一巻、第二一章「単純再生産」においてである。この章で、マルクスは、資本主義的生産過程は、その生産過程をいかにして永続化するかを問題にする。資本主義的生産を継続するためには、一方で新たな資本が必要であり、他方で新たな労働力が必要である。新たな資本は、生産物を販売して回収した資本と利潤から得られる。新たな労働力は、労働者に支払った賃金で、労働者が自分と家族の生活に必要な手段を購入して、それを個人的に消費することによってつくられる。つまり、労働者は自分の筋肉、神経、骨、脳髄を再生産して再び労働力となるだけでなく、子どもをつくり育て、新しい労働力をつくりだす。こうして、資本家は、労働力の再生産費を賃金として支払うだけで、新たな労働力を再び手に入れ、それを新しい搾取材料にすることができるのである。だからこそ、資本家は、労働力の再生産を「安んじて労働者の自己維持本能と生殖本能にゆだねることができる」のである。

しかし、このことは、この「本能」が市場から独立したものであるとか、「ブラックボックス」であることを意味しない。資本家階級が、労働者の個人的消費を彼らの「本能」にまかせるのは、それによって労働者階級の従属を永続化できるからである。「社会的観点からは、労働者階級は直接的な労働過程の外部でも、死んだ労働用具と同じように、資本の付属物である」（I, S.598, ④九八三）。労働者の「個人的消費は、一方では彼ら自身の維持と再生産を行わせ、他方では生活手段を消滅させることによって、彼らが絶えず労働市場に再出現するようにする」（ibid., 同）。こうして、労働者は「本能」にもとづく個人的消費によって、絶えず「労働市場」に縛り付けられるのである。その意味で、「ローマの奴隷は鎖によって、賃金労働者は見えない糸によって、その所有者につながれている」（ibid., 同上）。ここで「見えない糸」とは、資本主義的生産関係そのものである。こうして、資本主義的生産過程は、商品を再生産するだけでなく、資本家と労働者との「資本関係」そのものを絶えず再生産するのである。労働力の再生産はこの過程に組み込まれている。

マルクスの言葉をこのように理解すれば、彼が、労働力の再生産にかかわる「家族」の分析を「『安んじて』放棄した」とは言えなくなるであろう。実際、彼は労働者家族の問題をさまざまに論じているのである。この点をさらに見ていこう。

（2） 絶対的剰余価値の生産

資本が資本であるのは、投下した資本が利潤を生み、価値を増殖させるからである。その意味で、資本とは「自己増殖する価値」である。しかし資本が自己増殖できるのは、労働者の労働を搾取できるからである。労働者は労働力を商品として資本家に売る。そのさい、労働時間と賃金が決められる。その労働時間には、賃金分（労働力の再生産費）の価値を生産するために必要な労働時間（必要労働時間）と、これを超えて資本の利潤（剰余価値）をつくり出す労働時間（剰余労働時間）とが含まれている。そこで、資本の利潤を可能な限り増大させるためには、剰余労働時間を可能な限り増大させればよい。剰余労働時間の絶対的な増大による剰余価値の増大、これが「絶対的剰余価値の生産」である。

この絶対的剰余価値の生産のために、労働時間が極限にまで延長される。マルクスが資本主義的生産様式の典型として研究した一九世紀のイギリスでは、極端な長労働時間が強制された。マルクスはその現実を主に工場監督官の報告書をもとに詳しく描いている。児童も少年も少女も、成人の男性も女性も、一五時間以上の労働や深夜労働を強いられた。新聞でも「純然たる過度労働による死亡」や「過度労働による早死」がしばしば報道され、自由時間をもたない労働者は「白人奴隷」と呼ばれた。また、数百人が死亡する鉄道事故を起こして、裁判にかけられた鉄道労働者は、あまりにも連続した長時間労働で、感覚も脳も正常に働かなくなると証言している（I. S.258ff. ②四一五－四三九）。

さらに、イギリス政府の委員会は「一二時間を超える労働時間の延長は、労働者の家庭的および私的生活の不法な侵害である」と指摘する。それは、「家庭生活を妨害」し、労働者が息子・兄弟・夫・父として「家庭的義務をはたすことを妨害」し、また、その健康破壊と早死によって「労働者家族に不幸をもたらす」と非難している（I. S.267. ②四三一－四三二）。さらに、長時間労働は「人類の将来の退化」や「人口の減少」をもたらすことも予想もされる。しかし、資本家のスローガンは「大洪水よ、わが亡き後に来たれ！」である。それゆえ「資本は、社会によって強制されるのでなければ、労働者の健康と寿命にたいし、なんの顧慮も払わない」（I. S.285. ②四六四）。こうして、マルクスは、絶対的剰余価値の生産が、労働者とその家族の生活をいかに破壊するかを論じたのである。

(3) 工場法による労働時間の制限

そこで、労働時間をめぐる階級闘争がますます激化する。その結果、「日々に脅威をましてふくれあがる労働運動」の成果として、また国家の側から「国民の生命力の根源への侵害」を抑制するものとして、労働時間を制限する「工場法」が成立した(I. S.253, ②四〇六)。イギリスでは一八三三年の工場法以来、たびたび改正された。児童(九歳-一三歳)の八時間労働、年少者(一三歳-一八歳)の一二時間労働を出発点に、女性の一二時間労働、年少者・女性の深夜労働の禁止、さらに年少者と女性の一〇時間労働へと改善された。しかし、一八歳以上の男性労働者の労働時間制限はなかった。もっとも、工場法が適用された工場では、成人男性と年少者も女性も共に働くので、一二時間労働が実現された。それに対して、工場主は、法の実施に抵抗した。抵抗しきれないと分かると、賃金の切り下げと、年少者・女性労働者の解雇で対抗した。「工場主たちはあちこちで、彼らが使っていた年少者と女性労働者の一部、ときには半分を解雇しはじめ、その代わりに、ほとんどなくなっていた夜間労働を成人男性労働者のあいだに復活させた。彼らは叫んだ。一〇時間法のもとではこれ以外に選択の余地はない！ と」(I. S.302, ②四九五)。

これが、フェミニストたちによって、工場法は「女・子どもの労働市場からの排除だった」(上野、一七七頁)と言われる問題である。この点は後に考察したい。

しかし、マルクスは、工場主の抵抗にもかかわらず、工場法を高く評価した。「労働者たちは頭を寄せて結集して、階級として一つの国法を、資本との自由意志契約によって自分たちと一族を売って死と奴隷状態におとしいれることを阻止する超強力な社会的防止手段を、力で獲得しなければならない。『譲ることのできない人権』のはでな目録に代わって、法律によって制限された労働時間というつつましいマグナ・カルタが登場する」（I, S.320, ②五二五）。

ここでマルクスが言う「譲ることのできない人権」の「はでな目録」とは、近代市民革命における人権宣言である。それは、人間と市民の形式的な自由と平等を高らかに宣言したが、労働者にとっては、「自由意志契約」によって搾取され、「死と奴隷状態」にいたる自由を意味しただけである。それに対して、工場法は、労働時間の制限というきわめて「つつましい」ものであるが、それこそが労働者の実質的な自由獲得の第一歩だったのである。マルクスは「工場法」を「マグナ・カルタ」にたとえることによって、それが労働者階級の人権の源流となることを述べているのである。

(4) 大工業のもとでの女性労働と家事労働

労働時間の絶対的な延長による剰余価値の獲得には限界がある。そこで、労働の生産力を向上させて、同じ労働時間であっても、賃金分の価値を稼ぎ出す「必要労働時間」を短縮して「剰余労働時間」を拡大すれば、それだけで資本の利潤は増大する。これが、必要労働時間と剰余労働時間の相対的な比率を変化させて、剰余価値を拡大する「相対的剰余価値の生産」である。このために決定的なことは、労働の生産力を高めることである。そのために、分業にもとづく協業、マニュファクチュア（工場制手工業）、大工業（機械制大工業）が発展してきた。そして、マルクスは「大工業」の分析の中で、女性労働と家事労働の問題を論じている。

機械は動力源によって動くので、その使用は、筋力はなくとも手足の柔軟性の大きい労働者に適している。そのため、「女性労働と児童労働は、機械の資本主義的充用の最初の言葉であった」（I, S.416, ③六八二）。こうして、労働者家族の全成員が資本の直接的支配のもとに編入されることになる。「資本家のための強制労働が、児童の遊びに取って代わっただけでなく、慣習的な制限内における（innerhalb sittlicher Schranke）、家族自身のための、自由な家庭内労働（Arbeit im häuslichen Kreis）に取って代わった」（I, S.416, ③六八三）。

ここで、マルクスは、「家庭内労働」を特徴づけている。それは、資本家のための強制労働ではなく、家族自身のための自由な労働である。しかしそれは、「慣習的な制限内における」労働である。つまり、資本家の支配からは自由な労働であっても、賃金や生活水準、衣食住の慣習、さらに男尊女卑などの慣習があれば、それにも制限される。その意味で「慣習的な制限内」での自由な労働にすぎない。しかしそれが「資本家のための強制労働」に取って代わられ、「家族のための労働」が奪われてしまう。このことを、マルクスは、注で、次のように述べている。

あるイギリスの医師の報告では、恐慌の影響で、女性労働者たちが工場から解雇された。しかしそのことによって「労働女性たちは、いまでは、自分の子どもたちをゴッドフリーの強心剤（一種のアヘン剤）で毒する代わりに、授乳するために必要な暇を見いだした。彼女たちは料理を習う時間を得た」。マルクスはこの報告について言う。「これを見ても、消費のために必要な家族労働（Familienarbeit）を、資本が自分の自己増殖のためにいかに奪い取ったかがわかる」（I, S.416, ③六八三）。

しかし、女性労働者は、家族労働の時間を奪われても、その限られた時間で可能な限り、育児や料理などをしなければならない。彼女らは二重の労働に苦しむことになるのである。

また、工場での女性労働や児童労働は、夫の賃金の性格を変化させる。「機械は、労働者家族の全成員を労働市場に投げ込むことによって、夫の労働力の価値を彼の全家族が分担することになる」（I. S.417, ③六八三）。つまり、もともと夫の賃金に含まれていた例えば四人家族の生活維持費は、四人の賃金に分割されるのである。そのことは、資本が「以前に家族長（Familienhaupt）の労働力を買い入れていたよりも、おそらく多くの費用がかかるであろう」（ibid., 同）。しかしそのことによって、搾取材料は一人から四人に増えるのであり、資本はより多くの剰余価値を手に入れるのである。マルクスはここでも注をつけて、家族全員の工場労働によって家族の収入が増えたとしても、「家事労働」の減少と家族の支出の増大によって、帳消しにされることを述べている。

「家族の特定の機能、たとえば、子どもの世話や授乳などはまったくやめることはできないので、資本によって徴用された家庭の母は多かれ少なかれ代わりの人を雇わなければならない。裁縫やつぎあてのような家庭の消費に必要な労働は、既成商品の購入によって補わなければならない。したがって家事労働（häusliche Arbeit）の支出の減少には、貨幣支出の増大が対応することになる。それゆえ労働者家族の生産費が増大して、収入の増大を帳消しにする。そのうえ、生活手段の利用や準備における節約と合理性が不可能になる」（I. S.417, ③六八四）。

しかしここにも問題がある。夫だけが働く場合、その賃金には妻の生活費は含まれていたが、妻の「家事労働」への支払いは含まれていない。妻子も働くようになれば、家事労働の従事者がいなくなるのであるから、家族の賃金には「代わりの人」を雇ったり「既成商品」を購入する費用も含まれるべきである。しかし実際の賃金がそれだけ支払われとは限らない。そうすると、女性労働者の家事労働への負担は依然として残るのである。

さらに、マルクスは、女性労働と児童労働の導入によって、資本と労働者との契約関係に変化がおこると言う。「いまや、資本は児童や未成年者を買う。以前には、労働者は、彼が形式的に自由な人格として処分できる自分自身の労働力を売った。いまや、労働者は妻子を売る。彼は奴隷商人となる」（I. S.418. ③六八四－六八五）。ここで論じられている問題は、マルクスが夫を「家族長」と呼んでいる問題とあわせて、後で考察したい。

（5）労働と乳幼児死亡率の高さ

機械制大工業のもとでの、女性労働と児童労働の増大は、彼女ら彼らの健康と生命をいかに破壊したかは、「絶対的剰余価値生産」の問題においてすでに見たとおりである。マルクスは「機械と大工業」の章では、さらに乳幼児の死亡率の高さを取り上げている。マルクスは、イングランドで一歳未満の年平均死亡率は一〇万人あたり九八〇五人であるが、工場地域や工業都市では、その二倍以上にのぼるというデータを紹介している。その上で、一八六一年の公式医事調書の次のような分析を示している。「この高い死亡率はとくに母親の家庭外就業によるものであり、またそれから生じる児童の放任と虐待、なかでも栄養不適、栄養不足、アヘン剤の投与などによるものであり、さらに、母親が自分の子どもから不自然に隔離されていること、その結果として故意に飢えさせたり有毒物質を与えたりすることが加わる」（I, S.420, ③六八八）。

このような状況を前にして、イギリス枢密院の医務官や、工場監督官たちは次のように言う。「家庭をもつすべての既婚女性が、どの工場でも働くことを禁止されたならば、それこそ、実際に、イギリスの工業地域にとって幸福であろう」（I, S.421, ③六九〇）。

マルクスは、このような資料や報告書を丹念に紹介し、資本主義的生産様式のもとでの女性労働がいかに矛盾に充ちたものであるかを示している。しかし、マルクスは、既婚女性の労働を禁止するべきだという意見にはけっしてくみしない。むしろ、彼は、女性労働や児童労働がいかに悲惨な姿を示すとしても、その矛盾とその変革を通じて開かれる進歩的な意義を強調するのである。次にこの点を見ておこう。

(6) 古い家族の解体と労働者家族、そして新しい家族形態へ

まず、イギリスでは「家内労働」(Hausarbeit) における児童の酷使が問題となっていた。しかし家内労働への規制は「父権 (patria potestas)」、あるいは近代的な解釈では親権 (elterliche Autorität) への直接的な干渉」だとされ、イギリス議会もためらった（I, S.513, ③八四一－八四二）。

しかし、「大工業が、古い家族制度とそれに照応する家族労働 (Familienarbeit) との経済的基礎とともに、古い家族関係そのものを解体する」（I, S.513, ③八四二）。ここでは、家父長が妻や子どもを支配する家父長制の「古い家族制度」と、そのもとでの家族の消費生活のための「家族労働」と、さらにはその経済的基礎となっている旧来の家父長的ではあるが「牧歌的」だった「家内労働」が、大工

業の発展のもとで解体され、それが新たに資本主義的生産関係のもとに組み込まれることが論じられる。そして資本制に組み込まれた「家内労働」において、児童労働の搾取が極限にまで進む。この現実の中で、「児童の権利が宣言されなければならなかった」のである（ibid., 同）。

ここでは、資本制に組み込まれた家内労働における児童労働の搾取が問題になっている。このことについて、マルクスは、「資本主義的搾取様式こそが、親権に照応する経済的基礎を廃棄することによって親権（die elterliche Gewalt）の濫用を生み出した」（I. S.514. ③八四二）と言う。これはどのような意味であろうか。「親権に照応する経済的基礎」とは旧来の家父長的な「家内労働」であろう。その家内労働が廃棄されたにもかかわらず、「親権の濫用」を通して児童の労働が資本によって間接的に、しかしいっそう厳しく搾取されるのである。この「親権」とは何であろうか。それは労働者家族における父親の権力である。この問題は、先にマルクスが夫を「家族長」と呼び、また「労働者は妻子を売る。彼は奴隷商人となる」（I. S.418. ③六八五）と言ったこととも関連するであろう。

従来、ここでの「家族長」や「親権」は古い家父長制の残存ないし遺物として解釈されることが多かった。しかしながら、古い家父長制の経済的基礎はすでに解体されているのであり、その経済的基礎なしに、古い封建制度の遺物が資本主義社会の中で残り続けるとは考えにくい。しかも、マルクスが言うように「親権」という表現は「近代的な解釈」なのである。

そこで、マルクスが言う労働者家族における「家族長」は、先にヘーゲルにおいて見た近代のブルジョア家族における「家族の長（Haupt der Familie）」と類似した性格をもつと考えられるであろう。先にヘーゲルの家族論において見たように、ブルジョア家族において、夫が職業による収入を得て、家族を代表する「家族の長」となり、家族の資産を管理し、市民社会に参加する。そして近代ブルジョア家族は、女性を職業から排除することによって、女性差別を内在させていたのである（ただし、フェミニズムがいう「近代家父長制」という言葉は、しばしば批判されるように、歴史的概念としての「家父長制（patriarchy）」と混同されやすく、また、歴史的な社会的・経済的・政治的制度とは独立に、「男性による女性の支配」を主張する点で、不適切である。「家父長（patriarch）」と、ヘーゲルの言う「家族の長」（Haupt der Familie）やマルクスの言う「家族長」（Familienhaupt）とは区別されるべきである）。

労働者家族においても、夫だけが賃労働をする場合、夫が受け取る賃金には家族の生活費が含まれている。これがいわゆる「家族賃金」(9)である。この場合、妻の生活費も子どもの養育費も、労働力の再生産費として支払われる。それは、夫の労働力と交換に「労働力の価値」として支払われるのであり、夫の労働への報酬や「労働の対価」としてではない。これが賃金の本質である。にもかかわらず、賃金は、その本質をおおい隠して、夫が労働しその報酬として受け取った「労働の対価」として現象する。そのために、夫は受け取った賃金で妻や子どもを養うかのように現象する。このような賃金の現象形態が、夫を「世帯主」にし、妻や子どもを「扶養家族」にする。

しかし、妻や子どもは単に「扶養」されているだけではない。妻は家事労働によって夫や子どもの労働力の再生産を担っている。妻の生活費は、この家事労働を保障するための支払いである。妻の家事労働がない場合、いかに生活費が高くなるかについては、すでにマルクスは次のように述べていた。すなわち、「〔女性の工場労働による〕家事労働の支出の減少には、貨幣支出の増大が対応することになる。それゆえ労働者家族の生産費が増大して、収入の増大を帳消しにする。そのうえ、生活手段の利用や準備における節約と合理性が不可能になる」(I, S.417, ③六八四)。したがって、マルクスの賃金論からすれば、夫の賃金の一部は妻の生活費への支払いである。また、子どもは未来の労働力として育つように生活費・教育費への支払いを受けるのである。

にもかかわらず、「扶養家族」という現象形態は、とりわけ妻が行っている家事労働(労働力再生産労働)の意義をおおい隠してしまう。ここから、労働者家族の場合も、夫だけが職業に就く場合や、妻の賃金があまりにも低い場合、先のブルジョア家族と同様に、夫が「家族長」となり、男性の支配や女性への差別が生じることになる。マルクスの言う「家族長」はこのように理解できるであろう。

しかも、マルクスが「労働者は妻子を売る」と言ったように、特に年少者の労働力を売る場合、契約の一方の当事者は「親権」をもつ「家族長」である。また、妻が外で働く場合も、子どもの養育などの家事労働をどうするかなどをめぐって、夫の承認が必要となる。そのために、その実質的な意思決定を夫が行うことになる。こうして、近代的な労働者家族においても「労働者は妻子を売る」という契約関係になるのである。

したがって、労働者家族における男女平等の実現にとって重要なことは、男女が平等に職業に就くことができることである。この点について、マルクスは次のように言う。

「資本主義制度の内部における古い家族形態の解体が、どれほど恐ろしくかつ、いとわしいものに見えようとも、大工業は、家政(Hauswesen)の領域のかなたにある社会的に組織された生産過程において、女性、年少者、および児童に決定的な役割を割り当てることによって家族と男女両性のより高度な形態のための新しい経済的基礎をつくりだす」(I, S.514, ③八四二-八四三)。

つまり、大工業のもとでの女性労働は、本人にとってもその子どもにとっても悲惨な現実を生み出した。そのため、資本家階級とその利益を代表する国家は、労働力の再生産の保障のために、既婚女性を工場から排除する方向に動いた。しかし、マルクスはこの方向に明確に反対する。問題は、女性労働者が生産過程で「決定的な役割」をはたせるよう、女性労働と労働力の再生産とを両立させる仕組みをつくることである。そのための出発点が、女性労働における労働時間の短縮や深夜労働を禁止する「工場法」だったのである。

(7) 再度、工場法の意義と、男女平等実現の課題

しかし、すでに見たように、工場法の実施に対して工場主たちは抵抗し、女性労働者や年少労働者を解雇し、成人男性労働者の長時間労働に代えてしまうことも起こった。これがフェミニズムによって「工場法は女・子どもを工場から排除した」と批判される問題である。しかし、マルクスの見地からすれば、それは労働者と資本家との階級闘争の一局面における後退にすぎない。

しかも、資本家階級は、女性労働者を職場から単純に「排除した」のではない。むしろ、好況の時には一時的に雇い入れ、不況の時には解雇する「産業予備軍」として「相対的過剰人口」の一部に組み込んだのである。あるいは、若年の女性労働者は低賃金で雇うが、出産や育児などのために資本が自由に搾取できなくなると解雇するなど、差別的な雇用を行ったのである。資本の利潤追求と飽くなき搾取こそ、女性労働者への差別の根源である。

そこで、その後の労働運動は、男性労働者を含む八時間労働の実現、女性労働者の母性保護、雇用

における男女平等の実現、子どもの社会的養育制度の実現など、新たな階級闘争を展開した。そして一定の前進を勝ち取ってきたのである。「工場法」はこのような労働者の権利獲得の出発点であった。一局面での後退をもって「工場法」の歴史的意義を否定してはならない。「工場法」はまさに労働者階級の「マグナ・カルタ」だったのである。

マルクスは、工場法の意義について次のように言う。「労働時間の制限は、それなしにはいっそう進んだ改善や解放の他のすべての努力が失敗に終わらざるをえない先決条件であることを、われわれは宣言する。それは、労働者階級、すなわち各国民中の大多数者の健康と身体的エネルギーを回復するためにも、また労働者階級に、精神的発達をとげ、社会的交流や社会的・政治的活動にたずさわる可能性を保障するためにも必要である」（Bd.16, S.192, ⑯五一）。

ここでマルクスが言うように、労働時間の短縮こそが、自由時間をつくりだし、さらに進んだ改善や解放のための先決条件となる。それは、労働者に社会変革の活動も保障する。男女平等の実現も、労働者の社会的活動の条件を生かして取り組むことができるであろう。その点で、マルクスの言葉の中にある「社会的交流」には、家族の外での社会的活動だけでなく、家族の中の活動も含めて理解するべきであろう。マルクス自身は主張しなかったであろうが、今日では、男性労働者も、慣習的な制限内における「家族自身のための自由な労働」である家事労働にかかわり、子どもの養育においても夫婦が協力しあうことが重要になっている。

そして、資本主義社会がつくり出した条件を基礎に、資本主義社会を変革する中で、新しい家族のあり方もつくり出せるであろう。マルクスは、先に引用した「家族と男女両性関係の新しい形態」の条件とかかわって、次のように言っている。「きわめてさまざまな年齢層にある男女両性の諸個人が結合された労働人員を構成していることは、労働者が生産過程のためにあって、生産過程が労働者のためにあるのではない自然成長的で野蛮な資本主義的形態においては、退廃と奴隷状態の害悪の源泉であるとはいえ、適当な諸関係のもとでは、逆に人間的発達の源泉に急変するに違いない」（I. S.514. ③八四三）。

資本主義的生産様式を民主的に規制し、さらに変革することによって、「生産過程が労働者のためにある」ような仕組みをつくりだすことができるならば、男女が共に働き、共に協力しあい、真の男女平等を含めた「人間的発達」を実現することができるであろう。マルクスの思想は、そのための理論と実践の指針として、今日もなお有効であろう。

注

（1）G.W.F. Hegel. *Grundlinien der Philosophie des Rechts. oder Naturrecht und Staatswissenschaft im Grundrisse.* Werke in zwanzig Bänden Bd.7, Suhrkamp Verlag. 邦訳、ヘーゲル『法の哲学』藤野渉・赤沢正敏訳、岩崎武雄編『世界の名著ヘーゲル』中央公論社、所収。引用では節のみを記す。訳文は適宜、変更している。また、引用文中の〔　〕内は引用者による補足である。

（2）以上の点について、杉田孝夫「ドイツ観念論における家族観―Hausから Familie へ―」『お茶の水女子大学人文科学紀要』第四六巻、一九九三年、所収、参照。

（3）エンゲルス『家族・私有財産・国家の起源』土屋保夫訳、新日本文庫、八頁。

（4）MEW. Bd.4. S.452. 邦訳『マルクス・エンゲルス全集』第四巻、五六三頁。

（5）史的唯物論における生命の生産、家族については、角田修一『生活様式の経済学』青木書店、一九九二年、嶋津千利世『婦人労働の理論』青木書店、一九七八年、など、参照。

（6）上野千鶴子『資本制と家父長制――マルクス主義フェミニズムの地平――』岩波書店、一九九〇年。引用では著者の姓とページを記す。

（7）上野千鶴子氏は「マルクス主義フェミニズム」を自称している。しかし氏の議論は、角田修一氏も批判するように「あまりにも狭い誤ったマルクス主義理解であり、氏が紹介している欧米の潮流とも異なる」（角田修一、前掲書、二五六ページ）。欧米のマルクス主義フェミニズムについては、A・クーン／A・ウォルプ編『マルクス主義フェミニズムの挑戦』上野千鶴子他訳、勁草書房、L・サージェント編『マルクス主義とフェミニズムの不幸な結婚』田中かず子訳、勁草書房、など、参照。

また川東英子氏は、上野理論には、①社会主義女性解放論を階級支配一元論だとする誤り、②家事労働を夫（男）による搾取だとする誤り、③再生産を人間の生物学的再生産に限定して、それを男女間支配の視点からのみ把握し、資本制との関連を欠落させる誤り、④資本制と家父長制との統一理論は資本制への還元主義だとして拒否し、その二元論をとるが、そのことによって資本制による女性の抑圧構造の把握を欠落させる誤りがあると指摘して、「上野理論は二元論的マルクス主義フェミニズムではなく、性支配一元論と特徴づけるのが妥当である」としている（「マルクス主義フェミニズムに関する一考察」竹中恵美子編『グローバル時代の労働と生活』ミネルヴァ書房、一九九三年、所収）。わが国でこのような上野理論が「マルクス主義フェミニズム」の代表と見られてきたのは、マルクス主義にとってもフェミニズムにとっても「不幸」であったと言わなければならない。

（8）「家族賃金」をめぐるフェミニズムからの議論については、木本喜美子『家族・ジェンダー・企業社会』ミネルヴァ書房、一九九五年、など、参照。

第11章　物神崇拝、物件化、疎外

はじめに

本章では、『資本論』における「物神崇拝」、「物件の人格化と人格の物件化」、および「疎外」の問題を論じたいと思う。それらは、資本主義の経済学的解明にとどまらず、マルクスの人間解放の思想と深く関わるからである。つまり、マルクスが『資本論』で行った「経済学批判」の核心は、資本の「剰余価値」(労働の搾取)の解明や、「資本主義的蓄積」による「富の蓄積と貧困の蓄積」の解明にあるであろう。同時にその解明は、マルクスの人間解放の思想と深く結びついている。その点で、資本主義社会の変革は、人間を何から解放するのかを明確にする必要がある。それはまた、資本主義を変革する主体をどのように形成するかという問題とも関わるであろう。本章ではこのような視点から論じたいと思う。

一　マルクスの人間解放の思想と、物神崇拝、物件化、疎外

マルクスの人間解放の思想は次の三つの内容をもつであろう。

第一に、人間の自己疎外からの解放である。この議論は『経済学・哲学草稿』(一八四四年)における「疎外された労働」などからの解放として、論じられた。

第二に、人格の物件への依存・従属からの解放である。この議論は、『経済学批判要綱』(一八五七－五八年)において、人類史が「人格的依存」－「物件的依存に基づく人格的独立性」－「自由な個性」(II/1.1. S.90f. ①一三八)の発展として論じられたことによく示されている。

第三は、ブルジョア社会に代わる「協同社会」、「人間的社会」としての共産主義の実現である。この議論は、『共産党宣言』(一八四八年)において、階級支配を含むブルジョア社会に代わって「各人の自由な発達が万人の自由な発達の条件である協同社会」(S.482. 八六)が登場すると主張されたことなどによく現れている。

『資本論』では、この三つの人間解放思想がすべて登場する。とりわけ、第三の階級社会の克服による人間解放思想は、資本主義社会の「現状の肯定的理解」の中から「否定的理解、必然的没落の理解」が示され、将来社会についてもさまざまに議論されていることからも明瞭である。

しかし、第一の「疎外論」や第二の「物件化論」(いわゆる「物象化論」)に関しては、『資本論』の理解として必ずしも明確でない点がある。かつて広松渉氏は、「疎外論」はマルクス自身によって乗

り越えられた議論であり、『ドイツ・イデオロギー』以降は「疎外論」から「物象化論」に移ったと主張した(1)。このような議論に対しては、すでに多くの反論があるとともに、マルクスの思想形成に関するより厳密な研究が行われており、広松説そのものはほとんど克服されていると思われる。しかしながら、『経済学・哲学草稿』における「疎外論」と『資本論』における「疎外」との関係、「物件化（物象化）」と「物化」との関係、また「物件化」と「物神崇拝」との関係などは、必ずしも明確ではないと思われる(2)。

以下では、以上のような問題意識から、『資本論』第一部に登場する順に、「物神崇拝」、「物件化・人格化」、「疎外」について論じたいと思う。

二　物神崇拝について

(1) 物神崇拝の根拠——人格の物件化

マルクスは『資本論』第一部第一章「商品」の第四節「商品の物神的性格とその秘密」において、商品が「感覚的な物（ein sinnliches Ding）」でありながら、自分で価値をもち自分で交換されるような「感覚的に超感覚的な物（ein sinnlich übersinnliches Ding）」になるという「神秘的な性格」をもつことを論じている。このような「謎的性格」は、労働生産物が「商品形態」を取ることから生じることが、次のように説明される。

「人間労働の同等性は、労働生産物の同等な価値対象性という物件的形態（die sachliche Form）を受け取り（erhalten）、その継続時間による人間の労働力の支出という尺度は、労働生産物の価値の大きさという形態を受け取り、最後に、生産者たちの労働のあの社会的規定がその中で発現する彼らの関係は、労働生産物の社会的関係という形態を受け取る」（I, S.86, ①一二三）。

ここでは、

「人間労働の同等性　→　労働生産物の同等な価値対象性」、

「人間の労働力の支出の継続時間　→　労働生産物の価値の大きさ」、

「生産者たちの社会的関係　→　労働生産物の社会的関係」

という仕方で、人間労働および生産者相互の関係が、労働生産物および労働生産物相互の関係という「物件的形態」を「受け取る」ことが論じられている。これは、後に登場するマルクスの言葉では、「人格（Person）の物件化（Versachlichung）」である。商品生産者という「人格」および人格相互の関係が、労働生産物という「物件」および物件相互の関係になっているのである。これは、労働生産物が商品形態を取ることから生じる現実の関係である。この関係は以下で見る「物神崇拝」の客観的根拠であって、「物神崇拝」そのものではない[3]。

（2）商品の物神崇拝

続いて、マルクスは商品の「物神崇拝」を次のように言う。

「商品形態の神秘的性格は、ただ次のことにある。すなわち、商品形態は、人間に対して、人間自身の労働の社会的性格を、労働生産物の対象的性格として、これらの物（Dinge）の社会的自然性質として反映させ（zurüchspiegelen）、それゆえまた、総労働に対する生産者たちの社会的関係をも、彼らの外部に存在する対象の社会的関係として反映させるということにある。この〝取り違え〟（Quidproquo）によって、労働生産物が商品に、すなわち感覚的に超感覚的な物に、言いかえれば社会的な物になる」（I, S.86, ①一二三）。

ここでは、商品の「神秘的性格」の意味は明瞭である。

「人間労働の社会的性格　→　労働生産物の対象的性格」、

「生産者たちの社会的関係　→　対象の社会的関係」

という仕方で、人間労働の社会的性格や生産者たちの社会的関係を、「物（Ding）」としての商品の社会的関係として人間に「反映させ」て、労働生産物が「感覚的に超感覚的な物」になっているのである。これは、人間の意識における「取り違え」である。また、先の「人格の物件化」では、「物件的な形態」を「受け取る」とされたが、「神秘的性格」においては、「物」の社会的自然性質として「反映」することが問題になる。マルクスはこうして、「物件（Sache）」と「物（Ding）」とを区別しているのである。

マルクスは、このことを宗教との類比で説明する。

「類例を見いだすためには、われわれは宗教的世界の夢幻境に逃げ込まなければならない。ここでは、人間の頭脳の産物が、それ自身の生命を与えられて、相互のあいだでも人間とのあいだでも関係を結ぶ自立的な姿のように見える。商品世界では人間の手の産物がそう見える。これを、私は物神崇拝（Fetischismus）と名づける」（I, S.86, ①一二四）。

こうして、商品の「神秘的性格」は、宗教における「物神崇拝」にたとえられる。

なお、商品の物神的性格が、人間の頭脳への「反映」の問題であることは、マルクスの次の言葉からも明らかである。

「私的生産者たちの頭脳は、彼らの私的労働のこの二重の社会的性格を、実際の交易、生産物交換において現れる形態でのみ反映する（widerspiegeln）。――すなわち、彼らの私的労働の社会的に有用な性格を、労働生産物が有用でなければならないという、しかも他人にとって有用でなければならないという形態で反映し、種類を異にする労働の同等性という社会的性格を、労働生産物というこれらの物質的に異なる物の共通な価値性格という形態で反映する」（I. S.88. ①一二五－一二六）。

こうして、商品の「物神的性格」および「物神崇拝」は人間の頭脳への反映の問題であるから、その現実的な根拠がなくなれば、おのずと消滅する。このことをマルクスは宗教の消滅の可能性との類比で次のように言う。

「現実世界の宗教的反射（Widerschein）は、一般に、実際的な日常生活の諸関係が、人間の相互の、また自然に対する人間の、透明な合理的な諸関連を、人間に日常的に示すようになるとき、はじめて消滅することができる（verschwinden können）。社会的な生活過程の、すなわち物質的生産過程の姿は、それが、自由に社会化された人間の産物として、人間の意識的な計画的制御のもとに置かれるとき、はじめてその神秘のヴェールを脱ぎ捨てる。けれども、そのためには、社会的物質的基礎が、あるいは、それ自身がまた長い苦難に満ちた発展史の自然発生的産物である一連の物質的存在条件が、必要とされる」（I. S.94. ①一三五）。

以上が、商品の「物神崇拝」に関わる議論である。そして「物神崇拝」はさらに貨幣においていっそう明瞭に現れる。マルクスは、「貨幣物神の謎は、目に見えるようになった商品物神の謎にほかならない」（I. S.108. ①一五九）と言う。ここで商品や貨幣は現実の存在であるが、商品物神や貨幣物神は観念の産物である。それは、富士山は現実の存在であるが、富士山を御神体とするのは観念の産物であるのと同様である。

こうして、資本主義社会では、商品物神、貨幣物神ともに、さらに資本物神が登場するのである。この問題は、『資本論』第三部の「経済学的三位一体」において改めて確認したいと思う。

三　物件の人格化と人格の物件化

(1) 人格の独立性と全面的な物件的依存

マルクスは『経済学批判要綱』において、先に見たように、資本主義社会の特徴を「物件的依存の上に築かれた人格的独立性」ととらえていた。この議論が『資本論』にも登場する。マルクスは、第四章「貨幣または商品流通」第二節「流通手段」において次のように言う。

「分業体制のうちにその〝引き裂かれたる四肢〟を示している社会的生産有機体の量的編成は、その質的編成と同じく、自然発生的・偶然的である。それゆえ、わが商品所有者たちは、彼らを独立の私的所有者にするその同じ分業が、社会的生産過程とその過程における彼らの関係を彼ら自身から独立のものとすること、人格の独立性が全面的な物件的依存（allerseitige sachliche Abhängigkeit）の体制によって補完されること、を見いだす」（I, S.122, ①一八三‐一八四）。

このように、商品生産者社会における社会的分業は、「引き裂かれた四肢」のように、分裂した商品生産者たちの私的な労働に基づいている。商品生産者たちは、商品流通という「物件（Sache）」相互の関係に全面的に依存する仕方で、彼らの「人格（Person）」の独立性を形成しているのである。ここでは、「人格」が主体として客体である「物件」を所有するという近代的所有権の関係が成立していながら、人格はむしろ物件に依存するという仕方で、主体と客体とが逆転する関係があることをマルクスは指摘するのである。

この点に関して、「物件（Sache）」の訳語について問題にしたい。マルクス研究者のあいだなどでは、これが「物象」と訳され、「物象化（Versachlichung）」が論じられてきた。しかし、「物象」という特殊な訳語を使用することによって、近代の社会哲学に対するマルクスの批判的な問題提起が分からなくなっていると思われる。

ドイツでは、カントが『道徳の形而上学への基礎付け』（一七八五年）において、人間は理性的存在者として、道徳的でありうる「人格」ととらえて、人格の単なる手段となりうる「物件」と明確に区別した。そしてカントは、「人格」は何ものにも代え難い価値としての「尊厳」をもつが、「物件」は比較可能な価値としての「価格」をもつと言ったのである。ここにカントの「人間の尊厳」の意義がある。(4) それに対して、マルクスは、「尊厳」をもつべき人間が、商品生産社会ではむしろ「物件」に依存し、また資本主義社会では「労働力商品」という「物件」になり、さらに資本という「物件」に従属するという現実を突きつけているのである。

またヘーゲルは、『法の哲学』（一八二一年）[5]の「抽象法」では、法的権利の主体として「人格」をとらえ、人格を相互に尊重せよという原則を論じた（§三六）。そして、「人格」が「物件」に対する所有権をもつという、近代的所有権論を継承して、所有権の対象はけっして「人格」ではなく、「物件」であると主張する（§四四）。これは、人間が人間を所有する奴隷制への批判でもある。しかし、ヘーゲルは『精神の現象学』（一八〇七年）では、精神としての自己意識は主体でありながら、自己を外的世界へと「疎外する」ことによって初めて自己形成を行うことを論じた。ここから「財富」や「国家権力」が登場し、精神は分裂した状況におかれることにもなる[6]。

マルクスは、これらの議論を批判的に継承しているのである。ところが、「物象」や「物象化」という訳語では、近代の社会哲学への批判的継承や、それらに対するマルクスの問題提起が分からなくなるのである[7]。またこれが「物神崇拝」と混同されると、いっそう不可解なものになってしまうのである。

（2）物件の人格化と人格の物件化

マルクスは、先の「物件的依存」の議論に続いて商品流通について次のように言う。

「商品流通においては、一面では、商品交換が直接的な生産物交換の個人的で場所的な制限を打ち破り、人間労働の素材的変換を発展させる。他面では、当事者たちによっては制御不可能な、社会的な、自然的諸連関の全範囲が発展する」（I, S.126, ①一九一）。

貨幣を手段とする商品流通において、販売と購買とがうまくいくかどうかは当事者には制御不可能であり、偶然に支配されている。商品所有者が商品を売ることができるのは、それを買いたい貨幣所有者を見つけることができたからであり、また貨幣所有者が貨幣を持っているのは自分の商品が売れたからである。こうして、ある購買と販売は、時間も場所も異なる別の販売と購買に依存している。この分離した販売と購買とが均衡するかどうかは、まったく偶然に委ねられている。マルクスは次のように言う。

「流通は生産物交換の時間的、場所的、個人的制限を打ち破るが、それはまさに、生産物交換の場合に存在する、自分の労働生産物の譲渡と他人の労働生産物の入手との直接的同一性が、流通によって販売と購買との対立に分裂させられることによってである」（I. S.127. ①一九三）。

ここからマルクスは、商品流通における「対立」と「矛盾」を次のようにまとめている。

「商品に内在的な対立、すなわち使用価値と価値との対立、私的労働が同時に直接に社会的労働として現れなければならないという対立、特殊的具体的労働が同時に抽象的一般的労働としてのみ通用するという対立、物件の人格化（Personifizierung der Sache）と人格の物件化（Versachlichung der Personen）の対立――この内在的矛盾は商品変態上の対立においてそれの発展した形態を受け取る。だから、これらの形態は、恐慌の可能性を、とはいえただ可能性だけを含んでいる」（I. S.128. ①一九三）。

こうして、「物件の人格化と人格の物件化」という概念が登場する。商品流通において、まず「物件の人格化」とは、使用価値と価値とをもつ商品（物件）の交換や販売・購入の運動を、その所有者（人格）が担うということである。商品（物件）の「交換過程」において、私的労働と社会的労働の対立、および特殊的具体的労働と抽象的一般的労働の対立から、それをともに実現したいという商品所有者（人格）の欲求の矛盾を媒介として、彼らの行為によって、金という特別の商品が貨幣とされたのである。しかし、貨幣を媒介とした商品流通は、販売と購買との分離によって、その対立が両立不可能な矛盾となる可能性を、つまり「恐慌」の可能性を含んでいるのである。

また商品流通における「人格の物件化」とは、商品所有者の人格相互の関係が、商品や貨幣という物件相互の関係となるということである。この点はすでに「物神崇拝」の根拠として先に見たとおりである。

しかも、「物件の人格化と人格の物件化」は商品流通の場面には限られない。「物件の人格化」について、マルクスは「初版への序文」で、「ここで諸人格が問題になるのは、ただ資本家や土地所有者らが経済的諸カテゴリーの人格化であり、特定の階級諸関係の利害の担い手である限りにおいてである」（I. S.16. ①一二）と述べている。また、「資本家は、人格化された資本にすぎない。彼の魂は資本の魂である」（I. S.247. ②三九五）とも言う。このように、資本家は資本（物件）の人格化である。同時に、労働者も労働力商品（物件）の人格化である。

また逆に、資本家（人格）は資本（物件）の価値の自己増殖という本性に従い、資本間の競争や景気循環の法則などに支配される。それは「人格の物件化」である。労働者（人格）もまた、生きていくためには自らの労働力を商品（物件）として売らなければならず、資本（物件）に従属し、それに支配される。これも「人格の物件化」である。

（3）『資本論』草稿などでの「物件化・人格化」

マルクスは『資本論第一部草稿』である「直接的生産過程の諸結果」の中で、「物件の人格化と人格の物件化」について次のように言う。

「資本家自身は資本の人格化としてのみ、権力の保有者である」（II/4.1. S.121. 二八七）。資本による労働の「形式的包摂」においても「生産手段すなわち物件的な労働条件は、労働者に包摂されたものとしてではなく、労働者が生産手段に包摂されたものとして現れる。資本が労働を使用する。この関係はすでに、その単純性における物件の人格化と人格の物件化である」（II/4.1. S.121. 二八八）。

つまり、資本家は資本の人格化にすぎず、資本（物件）が労働者（人格）を支配するのであり、生産手段（物件・客体）が労働者（人格・主体）を包摂し支配する。ここでは、資本（物件）が主体となり、労働者（人格）が客体となるという意味でも「物件の人格化と人格の物件化」が述べられている。そしてこの関係は「独自に資本主義な生産様式」すなわち「資本による労働の実質的包摂」において、「より複雑で、外観上より神秘的なものになる」とされる（ibid. 同）。

同様の議論は、『剰余価値学説史』でも見られる。そこでは、「資本家自身はただ資本の人格化としての権力者にすぎない」とした後で、次のように論じられる。まず、「資本のもとでの労働の形式的包摂」において、「生産手段すなわち物件的（sachlich）な労働条件――労働材料、労働手段（および生活手段）――は、労働者に従属するものとして現れるのではなく、むしろ労働者がそれらに従属する。労働者が生産手段を使うのではなく、生産手段が労働者を使う。生産手段は資本なのである。資本が労働を使うのである」（Bd.26.1. S.366. ①四九六）。マルクスは、この関係は「一つの転倒」であり、「物件の人格化と人格の物件化」であると言う。

そしてマルクスは、「この関係は、より複雑な、しかも外観上より神秘的なものとなる」と言う。それは、「独自に資本主義的な生産様式」において、すなわち、資本のもとへの実質的包摂としての、協業、マニュファクチュアや大工業においてである。「協業における一体性、分業における結合、機械における自然力や科学および労働の生産物の生産への応用、これらすべてのものが、彼らから独立した、彼らを支配する労働手段の単なる存在形態として、個々の労働者自身にとって疎遠な仕方で(fremt)、物件的に(sachlich)相対する。それは、これらの労働手段が、材料、用具などとして、その単純な目に見える姿において、資本の機能として、したがって資本家の機能として、相対するのと同様である」(Bd.26.1, S.366, ①四九七)。ここでは、資本による労働の支配が、機械を媒介にした、疎遠で物件的な姿をとることによって、「より複雑で、より神秘的なもの」となるとされる。つまり、「人格の物件化」が「疎外」の形態をとるのである。

これらが、資本のもとへの形式的包摂および実質的包摂における「物件の人格化と人格の物件化」である。しかし、それは、資本の「物神崇拝」ではない。マルクスは、資本における「物件の人格化と人格の物件化」を論じるにあたって、それは「関係の転倒」であるとして、「われわれはすでに貨幣の考察において物神崇拝をこの転倒の表現として示した」(Bd.26.1, S.365, ①四九六)と述べている。しかし、同じ「関係の転倒」であっても、「物件の人格化と人格の物件化」は現実の事態としての「転倒」であり、「物神崇拝」は意識のレベルでの転倒である。この両者は区別される。この問題は、後の「経済学的三位一体」において改めて考えたい。

(4) 物件の人格化と階級闘争

資本と労働における「物件の人格化」はまた、資本(物件)と労働力商品(物件)との売買条件(賃金や労働時間)をめぐって、資本家(人格)と労働者(人格)との階級闘争にもなる。資本家は、労働力商品の買い手としての権利を主張して、長時間労働を要求する。他方で労働者は、労働力商品の売り手としての権利を主張して、労働時間の制限を要求する。ここから労働時間をめぐる階級闘争が生じる。マルクスは『資本論』第一部で次のように言う。

「ここでは、どちらも等しく商品交換の法則によって確認された権利対権利という一つの二律背反(アンチノミー)が生じる。同等な権利と権利とのあいだでは実力がことを決する。こうして、資本主義的生産の歴史においては、労働時間の標準化は、労働時間の制限をめぐる闘争――総資本すなわち資本家階級と、総労働すなわち労働者階級とのあいだの一闘争――として現れる」(I, S.249, ②三九九)。

こうして、資本と労働とのレベルにおいては、「物件の人格化」が人格(権利主体)相互の階級闘争にもなるのである。

四 資本・土地・労働の三位一体

(1) 経済学的三位一体

マルクスは『資本論』第三部、第四八章「三位一体定式」において、資本が利潤(企業者利得と利子)を生み、土地が地代を生み、労働が労賃を生むという「経済学的三位一体」を論じている。ここでは、「利子が資本の本来の特徴的な産物として現れるが、これに対して、企業者利得は、資本から独立した労賃として現れる」ので、「経済学的三位一体」は、「資本－利子、土地－地代、労働－労賃」に帰着するとされる（Ⅲ, S.822, ⑬一四二四－二五）。すなわち、キリスト教の〃父－子－精霊〃の「三位一体」は〃神学的三位一体〃であるが、これと類比して「経済学的三位一体」が登場するのである。いずれも神学的ないし経済学的なイデオロギーである。そしてマルクスは次のように言う。「資本、土地、労働！　しかし資本は物（Ding）ではなく、一定の社会的な、一定の歴史的な社会構成体に属する生産関係であり、この生産関係が一つの物に自らを表し、独自的な社会的性格をこの物に与えるのである」（Ⅲ, S.822, ⑬一四二四－二五）。

この「経済学的三位一体」においては、資本・土地・労働が、社会的な関係とは見られず、「物（Ding）」としての資本・土地・労働が、利子・地代・労賃の源泉であると見られるのであるから、これは、「経済的諸関係の疎外された現象形態」であり、「完全な矛盾である現象形態」（Ⅲ, S.825, ⑬一四三〇）である。ここで「疎外された現象形態」とは、本質を表現せず、本質を隠し、本質とは疎遠になった現象形態という意味である。それはまさに「物神崇拝」である。ここでマルクスは、「もしも事物の現象形態と本質とが直接に一致するならば、あらゆる科学は余計なものであろう」（Ⅲ, S.825, ⑬一四三〇）と述べている。

（2）転倒の諸段階

そしてマルクスは、商品および貨幣を考察したさいの「神秘化する性格」（Ⅲ, S.835, ⑬一四四七）を想起したうえで、「資本主義生産様式においては、そしてその支配的なカテゴリー、規定的な生産関係をなす資本については、魔法にかけられ、転倒された世界はさらに発展する」（Ⅲ, S.835, ⑬一四四八）と言う。

この「転倒」の諸段階が順に示される。まず、直接的生産過程では、労働時間をめぐる闘争のように、資本家と労働者との関係がはっきり意識される。ここでは「物件の人格化と人格の物件化」はあるが、まだ「物神崇拝」の要素はない。

「独自に資本主義的な生産様式」である相対的剰余価値の生産においては、「労働のあらゆる社会的生産力が、労働そのものに対立して、資本に属する力として、また資本自身の胎内から生まれる力として、現れる」（ibid., 同）。例えば、機械が価値を生むかのようにも見えるのである。こうして資本は「きわめて神秘的な存在」になる。これは、先に見た「直接的生産過程の諸結果」や『剰余価値学説史』における「物件の人格化と人格の物件化」の議論と同様である。

次に、生産過程でつくられた価値および剰余価値は、流通過程で実現されなければならない。そこで、商品の価値も剰余価値も、もっぱら流通過程で発生するような「外観」が現れる。しかも、剰余価値は利潤に転化する。しかも利潤が平均利潤に転化し、価値が生産価格に転化する。これらのことは、「剰余価値の本性を、資本の現実のからくりをますます覆い隠す」（Ⅲ, S.836, ⑬一四五〇）。すなわち、労働の搾取が覆い隠されるのである。

さらに、利潤の一部分では、「賃労働の搾取という機能からではなく、資本家自身の賃労働から発生するものとして現れる」（Ⅲ, S.837, ⑬一四五一）。これが「企業者利得」である。そして「利子は、労働者の賃労働にも、資本家自身の労働にもかかわりなく、それ自身の独立な源泉としての資本家から発生するように見える」（ibid., 同）。こうして、資本は「利子生み資本の姿で、そのもっとも疎外された、もっとも独特な形態におけるものとして現れるのである」（ibid., 同）。こうして、「資本－利子」という三位一体の一つができあがるのである。

この利子の物神崇拝については、第三部第二四章「利子生み資本の形態における資本関係の外面化」において、次のように述べられる。「資本は、利子の、自己自身の増殖の、神秘的で自己創造的な源泉として現れる。物（Ding）（貨幣、商品、価値）が、いまや単なる物としてすでに資本であり、資本は単なる物として現れる」（Ⅲ, S.405, ⑩六六四）。そして、「ここでは、資本の物神の姿（Fetischgestalt）と資本物神（Kapitalfetisch）の表象が完成する。G－G′においてわれわれは、資本の没概念的な形態、すなわち生産関係の転倒と物件化（Sachlichung）とをその最高段階において（in der höchten Potenz）見いだした」（Ⅲ, S.405, ⑩六六五）とされる。こうして、利子生み資本において、生産関係の転倒と物件化が「資本物神」の表象を生むという最高段階に達するのである。

（3）三位一体における神秘化と物化

マルクスは、経済的三位一体における「神秘化」を「物化（Verdinglichung）」として次のように言う。「資本－利潤、あるいはより適切には、資本－利子、土地－地代、労働－労賃において、すなわち価値および富一般の構成部分とその源泉との連関としての、この経済的三位一体において、資本主義的生産様式の神秘化が、社会的諸関係の物化（Verdinglichung）が、そして素材的な生産関係とその社会的規定性*との直接的な癒着が、完成されている。」（MEGA, II/4.2. S. 852, MEW, III, S.838, ⑬一四五二）。

*マルクスの原稿による。エンゲルス版では、訳者注でも指摘されているように、「歴史的・社会的規定性」となっている。しかし、ここでは「素材的な生産関係」と「その社会的規定性」との「直接的な癒着」が問題なのであって、「歴史的」が入ると問題点が不鮮明になると思われる。

ここでの「神秘化」や「物化」は、先に見たように、「商品の物神的性格」が「物」の社会的な自然的性質ととらえられたことに対応する。ここでは、社会的な生産関係である資本・土地・労働が、「物」としてとらえられることが、「素材的な生産関係とその社会的規定性との直接的な癒着」と表現されているのである。このことをマルクスは言う。

「ムッシュ・ル・カピタルとマダム・ラ・テルとが、社会的登場人物として、と同時に直接にはただの物（Dinge）として、その幻像をかけめぐらせるその世界。この偽りの外観と欺瞞、富のさまざまな社会的要素相互のこの自立化と骨化、この物件の人格化と生産関係の物件化、日常のこの宗教、これらを解消したことは、古典派経済学の大きな功績である」（III, S.838, ⑬一四五三）。

ここでは、「物」と「物件化」がともに論じられている。しかし、これまでに見たように、マルクス自身が完成して出版した『資本論』第一部では、「物神崇拝」における「物」ないし「物化」と、その根拠となる「物件化」とは区別されている。マルクスの草稿に終わった第三部の理解にあたっても、「物化」と「物件化」とを混同するのではなく、第一部と同様に、現実の「物件化」と意識における「物化」とを区別して理解するべきであると思われる。つまり、資本・土地・労働という物件が、資本家・地主・労働者という人格に担われ、かつこれらの人格相互の関係が物件相互の関係になるという「物件の人格化と人格の物件化」のレベルと、ここから資本・土地・労働が社会関係ではなく「物」として現象して、それぞれが「自立化」し「骨化」し、それぞれが利子・地代・労賃を生むという「偽りの外観と欺瞞」が生じ、「物神崇拝」をつくり出すというレベルとを区別しながら、双方の関係をとらえることが必要であろう。

五　『資本論』における疎外論

(1)『経済学・哲学草稿』における「疎外された労働」

マルクスは『経済学・哲学草稿』において、アダム・スミスやリカードらの国民経済学の前提から出発する。それは、私有財産という事実であり、労働と資本と土地とが分離されていることである。このような前提のもとで、労働の疎外が起こる。その内容を再確認しておきたい。マルクスは「疎外された労働」を四つの側面から論じた。

第一は、「生産物からの疎外」である。すなわち、自分の生産物が自分のものとならず、かえって労働者にとって疎遠な存在となり、労働者から独立した力として、労働者に対立する。ここでは労働の「実現」が労働者の「現実性剥奪」として現れ、労働の「対象化」が労働者にとって「対象の喪失と対象への隷属」として現れ、また対象を自分のものとする「獲得」ではなく、対象を自分から疎遠なものとする「疎外」として、あるいは「譲渡（外化）」として現れる。

第二は、「労働そのものからの疎外」である。疎外された労働は労働者にとっては苦しみであり、不幸であり、肉体的・精神的エネルギーの消耗であり、退廃化である。労働者は労働の外ではじめて安らぎ、自分を見いだすことができる。労働は決して自由意志的なものではなく、強制された労働である。労働は、労働以外のところでさまざまな欲求を満足させるための単なる手段にすぎない。労働者の労働は自分のものではなく、他人に従属したものであり、労働者はその活動において自分自身を喪失する。

第三は、「人間の類的本質からの疎外」である。マルクスは人間は「類的本質」だと言う。それは人間が理論においても実践においても、人間自身をも自然をも決して一面的にではなく普遍的に「類」として対象にし、自分自身に対しても普遍的な「自由な存在」に対するようにふるまうからである。しかも「自由な意識的活動が人間の類的性格である」(S.516, 九五)。そして対象的世界を実践的に産出し、非有機的自然(自分の身体ではない自然)を加工することは、人間が「意識的な類的本質」であることの確証である。ところが、疎外された労働においては、このような類的生活が個人生活の単なる手段とされ、生命活動としての労働が肉体的生存を維持するための手段となり、人間の自由な意識的活動は、一面的な欲求に縛られ、外的に強制された活動となってしまう。「疎外された労働は、人間から彼自身の身体を、同様に彼の外にある自然を、また彼の精神的本質を、要するに彼の人間的本質を疎外するのである」(S.517, 九八)。

第四は、「人間からの人間の疎外」である。疎外された労働において、労働者は他の人間である資本家と対立する。労働者が生産物から疎外されるということは、その生産物の所有者である資本家と対立することになる。労働者が労働そのものから疎外されるということは、その労働を支配し、労働を強制する資本家と対立することになる。「労働に対する労働者の関係は、労働に対する資本家の、あるいはその他、労働の主人を何と名付けようとその関係を生み出す」（S.520, 一〇二）。こうして疎外された労働は、人間の本質をなす「社会的共同性」をも疎外し、人間相互の分裂を生み出すのである。

マルクスは、このような疎外の現実に対して、「人間の自己疎外としての私有財産の積極的止揚としての共産主義、それゆえまた人間による人間のための人間的本質の現実的な獲得としての共産主義」（S.536, 一三〇）という理念を掲げたのである。

(2)『資本論』における疎外論

『資本論』においても「疎外論」は貫かれている。このことが明瞭なのは、「資本の蓄積過程」である。第七編「資本の蓄積過程」における第二一章「単純再生産」では、資本が単純再生産を繰り返すだけで、資本も労働も「新しい性格」をもつという。

資本の「新しい性格」とは、もともと資本家が前払いした資本も、一定の年数を経過するうちに、不変資本としても可変資本としても消費し尽くされて、労働者から搾取した剰余価値が新たな資本となって投下されるということである。それをマルクスは「他人の不払い労働の物質化（Materiatur）」（I, S.595, ④九七七）と呼んでいる。

では、単純再生産において労働力がもつ「新しい性格」とは何か。資本主義的生産の出発点は、資本と労働との分離である。マルクスは、しかし「出発点にすぎなかったものが、過程の単なる継続、単純再生産に媒介されて、資本主義的生産特有の成果として絶えず再生産され、永久化される」

(S.595f. ④九七八)と言う。つまり、単純再生産は、一方では資本としての生産手段を再生産し、他方では生産手段をもたない労働者を再生産するのである。

ここでは、「労働者が、生産過程に入る前に彼自身の労働は彼自身から疎外され(entfremdet)、資本家に取得され、資本に合体されているのであるから、その労働はこの過程の中で絶えず他人の生産物に対象化される」(I. S.596. ④九七八)。つまり、労働者は、生産過程に入る前に自分の労働力を資本家に売ったのであるから、自分の労働はもはや自分には疎遠な(fremd)ものになっており、この労働が資本と合体され、他人の生産物に対象化されるのである。これはまさに「労働そのものからの疎外」である。

マルクスはさらに言う。「労働者自身が、絶えず客体的な富を資本として、すなわち彼にとって疎遠(fremd)であって彼を支配し搾取する威力として生産するのである」(ibid., 同)。つまり、労働者は富を資本として生産するのであって、疎遠な、自分自身を支配する威力として再生産する。これはまさに、労働者の「生産物からの疎外」である。

こうして、労働そのものから疎外され、生産物からも疎外された労働者は次のような性格をもつ。「資本家もまた絶えず労働力を、主体的であっても、それ自身の対象化および現実化の手段から切り離された、抽象的な、労働者の単なる肉体性(Leiblichkeit)において存在する、富の源泉として生産する。簡単に言えば、労働者を賃労働者として生産する。労働者のこの不断の再生産あるいは永久化が、資本的生産の、〝不可欠の条件〟である」(ibid., 同)。

つまり、労働力は「客体的」な富の源泉である生産手段に対しては、「主体的」な富の源泉であったとしても、しかし自分の労働を対象化するための生産手段をもたず、そのために資本家の意のままに肉体を働かせる「抽象的」な富の源泉になっている。ここでは、労働者の意識的な「主体性」は失われ、単に「肉体性」において存在するにすぎない。これはまさに「自由な意識的活動」からの疎外であり、「人間の類的本質からの疎外」である。

なお、先に見たように、マルクスは『資本論第一部草稿』である「直接的生産過程の諸結果」では、資本（物件）が労働者（人格）を支配し、生産手段（物件・客体）が労働者（人格・主体）を支配することを、「物件の人格化と人格の物件化」と述べていた。資本と労働における「物件化・人格化」のこの側面は「労働の疎外」と密接な関係にあるのである。

こうして、「労働そのものからの疎外」、「生産物からの疎外」、「人間の類的本質からの疎外」を被る労働者は、資本家と対立し、敵対することになる。それは「人間の人間からの疎外」である。『資本論』では、「単純再生産」がすでに「労働の疎外」を引き起こすことを明らかにしている。しかし、「労働の疎外」が「拡大再生産」による「資本主義的蓄積」によって、いっそう拡大する。マルクスは次のように言う。

「資本主義制度の内部では、労働の社会的生産力を高めるいっさいの方法は、個人的労働者の犠牲として行われるのであり、生産を発展させるいっさいの手段は、生産者の支配と搾取との手段に転化し、労働者を部分人間へと不具化させ、彼を機械の付属物へとおとしめ、彼の労働苦によって労働の内容を破壊し、科学が自立的力能として労働過程に合体される程度に応じて、労働過程の精神的力能を労働者から疎外する（entfremden）のであり、またこれらの方法・手段は彼の労働条件をねじまげ、労働過程中ではきわめて卑劣で憎むべき専制支配のもとに彼を服従させ、彼の生活時間を労働時間に転化させ、彼の妻子を資本のジャガノートの車輪のもとに投げ入れる」（I, S.674. ④一一〇八）。

ここでは、「労働そのものからの疎外」が労働者の機械への従属・部分人間化・不具化、労働苦による内容の破壊として、「人間の類的本質からの疎外」が精神的力能からの疎外として、また「人間の人間からの疎外」が資本の専制などとして、深刻な仕方で論じられている。

ここから「富の蓄積と貧困の蓄積」が論じられる。「相対的過剰人口または産業予備軍を蓄積の範囲と活力とに絶えず均衡させる法則は、ヘファイストスの楔がプロメテウスを岩に縛りつけたよりもいっそう固く、労働者を資本に縛り付ける。この資本主義的蓄積の法則は、資本の蓄積に照応する貧困の蓄積を条件づける。したがって、一方の極における富の蓄積は、同時に、その対極における、すなわち自分自身の生産物を資本として生産する階級における、貧困、労働苦、奴隷状態、無知、野蛮化、および道徳的退廃の蓄積である」（I, S.675. ④一一〇八）。

ここでの「貧困、労働苦、奴隷状態、無知、野蛮化、および道徳的退廃の蓄積」は労働の疎外であり、人間疎外そのものである。そして、マルクスは、労働者階級をプロメテウスに例えることによって、労働者階級こそが労働の疎外・人間疎外を克服して、人類の解放者になりうるという、思想を示しているのである。

まとめ

本章の最初に述べたように、マルクスは、人間解放の思想を、物神崇拝・物件化・疎外などからの解放として論じた。しかし、これらの概念を混同することなく、その関連をとらえることが重要である。

「物神崇拝」は商品・貨幣・資本が物神としてとらえられる幻想的な意識の問題である。ここでは、自然物を社会的な物ととらえる「物化」がある。そのことがおこる根拠は、「人格の物件化」である。人間と人間との社会的関係が、物件と物件との社会的関係となっているのである。しかも、資本という物件が労働力という物件を支配することは、人格としての労働者が物件としての資本に支配されることである。ここから「労働の疎外」が起こる。と同時に、「物」としての資本が富を生むような「神秘化」や「資本物神」も生じるのである。

しかし、「人格の物件化」は「物件の人格化」と一体のものである。資本家は資本の人格化であり、労働者は労働力商品の人格化である。労働は自然的な「物」によって支配されるのではない。「資本の人格化」としての資本家によって労働者は支配され搾取されているのである。ここから人格と人格とのたたかいとして階級闘争が起こる。この階級闘争の発展こそが、「労働の疎外」を克服する条件を形成するのである。また、現象の本質を解明し、「物神崇拝」を暴く科学が、階級闘争の発展に寄与するのである。

マルクスは「資本主義的蓄積の歴史的傾向」を次のように言う。「この転化過程〔資本主義的蓄積〕のいっさいの利益を横奪し、独占する大資本家の数が絶えず減少していくにつれて、貧困、抑圧、堕落、搾取の総量は増大するが、しかしまた、絶えず膨張するところの、資本主義的生産過程そのものの機構によって訓練され、連合し（vereint）、組織される労働者階級の反抗もまた増大する」（I. S.790f.④一二〇六）。

物神崇拝、物件化、疎外の議論は、このような階級闘争の理論と結びついてこそ、マルクスの人間解放の思想の中にそれらを位置づけることになるのである。

注

（1）広松渉『マルクス主義の地平』第四部「マルクス主義と物象化論」、勁草書房、一九六九年。引用は、講談社学術文庫による。

（2）服部文男『マルクス主義の形成』（青木書店、一八八四年）、山本広太郎『差異とマルクス』（青木書店、一九八五年）など、参照。

高田純「資本の物象化と人間形成――『資本論』における物象化の射程」（札幌唯物論研究会編『札幌唯物論』第六〇／六一号、二〇一八年三月）は、マルクスのテキストを網羅し、先行研究を批判的に検討したうえで自説を論じた最近の力作である。しかしこの論文では、「広義の物象化」として「物神崇拝」を含ませている。そのため、「物象化」と「物神崇拝」を混同する議論に対する批判がやや不明確になっていると思われる。

（3）大谷禎之介『図解　社会経済学』桜井書店、二〇〇一年、七七頁、でも、上記の引用文が「生産関係の物象化」として図解されて、そこから生じる「物神崇拝」との図解とは区別されている。

（4）Kant, *Grundlegung der Metaphysik der Sitten*, Hrsg. von K. Vorländer, Verlag von Felix Meiner, S.51ff., 野田又夫編『世界の名著カント』二七三－二八二頁。

（5）Hegel, *Grundlinien der Philosophie des Rechts. oder Naturrecht und Staatswissenschaft im Grundrisse*, Werke in zwanzig Bänden Bd.7, Suhrkamp Verlag. ヘーゲル『法の哲学』藤野渉・赤沢正敏訳、『世界の名著ヘーゲル』岩崎武雄編、中央公論社、所収。引用では、原書および邦訳のパラグラフ（§）を記す。

（6）Vgl. Hegel, *Phänomenologie des Geistes*, Gesammelte Weke, Bd.9, Felix Meiner Verlag, S.266ff. ヘーゲル『精神の現象学』下巻、金子武蔵訳、岩波書店、七八五頁以下、参照。

（7）芝田進午氏は、カントやヘーゲルとの関わりで「物件」という訳語を提唱し、「物象」という訳語を批判していた（芝田進午編『マルクス主義研究入門』青木書店、一九七五年、二一九－二二〇頁）。山本広太郎氏もこの芝田氏の訳語を支持している（前掲、山本、一〇五頁以下、参照）。また田畑稔氏も「物件」、「物件化」という訳語を主張している（田畑稔『マルクスと哲学』二〇〇四年、新泉社、特に四三〇－四三一頁、参照）。

第12章　資本主義社会の矛盾と将来社会

はじめに

本章では、マルクスが資本主義社会の矛盾をどのようにとらえ、将来社会論をどのように論じたかという問題を考えたい。テキストは『資本論』を中心に、それ以後の著作を取りあげる。また本章で言う「将来社会」は「未来社会」と同じ意味であり、社会主義・共産主義の社会を意味する。しかし社会主義・共産主義の社会を「将《まさ》に来たらんとする社会」という意味で「将来社会」と言うか、それとも「未《いま》だ来たらぬ社会」という意味で「未来社会」と言うかでは、ニュアンスが違う。マルクスは、資本主義社会の胎内でその変革の物質的条件が形成され、資本主義社会の成果を生かしながら社会主義・共産主義の社会が形成されると考えた。その意味では、「未来社会」と同じ意味ではあるが、「将来社会」という表現を取りたいと思う。

一　資本主義社会の矛盾

ここでは、すでに本書で論じてきた資本主義社会の矛盾もふり返りながら、マルクスによる資本主義の矛盾の重層的で複合的な把握をとらえておきたい。

(1) 資本主義社会における階級闘争

資本主義社会における重大な問題は、資本が資本であるために必要な「剰余価値」が、労働の搾取によって獲得されるということである。この剰余価値の解明が『資本論』の中心的論点の一つである。この資本と賃労働との矛盾の把握が、資本についての肯定的理解がそのまま否定的理解となる代表的な論点である。

そして、資本は「剰余労働時間」の獲得のために、労働時間の延長を求める。他方で労働者は労働力を正常に維持するために労働時間の制限を求める。ここでは、労働時間をめぐって、労働力商品の買い手と売り手との権利が衝突する。こうして、労働時間をめぐる階級闘争が行われるのである。

そこで、一九世紀のイギリスの労働者階級は長年にわたる大闘争によって「工場法」の制定を勝ち取った。「工場法」は標準労働時間を一〇時間へと制限するとともに、工場の安全管理を資本家に義務づける「保健条項」と、工場で働く子どもたちの学校教育を保障させる「教育条項」を含んでいた。マルクスは、とりわけ「工場法」における労働時間の制限を高く評価した。マルクスはここに、近代の人権宣言の限界を乗り越える新しい権利（労働権）の生成を見ていたのである。

また「工場法」を闘い取ったイギリスの労働者階級は、この時期に「普通選挙権」の獲得をめざす「チャーチスト運動」を展開していた。ここでは、労働者階級の権利としての「参政権」が重要な課題となる。

さらに、「工場法」の「教育条項」は労働者の「教育権」の出発点でもある。マルクスは次のように言う。「工場法の教育条項は、全体として貧弱に見えるとはいえ、初等教育を労働の強制条件として宣言している。その成果はまず、……筋肉労働と教育および体育と結合することの可能性を証明した。工場監督官たちは、やがて、学校教師の証人尋問から、工場の児童が正規の昼間の生徒に比べて半分しか授業を受けていなくても、それと同じか、あるいはしばしばもっと多く学んでいることを発見した」（I. S.507. ③八三二）。マルクスはさらに、労働者階級が「全体的に発達した個人」に成長する可能性をも論じる。

もちろん、資本主義的大工業は、すべての個人の全体的発達ではなく、一部の個人だけの、しかも資本に役立つ限りでの個人の発達に限定しようとする矛盾をもっている。しかし、初等教育と実業教育の拡大は労働者階級の人間的発達にとって極めて大きな意義をもつ。さらに高等教育（大学教育等）を受けた青年たちが時代の進歩的な思想を身につけ、その一部が労働者階級の側に立つことにも重要な意義がある。

こうして、資本主義社会は、労働の搾取の強化を行うとともに、労働権、教育権という新しい人権（二〇世紀の社会権）を生成させ、参政権を労働者階級に拡大するという双方の側面をもつのである。

(2) 資本主義的蓄積と労働者の貧困化

資本と賃労働との矛盾は、労働の搾取、長時間労働だけではない。資本主義的生産様式では、協業、マニュファクチュア、機械制大工業への発展によって「労働の疎外」が深刻になる。この点はすでに前章で見たが、ここでは資本主義社会の矛盾という点から再確認しておきたい。マルクスは次のように言う。

「資本主義制度の内部では、労働の社会的生産力を高めるいっさいの方法は、個人的労働者の犠牲として行われるのであり、生産を発展させるいっさいの手段は、生産者の支配と搾取との手段に転化し、労働者を部分人間へと不具化させ、彼を機械の付属物へとおとしめ、彼の労働苦によって労働の内容を破壊し、科学が自立的力能として労働過程に合体される程度に応じて、労働過程の精神的力能を労働者から疎外する（entfremden）のであり、またこれらの方法・手段は彼の労働条件をねじまげ、労働過程中ではきわめて卑劣で憎むべき専制支配のもとに彼を服従させ、彼の生活時間を労働時間に転化させ、彼の妻子を資本のジャガノートの車輪のもとに投げ入れる」（I, S.674. ④一一〇八）。

この文章は、資本主義的生産様式における「労働の疎外」を凝縮して表現したものと言える。マルクスは、この文章が「資本主義的蓄積」にそのまま当てはまるとして次のように言う。

「剰余価値の生産のいっさいの方法は、同時に蓄積の方法であり、その逆に、蓄積のどの方法も、先の方法の発展の手段となる。それゆえ資本が蓄積されるにつれて、労働者の報酬がどうであろうと――高かろうと低かろうと――労働者の状態は悪化せざるをえないということになる。最後に、相対的過剰人口または産業予備軍を蓄積の範囲と活力とに絶えず均衡させる法則は、ヘファイストスの楔がプロメテウスを岩に縛りつけたよりもいっそう固く、労働者を資本に縛り付ける。この法則は、資本の蓄積に照応する貧困の蓄積を条件づける。したがって、一方の極における富の蓄積は、同時に、その対極における、すなわち自分自身の生産物を資本として生産する階級における、貧困、労働苦、奴隷状態、無知、野蛮化、および道徳的退廃の蓄積である」（I. S.675, ④一一〇八）。

こうして、資本主義的生産様式においては、「富の蓄積は、貧困の蓄積である」という重大な矛盾が明らかになった。

（3）人間と自然との物質代謝の撹乱

マルクスは、資本主義社会の矛盾を「人間と自然との物質代謝の撹乱」としてもとらえる。マルクスは、労働を「人間と自然とのあいだの一過程、すなわち人間が自然とのその物質代謝を彼自身の行為によって媒介し、規制し、制御する一過程」（I. S.192, ②三〇四）ととらえる。しかし、資本主義生産における労働は、資本のもとに従属する。労働の生産力も自然の生産力も、資本の支配のもとで「資本の生産力」となる。マルクスは次のように言う。

「歴史的に発展した社会的な労働の生産力と同じように、自然に制約された労働の生産力も、労働が合体される資本の生産力として現れる」（I. S.538, ③八八三）。

資本の生産力による自然破壊はまず農業の資本主義化において現れた。

「資本主義的生産は、人間と土地とのあいだの物質代謝を、すなわち、人間により食料および衣料の形態で消費された土地成分の土地への回帰を、したがって持続的な土地豊度の永久の自然条件を、攪乱する」（I, S.528, ③八六八）。

資本主義的農業の進歩は、労働の搾取と土地から略奪する技術の進歩である。「資本主義的農業のあらゆる進歩は、単に労働者から略奪する技術における進歩であるだけでなく、同時に土地から略奪する技術における進歩であり、一定期間にわたって土地の豊度を増大させるあらゆる進歩は、同時に、この豊度の持続的源泉を破壊するための進歩でもある」（I, S.529, ③八六八）。

しかし、「人間と自然との物質代謝の攪乱」は生産力そのものを破壊する。それを規制することが求められる。

「資本主義的生産は同時に、あの物質代謝の単に自然発生的に生じた状態を破壊することを通じて、その物質代謝を、社会的生産を規制する法則として、また十分な人間的発達に適した形態において、体系的に再建することを強制する」（I, S.528, ③八六八）。

こうして、資本主義生産と、人間と自然との物質代謝との矛盾から、資本主義的生産の規制と、さらにその変革がせまられるのである。

（4）資本の制限は資本そのもの

マルクスは『資本論』第三部で、「資本の真の制限は、資本そのものである」（Ⅲ, S.260, ⑨四二六）と言う。資本は剰余価値の増大を求めて生産力を無限に発展させようとする。しかしそこでは「生産は資本のための生産にすぎない」という資本主義的生産そのものが制限になる。マルクスは次のように言う。

「生産者の大衆の収奪と貧困化にもとづいて行われる資本価値の保持と増殖は、その制限の内部でのみ運動しうる。この制限は、資本がその目的のために使用しなければならない生産方法と絶えず矛盾するのであり、この制限は、生産の無制限な増大に向かって、自己目的としての生産に向かって、労働の社会的生産力の無条件的な発展に向かって、まっしぐらに進む生産方法と、たえず矛盾するのである。手段——社会的生産力の無条件な発展——は、制限された目的、つまり現存資本の増殖と、絶え間なく衝突する」（Ⅲ, S.260. ⑨四二六）。

つまり、資本は、国民の大多数である生産者の収奪と貧困にもとづいてしか、資本価値の自己増殖を行うことができない。このような資本そのものがもつ制限が、資本の価値増殖の手段である生産力の発展と矛盾するのである。すなわち、資本の価値増殖こそが、資本の「目的」であり、社会的生産力の発展はそのための「手段」である。しかし、価値増殖のための搾取と収奪と貧困化の増大は、大衆の消費を制限して、社会的生産力の発展を妨げる。また、「手段」である社会的生産力の無制限な発展は、過剰生産を起こし、それが「経済恐慌」を引き起こす重大な要因の一つとなる。このことによって生産力を破壊して、資本の「目的」そのものを妨げる。このようにして資本の目的と手段とは絶え間なく矛盾するのである。

以上の矛盾は、「経済恐慌」を現実化するだけではない。資本の「制限」は資本そのものであるということは、資本が「限界」に突きあたるだけでなく、資本そのものが「乗り越えられるべき限界」＝「制限」として、その歴史的役割を終わるということである。マルクスは次のように言う。

「資本主義的生産様式が、物質的生産力を発展させて、この生産力に照応する世界市場をつくり出すための手段であるとすれば、資本主義的生産様式は、同時に、このような歴史的課題〔生産力の発展〕とこれに照応する社会的な生産関係とのあいだの絶えざる矛盾である」（Ⅲ, S.260, ⑨四二六－四二七）。つまり、資本主義的生産様式は、その歴史的課題である生産力の発展と、資本主義的生産関係とのあいだの絶えざる矛盾なのである。そしてこの「生産力と生産関係との矛盾」によって、資本主義的生産様式はその歴史的役割を終了するのである。

（5）資本主義社会の矛盾とその変革

マルクスは、資本主義社会の矛盾からさらにその変革の必然性を論じる。

マルクスは資本主義的蓄積における資本の「集中」、すなわち大資本による中小の資本の吸収の議論をふまえて次のように言う。

「この集中、すなわち少数の資本家による多数の資本家の収奪とならんで、ますます増大する規模での労働過程の協業的形態、科学の意識的な技術的応用、土地の計画的利用・搾取（Ausbeutung）、共同的にのみ使用される労働手段への転化、結合された（kombiniert）社会的な労働の生産手段として使用されることによる、すべての生産手段の節約、世界市場の網の中へのすべての国民の編入、したがってまた資本主義体制の国際的性格が発展する」（I, S.790, ④一三〇六）。

ここでは、資本による協業の組織、科学の技術への利用、土地の利用・搾取、生産手段の合理的節約および労働者を犠牲にしての節約、世界市場の支配など、矛盾をはらんだ「資本の生産力」の発展が論じられている。ここからマルクスは続けて次のように言う。

「この転化過程のいっさいの利益を奪い独占する大資本家の数が絶えず減少していくにつれて、貧困、抑圧、堕落、搾取の総量は増大するが、しかしまた絶えず膨張するところの、資本主義的生産過程そのものの機構によって訓練され、連合され（vereint）、組織される労働者階級の反抗もまた増大する」（I. S.790f. ④一三〇六）。

ここでは、資本による労働者の「結合」と、労働者の自発的な「連合」とが区別されている。資本主義社会の矛盾は、資本の支配のもとでの「貧困、抑圧、堕落、搾取の増大」と同時に、「訓練され、連合され、組織される労働者階級の反抗の増大」としてとらえられる。ここから資本主義的私的所有の変革が起こる。

「資本独占はそれとともにまたそのもとで開花したこの生産様式の桎梏となる。生産手段の集中と労働の社会化は、それらの資本主義的な外皮とは調和しえなくなる一点に到達する。この外皮は粉砕される。資本主義的私的所有の弔鐘がなる。収奪者が収奪される」（I. S.791. ④一三〇六）。

つまり、「生産手段の集中と労働の社会化」という「生産の社会化」と「資本主義的私的所有」とが矛盾する一点に到達し、後者の廃棄による資本主義的生産様式の変革が起こるのである（なお、マルクスが「生産手段の集中と労働の社会化」と述べたことを簡略化して「生産の社会化」と言えるであろう。以下ではこの表現を用いる）。

（6）『資本論』における資本主義の矛盾の重層的で複合的な把握

以上から、『資本論』における資本主義の矛盾の把握をまとめておきたい。マルクスは資本主義の矛盾を資本主義の仕組みに即して重層的に、かつ資本の支配とその変革の条件の形成とを複合的にとらえたと言える。

第一に、資本と賃労働との矛盾である。ここには資本による労働の搾取がある。この矛盾は、資本による労働の支配となり、資本の専制のもとで「労働の疎外」が起こる。また資本と賃労働との矛盾は、労働時間をめぐる階級闘争にもなる。「工場法」はその重要な成果である。ここから労働権などの新しい人権が誕生する。

第二に、資本主義的蓄積による「富の蓄積と貧困の蓄積」との矛盾である。ここでは「労働の疎外」が極限に達する。また「資本の生産力」のもとで「人間と自然との物質代謝」が撹乱されて、自然破壊も起こる。資本主義的生産は富の源泉である人間と自然をともに破壊するのである。

第三に、資本の制限は資本そのものである。それは、資本主義的生産様式における「生産力と生産関係との矛盾」を示す。この矛盾が経済恐慌としても現れ、資本主義的生産様式の歴史的役割の終わりを告げるのである。しかし、この矛盾だけでは資本主義社会は変革されない。その変革の「物質的諸条件」が必要である。

第四に、生産手段の集中と労働の社会化という「生産の社会化」と、資本独占ないし「資本主義的私的所有」との矛盾が顕在化する。「生産の社会化」によって労働者階級が生産力と経済運営をになう階級として成長する。また労働者階級は、労働運動による労働権の獲得、普通選挙権の獲得、教育制度の整備によって、社会的・政治的・精神的にも成長して、「資本独占」への抵抗を増大させる。これが資本主義社会を変革する「物質的諸条件」となるのである。

以上を別の仕方でまとめると、(1)「資本家階級と労働者階級との矛盾」、(2)「生産力と生産関係との矛盾」(資本による人間と自然の破壊、生産と消費との矛盾、経済恐慌)、および(3)「生産の社会化」と「資本主義的私的所有」との矛盾、これを言い換えれば、(4)「変革の主体としての労働者階級の形成」と「資本独占」との矛盾である。これらが資本主義社会の矛盾の重層的で複合的な把握と言えるであろう。

二　資本主義社会の変革と将来社会

(1) 資本主義の変革と、社会的所有と個人的所有

マルクスは『資本論』第一部で将来の共産主義社会について次のように述べている。

「共同の生産手段で労働し、自分たちの多くの個人的労働力を自覚的に一つの社会的労働力として支出する自由な人間たちの連合社会(Verein)を考えてみよう」(I. S.92. ①一三二)。

共産主義社会は、このような「連合社会」である。そして、ここでの生産物の分配が次のように論じられる。

「この連合社会の総生産物は一つの社会的生産物である。この生産物の一部分は再び生産手段として役立つ。この部分は依然として社会的なものである。しかし、もう一つの部分は、生活手段として、連合社会の成員によって消費される。この部分は、だから、彼らのあいだで分配されなければならない。この分配の仕方は、社会的生産有機体そのものの特殊な種類と、これに照応する生産者たちの歴史的発展過程に応じて、変化するであろう」(I. S.93. ①一三三)。

ここでは、生産手段は社会的所有であるが、生活手段は連合社会の成員たちの間で分配されるとされる。この分配においても、共同で使用する生活手段は共同所有であり、個人的に使用する生活手段は個人の所有である。また社会的な必要のために生産される「社会的な予備元本および蓄積元本」は社会的所有になる（I, S.552, ③九〇五－九〇六）。同時にマルクスは、分配の仕方の歴史的性格を述べて、社会的生産有機体と生産者たちの歴史的発展過程に応じて変化すると言う。

その分配の仕方の一つとして、生産者が関与した労働時間に応じて生産物が生産者に分配されることが想定される。そうすると、ここでは、労働時間が、労働の配分と生産物の分配の基準という、「二重の役割」を果たすことになる。

「労働時間の社会的計画的配分は、さまざまな欲求にたいするさまざまな労働機能の正しい割合を規制する。他面では、労働時間は、共同労働に対する生産者たちの個人的関与の尺度として役立ち、それゆえまた、共同生産物のうち個人的に消費されうる部分にたいする生産者たちの個人的分け前の尺度として役立つ」（I, S.93, ①一三三－一三四）。

こうして、労働に応じて個人の生活手段を分配することになる。しかし、この分配の仕方は生産者たちの歴史的発展過程に応じて変化する（この点は後の『ゴータ綱領批判』でも論じられる）。

以上のような共産主義社会における生産手段の共同所有、共同生産、および共同の分配によって、「個人的所有」を再建すると、マルクスは言う。

「資本主義的生産様式から生まれる資本主義的取得様式は、それゆえ資本主義的な私的所有は、自分自身の労働にもとづく個人的な私的所有の最初の否定である。しかし、資本主義的生産は、自然過程の必然性をもってそれ自身の否定を生み出す。これは否定の否定である。この否定は、私的所有を再建するわけではないが、しかし、資本主義時代の成果——すなわち協業と、土地の共同占有ならびに労働そのものによって生産された生産手段の共同占有（Gemeinbesitz）*——を基礎とする個人的所有を再建する」（I. S.791. ④一三〇六）。

*この文章中で、「資本主義時代の成果」として述べられている「協業」および「共同占有」は、初版および第二版では「自由な労働者の協業」および「共同所有（Gemeineigentum）」であった（MEGA. Ⅱ/5. S.610. Ⅱ/6. S.683）。これが第三版（一八八三年）で、マルクスの残した指示に基づいてエンゲルスによって変更されたものである（Ⅱ/8. S.713）。この変更によって、「資本主義時代の成果」とは資本主義社会の枠内のものであることが明瞭にされた。すなわち、生産手段の私的所有のもとでも、労働者の共同使用による「共同占有」が行われるのである。

共産主義社会では、このような資本主義時代の成果をもとに、労働者階級の権力のもとで、生産手段の社会的所有が実現され、共同の労働とその成果の共同の分配が行われる。そして個人の生活手段の「個人的所有の再建」が行われる。それは、自分自身の労働にもとづく個人的な私的所有が、資本主義的な私的所有によって否定され（第一の否定）、さらに資本主義的な私的所有と資本主義的取得様式（資本による労働の搾取）が否定されて（第二の否定）、生産手段の社会的所有のもとで、個人の生活手段の「個人的所有」が再建されるということである。

ここで、「私的所有（Privateigentum）」と「個人的所有（das individuelle Eigentum）の再建」とは明確に区別される。「私的所有」とは、社会的関係を媒介にしない所有である。「個人的な私的所有」においても「資本主義的な私的所有」においても、生産物の私的な所有者は、商品流通をとおしてはじめて社会的関係を取り結ぶ。それに対して、「個人的所有の再建」は生産手段の社会的所有と社会的生産をとおして、個人の生活手段について実現されるのである。

賃労働者は、労働力商品を私的に所有し、それを販売して賃金を得て、生活手段を私的に所有する。しかも、その生活手段は労働力商品の再生産に使用されるものにすぎない。それは、資本‐賃労働関係を再生産するものでもある。それに対して、生産手段の社会的所有のもとで、生産物の社会的な分配をとおして、生活手段の「個人的所有」を実現することは、資本による搾取から解放された労働者が、生活手段を個人の人間的発達のために使用することを保障するものである。ここに、資本主義社会における生活手段の「私的所有」と、共産主義社会における生活手段の「個人的所有」との決定的な違いがある。

またマルクスは、先の「第一の否定」は「第二の否定」に比べて比較にならないほど長く苦しい過程だと言う。それは、「第二の否定」の方がはるかに容易であるということである。

「諸個人の自己労働にもとづく分散的な私的所有が、資本主義的な私的所有へと転化することは、もちろん、事実上すでに社会的な生産経営（gesellschaftlicher Produktionsbetrieb）に基づいている資本主義的所有から、社会的所有へと転化することよりも、比較にならないほど長くかかる、苦しい、困難な過程である。前の場合には少数者の横奪者による人民大衆の収奪が行われたが、後の場合には人民大衆による少数の横奪者の収奪が行われる」（I. S.791. ④一三〇六）。

この個所でも、初版の「生産手段の社会的使用」（II/5. S.610）が、第二版（一八七三年）で「社会的な生産経営」（II/6. S.683）に変更されている。「生産手段の社会的使用」が「社会的な生産経営」に変更されたのは、資本主義社会のもとで、労働者は機械など生産手段を単に共同で使用しているだけでなく、資本主義のもとであっても、生産手段の社会的使用と同時に労働者の社会的結合も進み、経営・管理そのものが社会的になることを明示するためであろう。

こうして、マルクスは、資本の「本源的蓄積」のために国家権力が剥き出しの暴力を使って国内外の富を集め、また農民を土地から切り離して都市で働く労働者を作りあげた「資本主義的所有」の形成よりも、資本主義の発展とその変革によって行われる「社会的所有」の形成の方が、「比較にならないほど」短く、容易な過程であると予測をしていたのである。

（2）個人の自由な発達が根本原理

マルクスは、「資本主義的蓄積」を論じる中で、同時に将来社会の原理をも論じている。それは次の文章である。

「価値増殖の狂信者として、資本家は容赦なく人類を強制して、生産のために生産させ、それゆえ社会的生産力を発展させ、そしてまた、個人のだれもが十分に自由に発達すること（die volle und freie Entwicklung jedes* Individuums）を根本原理（Grundprinzip）とする、より高い社会形態の唯一の実在的土台になりうる物質的生産諸条件を創造させる」（I, S.618, ④一〇一六）。

*ここでドイツ語の „jedes" は、「任意のどの一つをとっても例外のないこと」（『大独和辞典』小学館）を意味する。それは、〝バラバラな一つ一つ〟ではない。したがって、「個人のだれもが」例外なく、十分

に自由に発達することを意味するのである。

これは重要な議論である。生産力の発展と生産手段の社会的所有の実現は、将来社会の「実在的土台」である。しかしそれはあくまでも「土台」であって、将来社会の「根本原理」は「個人のだれもが十分に自由に発達すること」なのである。

この思想は、『共産党宣言』(一八四八年)と同じものである。すなわち、そこでは、「労働者革命における第一歩は、プロレタリアートを支配階級に高めること、民主主義をたたかいとることである」(S.481, 八四)とされ、労働者階級の国家権力のもとで、階級を廃止し、さらに階級支配の機関としての国家そのものが廃止される展望が語られた。そして次のように述べられた。「階級および階級対立をもつ古いブルジョア社会の代わりに、各人の自由な発達が万人の自由な発達の条件である協同社会(Assoziation)が現れる」(S.482, 八六)。ここでは、共産主義社会は、各人の自由な発達が万人の自由な発達と合致する協同社会であることが明示されている。

それに対して、上記の『資本論』の言葉は、マルクスが「より高度な社会形態」の「根本原理」と言っているにもかかわらず、共産主義社会の「根本原理」としてはあまり取りあげられなかった。その理由は、この言葉が資本主義的蓄積を論じた個所に入りこんでいて、将来社会論としては分かりにくいこと、および表現上、「個人の自由な発達」が全面に出ており、また従来の訳語が「各個人の……」となっていて、個人主義的な印象を与えかねないこともあったと思われる。

マルクスはもちろん「個人主義者」ではなく「社会主義者」であるが、しかし「個人の自由な発達」を重視する思想家である。彼は、共産主義社会を、社会の協同(Assoziation)の力で「個人のだれもが十分に自由に発達すること」を「根本原理」とする「より高度な社会」であると規定するのである。このことをいっそう明確にする必要があると思われる。

(3) 必然性の国と自由の国

「個人の十分で自由な発達」は『資本論』第三部における「必然性の国と自由の国」でも語られる。この議論を見ておこう。

「自由の国は、実際、必要に迫られ、外的な合目的性によって規定される労働が存在しなくなるところで初めて始まる。したがってそれは事柄の本質上、本来の物質的生産の領域の彼岸にある。人間の発達とともに、欲求が拡大するため、自然必然性のこの国が拡大する。しかし同時に欲求を満たす生産力も拡大する。この領域における自由は、ただ、社会化された人間、協同化された(assoziiert)生産者たちが、盲目的な力によって支配されるものとしての、人間と自然との物質代謝によって支配されることをやめて、この物質代謝を合理的に規制し、自分たちの共同の制御のもとにおくということ、つまり力の最小の消費によって、自分たちの人間的本性に最もふさわしく最も適合した諸条件のもとでこの物質代謝を行うこと、この点にだけありうる。しかしそれでも、これはまだ依然として必然性の国である。この国の彼岸において、自己目的として認められる人間的な力の発展、すなわち真の自由の国が始まる。といっても、それはただその土台としての必然性の国の上にのみ開花しうる。労働時間の短縮が根本条件である」(Ⅲ, S.828, ⑬一四一三)。

ここではまず、「必然性の国」である労働時間の領域で、「人間と自然との物質代謝」を合理的に規制し、共同で制御することによって、人間にふさわしく自然環境に適合した労働を行うという意味の「自由」の実現が主張されている。そしてこの「必然性の国」を土台として、労働時間の短縮によって得られる自由時間の領域である「自由の国」において、「自己目的として認められる人間的な力の発達」が主張されている。労働者が資本主義のもとで「工場法」などによって勝ち取った自由時間が、将来社会ではいっそう大きくなるのである。マルクスは自由時間における「諸個人の自由な精神的活動および社会的活動」（I. S.552, ③九〇六）を重視している。これが、マルクスの将来社会論としての社会主義・共産主義の展望である。

三　労働者階級の政治権力

『資本論』執筆後もマルクスの将来社会論は展開された。一八七一年三月一八日から五月二八日まで、「パリ・コミューン」が成立した。フランスとプロイセンとの戦争において、フランス軍は敗北したが、パリを守っていた労働者たちが、「パリ・コミューン」を樹立したのである。しかし、パリ・コミューンは、プロイセン軍の包囲のもとでフランス政府軍の猛攻撃によってわずか七二日で崩壊させられた。

マルクスはパリ・コミューン崩壊の二日後の五月三〇日に「フランスにおける内乱――国際労働者協会総評議会の呼びかけ」（以下「呼びかけ」と言う）を発表した。ここでマルクスは、パリ・コミューンの意義を次のように述べた。

「それは、本質的に労働者階級の政府であり、横領的政府にたいする生産者階級の闘争の所産であり、労働の経済的解放をなしとげるための、ついに発見された政治形態である」(Bd.17, S.342, ⑰三一九)。

そして労働者政府がなしとげる「経済的解放」とは、次のようなものである。

「諸協同組合の総体(die Gesamtheit der Genossenschaften)が一つの共同的な計画によってしたがって国民的な生産を規制し、そのことによって国民的生産をそれ自身の管理のもとにおき、絶えざる無政府状態と、資本主義的生産の避けがたい周期的な痙攣〔恐慌〕を終わらせるというのであれば、諸君、それこそが、〝可能な〟共産主義のほかの何であろうか」(S.343, ⑰三一九‐三二〇)。

パリ・コミューンはこのような展望を示したのである。しかし、コミューンは奇跡をおこしたり、ユートピアを示すものではない。このことについてマルクスは言う。

「労働者階級はコミューンの奇跡に期待をもたなかった。彼らは人民の命令によって実施するべき、固定したできあいのユートピアをもっていない。……労働者階級は、彼ら自身の解放と、それによってより高度な社会形態をつくりだすためには、……彼ら労働者階級が、長期の闘争を、すなわち、人間と環境をまったくつくり変える一連の歴史的過程を、経過しなければならないことを知っている」(S.343, ⑰三二〇)。

これは、国際労働者協会の立場から、労働者階級は、コミューンの奇跡に期待したのではなく、長期の闘争によって資本主義社会を変革することを目ざすということであろう。

マルクスは、「フランスにおける内乱」の「第一草稿」でも、労働者の権力について次のように言う。

「コミューン――それは、国家権力を、社会を支配し抑圧する力としてではなく、社会自身の生きた力として、社会によって取り戻すこと（reabsorption; Rücknahme）＊である。すなわち、人民大衆による取り戻しであり、この人民大衆は抑圧する組織された権力に代わって、人民大衆自身の権力をつくりだすのである」（MEGA. I/22. S.56f., Bd.17, S.543, ⑰五一四）。

＊ここで、英語版の“reabsorption”は字義的には「再吸収」であり、邦訳ではそう訳されている。日本語で「吸収」というと“吸い取ってなくす”というニュアンスがある。実際、国家の死滅という意味で「再吸収」が語られることもある。しかし、ドイツ語版では„Rücknahme“と表現されているように、文脈上も、社会ないし人民による権力の「取り戻し」を意味すると思われる。

パリ・コミューンは人民大衆の権力として大きな意義がある。同時にマルクスは、資本主義社会の変革のためには、国家権力の獲得の以前からさまざまな闘争が必要であると言う。この点も、「呼びかけ」の主旨と同様であろう。マルクスは次のように言う。

「労働者階級は、彼らが階級闘争のさまざまな局面を経過しなければならないことを知っている。労働の奴隷制という経済的条件を、自由で協同的な（associated; assoziiert）労働の条件におきかえることは、時代の前進的な仕事（the progressive work of time; das progressive Werke der Zeit）としてのみありうること（その経済的改造）、そのためには、分配の変革だけでなく、生産の新しい組織が必要であること、あるいはむしろ現在の組織された労働にもとづく社会的生産形態（現在の産業によって生み出された）を、奴隷制の鎖から、すなわち現在の階級的性格から解放すること（自由にすること）が必要であること、そして国民的および国際的な調和が必要であることを、彼らは知っている」（MEGA. I

/22. S.59, Bd.17, S.546, ⑰五一七－五一八)。

ここでマルクスは、資本主義社会の変革のためには経済的改造と、生産組織の形成、国民的および国際的な調和が必要であることを述べている。それは時代を前進させる仕事である。その仕事を重ねた上で、政治的コミューンが決定的役割を果たすのである。マルクスは続けて言う。

「現在の『資本と土地所有の自然発生的作用』を『自由で協同的な労働の社会経済の法則の自然発生的な作用』に置き換えることは、新しい条件が発展してくる長い過程を通じてはじめて可能になることを、彼らは知っている。それは、『奴隷制の経済法則の自然発生的な作用』や、『農奴制の経済法則の自然発生的な作用』が交代させられたのと同様である。しかし、それは同時に、政治的組織のコミューン形態によって直ちに(at once; sofort)巨大な前進が実現されうること、そして労働者自身と人類のためにその運動を開始するべき時がきていることを、彼らは知っている」(I/22. S.59, Bd.17, S.546, ⑰五一八)。

マルクスは、奴隷制社会や封建制社会が長い過程を通じて、新しい経済法則に転換させられたように、資本主義社会もその変革のための条件が発展する長い過程が必要であるが、この過程を経て、政治的組織のコミューンによって「直ちに巨大な前進」が実現すると言っている。

この思想は『資本論』で資本主義的生産様式の長い発展過程を通して、「生産の社会化」や事実上の「社会的生産経営」が行われていることをふまえて、「資本主義的私的所有」の変革が実現される、と述べていたことと同様である。パリ・コミューンの教訓から、資本主義的経済の変革の条件の発展をふまえた、政治的変革の重要性が語られていると、解釈できるであろう。

四　共産主義社会における自由・平等・協同

(1) 生まれたばかりの共産主義社会における不平等

マルクスは『ゴータ綱領草案批判』(一八七五年) において、将来社会論をいっそう展開した。どんな社会にも、発展の低い段階とより高い段階が存在する。マルクスは、「資本主義社会から生まれたばかりの共産主義社会」(共産主義社会の第一段階) と「より高い段階の共産主義社会」とを区別して、それぞれの課題を論じた。そしてとりわけ注目されるのは、マルクスの平等論である。

マルクスは、ゴータ綱領草案が「あらゆる社会的・政治的不平等の除去」という曖昧な表現をしていることを批判して、「階級的区別の廃止とともに、ここから生じるいっさいの社会的・政治的不平等はおのずから消滅する」(Bd.19, S.26, 三九) と言うべきであるとする。階級社会においては社会的・政治的不平等の根源はまさに階級制度にあるのであるから、この階級制度の廃止とともに、そこから生じていた社会的・政治的不平等は、いっさい消滅するというのである。しかしマルクスは、階級制度の廃止によって完全な平等が実現するとは考えなかった。『ゴータ綱領批判』ではこの点が論じられる。

まず、生まれたばかりの共産主義社会について、マルクスは次のように言う。

「ここで問題にしているのは、それ自身の土台の上に発達した共産主義社会ではなくて、反対に、いまようやく資本主義社会から生まれたばかりの共産主義社会である。したがって、この共産主義社会は、あらゆる点で経済的にも道徳的にも精神的にも、この共産主義社会が生まれ出てきた母胎たる旧社会の母斑をまだおびている」（S.20, 二七）。

ここでの生産と分配の原則は、「個々の生産者は、彼が社会に与えたものに応じて――控除の後に――正確に取りもどす」ということである。したがって、生産者は労働の量や質に応じて消費手段が分配されるのである。このような分配の仕方は『資本論』第一巻でも述べられていた。

しかし、ここでは「等価の交換であるかぎりで、商品交換を規制する原則が支配している」。したがって、「ここでは平等な権利は、まだやはり原則上ブルジョア的権利である」（S.20, 二九）とマルクスは言う。そして次のように続ける。

「この平等な権利はまだつねにブルジョア的な制限にとりつかれている。生産者たちの権利は彼らの労働の給付に比例する。平等は、等しい尺度で、すなわち労働で測られる点にある。だがある者は、肉体的または精神的に他の者に勝っているので、同じ時間内により多くの労働を給付し、あるいはより長い時間労働することができる。そして労働が尺度として役立つためには、長さまたは強度によって規定されなければならない。そうでなければ、それは尺度ではなくなる。この平等な権利は、不平等な労働にとっては不平等な権利である。だれでも他の人と同じく労働するにすぎないから、この権利はなんら階級の区別を認めない。しかしそれは労働者の不平等な個人的天分と、したがってまた不平等な給付能力を、生まれながらの特権として暗黙のうちに承認している。だからそれは、内容から言えばすべての権利と同じように不平等の権利である」（S.21, 二八－二九）。

このように、共産主義の低次の段階では、生産者が給付した労働が消費手段を受け取る唯一の尺度となる限り、それは平等の実現である。しかし生産者の労働能力の相違を前提にしている限り、まだ不平等な権利にすぎない。また次の点も指摘される。

「さらに、ある労働者は結婚しており、他の労働者は結婚していない。ある者は他の者より子供が多い等々。だから、労働の成果が等しく、したがって社会的消費元本にたいする持ち分が平等であれば、ある者は他の者より事実上多く受け取り、ある者は他の者より富んでいる、等々。すべてこういう欠陥を避けるためには、権利は平等であるよりも、むしろ不平等でなければならないだろう」（S.21, 三〇）。

つまり、労働だけが尺度であれば、結婚している者や子供の数が多い者は、未婚者や子供の数が少ない者と同じ労働量であれば、事実上、少なく受け取らねばならない。このような欠陥を避けるためには、労働を唯一の尺度とする原則からは不平等となるが、既婚者や子供の多い労働者により多くの権利を与えなければならない、とされるのである。この点では、「労働不能者のための元本」（S.19, 二六）が生産物を各労働者に分配する前に控除されなければならない、という論点ともかかわるであろう。

以上のような、実質的な不平等や、実質的な平等のための不平等な権利について、マルクスは言う。

「こうした欠陥は、長い産みの苦しみののちに資本主義社会から生まれたばかりの共産主義社会の第一段階では避けられない。権利は、社会の経済的構造およびそれによって制約される文化の発展よりも高度であることはできない」（S.21, 三〇）。

これは、権利の発展についてのリアルな認識である。

（2）共産主義社会のより高い段階での平等の実現

そして、共産主義のより高い段階での権利と平等の実現が、次のように論じられる。

「共産主義のより高度の段階で、すなわち諸個人が分業に奴隷的に従属することがなくなり、それとともにまた精神的労働と肉体的労働との対立がなくなった後に、労働がたんに生活のための手段であるだけでなく、労働そのものが第一の生活の必要欲求（das erste Lebensbedürfnis）*となった後に、諸個人の全面的な発達にともなって、また彼らの生産力も増大し、協同的富（der genossenschaftliche Reichtum）のあらゆる泉がいっそう豊かに湧き出るようになった後に、そのとき初めて狭いブルジョア的権利の地平を完全に踏み越えることができ、社会はその旗の上にこう書くことができる。各人はその能力に応じて、各人はその必要欲求（Bedürfnisse）*に応じて！」（S.21, 三〇）

＊ここで訳語の問題にふれておきたい。従来、„Lebensbedürfnis"が「生命欲求」と訳され、他方で„Bedürfnis"を含む文が「各人は必要に応じて」と訳されてきた。しかし、同じ„Bedürfnis"が「欲求」と「必要」に分けられることによって、その関連が分からなくなったと思われる。ともに「必要欲求」と訳するべきであろう。ここで、マルクスは、労働が「第一の生活の必要欲求」となることと、分配が「各人の必要欲求に応じて」としていることに注意が必要である。ここでは、労働の必要欲求と分配の必要欲求とが対応させられている。つまり、生産と消費とが「必要欲求」を基準として均衡させられるのである。したがって、「共産主義社会の高い段階」においても、富が〝あふれる〟ような無駄な生産も、〝欲望〟のままの無規律な消費も、マルクスは想定していない。

ここでは、諸個人の全面的発達と生産力の発展による分配の原理の変化の可能性が論じられている。したがって、マルクスは、ゴータ綱領草案が「いわゆる分配のことで大さわぎをして、それに主要な力点をおくことは、およそ誤りであった」(S.22, 三二)と述べている。この点から言っても、「共産主義社会の第一段階」と「より高度の段階」との区別の基準は、「分配」の原理ではない。「分配」の前には生産があり、それは「生産様式」に規定される。また、「各人はその能力に応じて(De chacun suivant ses forces)」、「各人はその必要欲求に応じて(A chacun suivant ses besoins)」という言葉は、カベー『イカリア旅行記』の言葉としてよく知られていたものであり[(1)]、マルクスの独創ではない。

共産主義社会における「主要な力点」は、マルクスの言葉から明らかであろう。それは、「第一段階」においては、生産者の労働能力をいかに高めるかであり、また能力の不平等から生じる分配の不平等をいかに緩和するかである。そして「より高い段階」においても、「諸個人の全面的発達」をいかにして実現するかである。このように、諸個人の人間的発達こそが一貫して追求されるべき「主要な力点」なのである。この点では、『資本論』における「個人のだれもが十分に自由に発達すること」という将来社会の「根本原則」が、『ゴータ綱領批判』においても貫かれているのである。

(3) 共産主義社会における自由・平等・協同

以上のような『ゴータ綱領批判』における平等論をまとめると、次のように言えるであろう。

第一に、まず階級的区別の廃止こそが、そこから生じる社会的・経済的・政治的不平等を消滅させ、人間の平等を実現する最も重要な条件となる。

第二に、しかし共産主義社会の低次の段階では、生産者への生産物の分配の基準は彼が給付した労働であり、この点での平等が実現される。しかしそれはまだブルジョア的権利の枠内にあるにすぎず、不平等な労働能力を前提とした不平等な権利である。

第三に、労働を尺度とする分配における実質的な不平等を是正するために、労働者の家族などの実態に沿って、むしろ不平等な権利が与えられる。また労働不能者には、社会の共同の元本からの分配が行われる。

第四に、共産主義社会のより高度な段階では、固定的分業の廃止、精神労働と肉体労働との対立の消滅、労働が生活の第一の必要欲求となること、諸個人の全面発達、生産力の発展と協同的富の充実にともなって、「各人が能力に応じて」労働し、「各人はその必要欲求に応じて」受け取る、という原則が登場するのである。

マルクスの共産主義社会での平等論は、少なくとも以上のような四段階においてとらえることができる。

しかしながら、以上の平等論は、まだ『資本論』で言う「必然性の国」における平等にすぎない。労働が「第一の生活の必要欲求」となるとされるのは、「必然性の国」の領域においても、労働がそれほどに人間的になっているからである。しかし、本来の物質生産の領域の彼岸で、労働の必要に迫られることなく、「自己目的として認められる人間的な力の発展」が行われる領域こそが「自由の国」である。ここではまさに各人が「自由な個性」を発展させるのであって、それは何らかの尺度を基準にして測れるものではない。したがってすべての人間がその素質を全面的に発展させうるという点に、「自由の国」での平等がある。しかもそこでの自由や平等は、各人の協同によって支えられる。すなわち、それは「各人の自由な発達が万人の自由な発達の条件となる協同社会」なのであり、ここでこそ「自由、平等、協同」が真に実現されると考えられるのである。

マルクスのこのような「自由、平等、協同」の理念は、現実の資本主義社会を批判し、その人間的な変革を求める現代の人々にとっても、有益な示唆を与え続けるものであろう。

注

（1）服部文男『マルクス探索』新日本出版社、一九九九年、一六〇－一六一頁、参照。

あとがき

本書は、私がこれまで発表してきた論文と、新たに書き下ろした論文をもとにして作成した。各章は次のとおりである。

第1章「若きマルクスの哲学研究」は書き下ろしである。

第2章「プロレタリアートと疎外された労働」は、『人間と倫理』(青木書店、一九八七年)以来、折にふれて論じてきたマルクスの疎外論などを改めてまとめた。

第3章は、「マルクスの変革の哲学」(関西唯物論研究会編『唯物論と現代』第四五号、文理閣、二〇一〇年一二月)の前半をもとに、「マルクスの新しい唯物論」を論じている。

第4章「史的唯物論の確立」は、『ドイツ・イデオロギー』を二〇一七年に出版された新メガ版の該当個所も含めて読み直したうえで書き下ろしたものである。

第5章は、前記「マルクスの変革の哲学」(関西唯物論研究会編『唯物論と現代』第四五号)の後半をもとにして『経済学批判』「序言」を論じている。

第6章は、「マルクスにおける『人間的社会』について」(『経済』新日本出版社、二〇〇三年五月号)をもとにしている。

第7章は、「『資本論』第一巻にみる哲学思想」(『経済』新日本出版社、二〇〇八年二月号)、および「変革の哲学としての『資本論』」（『経済』新日本出版社、二〇一七年五月号）、をもとにしている。

第8章は、「マルクスにおける弁証法と矛盾」（関西唯物論研究会編『唯物論と現代』第四九号、文理閣、二〇一二年一〇月）をもとにしている。

第9章は、「マルクスにおける自由、平等、協同」（中村哲編著『『経済学批判要綱』における歴史と論理』青木書店、二〇〇一年、所収）をもとにしている。

第10章は、「家族と市民社会」（鯵坂真編著『ジェンダーと史的唯物論』学習の友社、二〇〇五年、所収）をもとにしている。

第11章は、「『資本論』における物神崇拝、物件化、疎外」（関西唯物論研究会編『唯物論と現代』第五八号、文理閣、二〇一七年一一月）をもとにしている。

第12章は、「マルクスの将来社会論」（関西唯物論研究会編『唯物論と現代』第五四号、文理閣、二〇一五年一一月）、および「マルクスにおける資本主義の矛盾と将来社会論」（労働者教育協会編『季刊・労働者教育』第一五九号、二〇一七年九月）をもとにしている。

以上の論文の多くは、関西唯物論研究会やその他の研究会で報告し、討論していただいたものである。ご意見をいただいた研究会の皆さんに感謝申し上げる。

マルクスの哲学思想を考えるうえで、初期から後期の代表的な著作を、基本概念を確認しながら読み通すことによって、マルクスの一貫した問題意識が分かるように思う。それは、現実世界の唯物論的で弁証法的な把握を踏まえた、人間解放の思想である。若きマルクスの主体的・実践的な思想が、史的唯物論や経済学批判における客観的・必然的な法則の探究の中に生きている。後期の円熟した思想は、初期からの問題意識の発展として理解できる。

私は、関西勤労者教育協会で、『資本論』出版一五〇年記念の「ゼミナール」や、マルクス生誕二〇〇年記念の「ゼミナール」などを担当してきた。このことが本書をまとめるにあたって大変役立った。受講生の皆さんのご意見やご質問から常に刺激を受けてきた。受講生の皆さん、および「ゼミナール」の事務局を担当していただいている関西勤労者教育協会の妹尾典彦理事長に厚くお礼を申し上げる。

本書の出版も、図書出版・文理閣にお願いした。長年にわたってお世話になっている、黒川美富子代表、山下信編集長に厚くお礼を申し上げる。

二〇一八年一〇月一五日

牧野広義

著者紹介

牧野広義（まきの　ひろよし）

1948 年　奈良県に生まれる
1977 年　京都大学大学院文学研究科博士課程単位取得
現　在　阪南大学名誉教授
主な著書　『人間と倫理』青木書店、1987 年
『弁証法的矛盾の論理構造』文理閣、1992 年
『哲学と現実世界』晃洋書房、1995 年
『現代唯物論の探求——理論と実践と価値』文理閣、1998 年
『自由のパラドックスと弁証法』青木書店、2001 年
『哲学と知の現在——人間・環境・生命』文理閣、2004 年
『現代倫理と民主主義』地歴社、2007 年
『人間的価値と正義』文理閣、2013 年
『環境倫理学の転換——自然中心主義から環境的正義へ』文理閣、2015 年
『ヘーゲル論理学と矛盾・主体・自由』ミネルヴァ書房、2016 年
『ヘーゲル哲学を語る』文理閣、2016 年
『『資本論』と変革の哲学』学習の友社、2017 年

マルクスの哲学思想

2018 年 12 月 30 日　第 1 刷発行

著　者　牧野広義

発行者　黒川美富子

発行所　図書出版　文理閣
京都市下京区七条河原町西南角〒600-8146
TEL（075）351-7553　FAX（075）351-7560
http://www.bunrikaku.com

印刷所　モリモト印刷株式会社

ISBN978-4-89259-839-5